U0483026

智慧盐湖

张卫华　主编

于炳飞　王志芳　副主编

青海人民出版社

图书在版编目（CIP）数据

智慧盐湖 / 张卫华主编；于炳飞，王志芳副主编
. -- 西宁：青海人民出版社，2023.8
ISBN 978-7-225-06539-7

Ⅰ. ①智… Ⅱ. ①张… ②于… ③王… Ⅲ. ①盐湖—化学工业—工业产业—研究—青海 Ⅳ. ① F426.7

中国国家版本馆 CIP 数据核字 (2023) 第 088503 号

智慧盐湖

张卫华　主编

于炳飞　王志芳　副主编

出 版 人　樊原成
出版发行　青海人民出版社有限责任公司
西宁市五四西路 71 号　邮政编码：810023　电话：（0971）6143426（总编室）
发行热线　（0971）6143516/6137730
网　　址　http://www.qhrmcbs.com
印　　刷　青海日报社印刷厂
经　　销　新华书店
开　　本　710mm × 1020mm　1/16
印　　张　21.75
字　　数　300 千
版　　次　2023 年 8 月第 1 版　2023 年 8 月第 1 次印刷
书　　号　ISBN　978-7-225-06539-7
定　　价　108.00 元

编委会

主　编　张卫华

副主编　于炳飞　王志芳

编　委　王士强　庞全世　唐步天

石战胜　张　萌　叶京春

目 录

智慧盐湖恰如人体，是系统之系统，由诸多类别的具体系统组合而成。不同的具体系统有较强的独立性，分别承担不同的功能，但绝不是孤立的“烟囱”。具体系统可以是原先建设的，加以改造后可以加入智慧盐湖系统，也可以是在统一规划下新建的，但最终都要有机组合在一起形成智慧盐湖系统。

如果说具体系统是智慧盐湖的骨架，那么数据就是智慧盐湖的神经和灵魂。数据的处理过程就是数据的价值发现过程。只有保证数据在系统内和系统间按需流动，才能实现生产运营的按需响应、快速迭代、动态优化。

第一章　智慧盐湖概述

盐湖作为国家重要的矿产资源，蕴藏丰富的重要物质，其开发涉及地质、水文、气候、生态等自然勘探相关领域，还涉及开采、化工、旅游、信息、互联网等技术类及延伸类专业。开展智慧盐湖研究可促进资源高效利用、提质扩规、创新突破和精准化管理，有利于国家资源安全、粮食安全、能源发展。

一、盐湖资源的战略意义

我国是多盐湖的国家，据最新资料统计，我国有盐湖 1500 多个，主要分布在青海、西藏、新疆等地域，其中青海柴达木盆地盐湖最为集中。

柴达木盆地面积 12 万平方千米，面积大于 1 平方千米的大型矿床 75 个，主要有察尔汗盐湖，东、西台吉乃尔盐湖，马海盐湖，一里坪盐湖等，地表含盐面积超过 15000 平方千米。我国盐湖的特点在于化学资源丰富，富含稀有元素，钾、锂、硼、镁和钠的储量极大。青海柴达木盆地盐湖以钾、钠、镁、硼、锂为主体的盐类资源总储量据估计近 4000 亿吨，其中氯化钾、镁盐、氯化锂、钠盐的储量均列全国第一，溴、碘、锶、铷、铯、石膏等储量也十分可观，是名副其实的聚宝盆。青海盐湖资源品位高，卤水中锂含量高达 2.2~3.12g/L，其中东、西台吉乃尔盐湖和一里坪盐湖卤水锂含量均比美国大盐湖高 10 倍，察尔汗盐湖和马海盐湖的晶间卤水经日晒可以析出高纯度的光卤石和钾石盐。盐湖蕴藏的战略性矿产对我国经济可持续发展、社会稳定和国防安全等具有重要意义和深远影响。如钾盐是极具战略意义的矿产资源之一，是粮食的“食粮”，对保障粮食安全具有重要的作用，长期被列为国家紧缺矿种。锂是自然界中最轻的金属，具有极高的战略价值，被誉为“金属味精”“推动世界前进的金属”“二十一世纪金属”和“白色石油”。硼、镁、溴、碘等是军工、化工、医药等领域的重要原料。

2016 年 8 月 22 日，习近平总书记在青海考察时指出，盐湖是青海最重要的资源，要制定正确的资源战略，加强顶层设计，搞好开发利用。循环利用是转变经济发展模式的要求，青海要把这件事情办好，发挥示范作用。青海资源也是全国资源，要有全国一盘棋思想，在保护生态环境的前提下搞好开发利用。2021 年 3 月 7 日，习近平总书记在参加十三届全国人大四次会议青海代表团审议时强调，要结合青海优势和资源，贯彻创新驱动发展战略，加快建设世界级盐湖产业基地，打造国家清洁能源产业高地、国际生态旅游目的地、绿色有机农畜产品输出地。其中，“四地”建设中第一个就是建设世界级盐湖产业基地。因此，高质量开发利用盐湖资源推动钾肥、新材料、新能源产业发展的同时，对于保障国家粮食安全、能源安全、生态安全以及促进经济社会发展和人民生活水平提高具有重要意义。2021 年 6 月习近平总书记青海考察，为青海高质量发展指明了方向：“要立足高原特有资源禀赋，积极培育新兴产业，加快建设世界级盐湖产业基地，打造国家清洁能源产业高地、国际生态旅游目的地、绿色有机农畜产品输出地。”

二、智慧盐湖建设的工业革命背景

随着工业革命的不断前进，革命性技术的涌现和应用已经汇聚成不可阻挡的潮流，正深刻改变并将继续改变人类工业文明的面貌。19 世纪之前，盐湖开发主要是依靠经验，采集石盐以为食用。19 世纪中期，国际上对盐湖的研究开始使用物理化学手段，20 世纪 50 年代以来，地质学、化工工艺学与生物学等多个学科开始耦合到盐湖的研究中，这也是中国开始进行大规模盐湖调查活动的时期。70 年代以后，盐湖研究进入了多学科大规模综合性的研发阶段，奠定了国内钾肥、镁、锂工业体系的基础，著名的察尔汗盐湖开始由高开采、低利用、高排放的粗犷式开发向精细化、节约化、智能化生产转变，由单一钾肥开发向多元化产品和精深加工转变，积极推进信息技术在盐湖化工核心生产流程和设备智能化改造中的应用，提高生产设备智能化水平。历史经验证明，每一次重大技术的进步都会引起工业革命的爆发，每一次工业革命的爆发都会重塑企业的组织形态和管理模式。盐湖产业也必将汇入工业革命大潮之中，开启盐湖资源开发和利用的智慧化进程。随着实践和认识的不断深入，智慧盐湖的内涵和发展方向也将越来越深刻和清晰。工业革命的发展历程如图 1-1。

（一）蒸汽机的发明与第一次工业革命

第一次工业革命首先出现于工厂手工业最为发达的棉纺织业。1765 年，织工哈格里夫斯发明了“珍妮纺纱机”,“珍妮纺纱机”的出现引发了发明机器、进行技术革新的连锁反应，揭开了工业革命的序幕。从此，在采煤、冶金等许多工业行业，都陆续有了机器生产。随着机器生产越来越多，原有的动力，

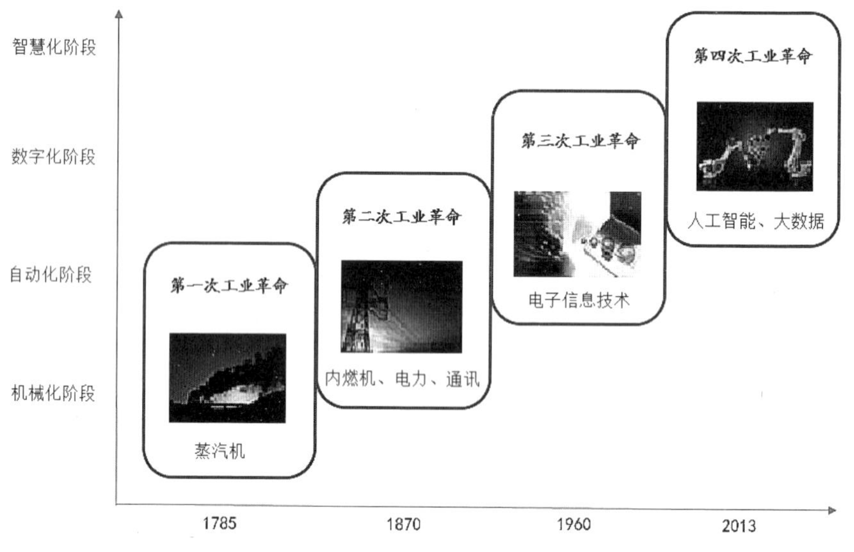

图 1-1 工业革命的发展历程

如畜力、水力和风力等已经无法满足需要。1785 年，仪器修理工詹姆斯 · 瓦特发明了蒸汽机并投入使用，提供了更加便利的动力，得到迅速推广，大大推动了机器的普及和发展，生产力与生产方式都发生了质的变迁。自 18 世纪晚期起，蒸汽机在冶炼、纺织、机器制造、采矿等行业中获得迅速推广，之后，陆续发明并成功应用了蒸汽轮船、蒸汽机车、蒸汽火车等。人类社会由此进入了蒸汽时代，史称第一次工业革命。

随着机器生产逐渐取代手工操作，传统的手工业无法适应机器生产的需要，资本家安置机器雇佣工人在工房集中生产，工厂这种新型的生产组织形式开始出现。与此同时，手工产品被排挤出市场，设备和土地一样成为重要的生产资料，依附于落后生产方式的自耕农阶级消失了，工业资产阶级和无产阶级形成并壮大，确立了资产阶级的统治地位。因此，第一次工业革命不仅是一次技术改革，更是一场深刻的社会变革。

（二）电气技术与第二次工业革命

1870 年以后，科学技术的发展突飞猛进，形成了电力的广泛应用、内燃机和新交通工具的创制、新通信手段的发明等特点的第二次工业革命。

第二次工业革命以电力的广泛应用为显著特点，出现了发电机、电动机等一系列电气发明，进入了电气时代。此外，内燃机的发明和使用也是其中的重大成就，以煤气和汽油为燃料，促进了发动机发展，制造了内燃机汽车、内燃机车、远洋轮船、飞机等。随着内燃机的广泛使用，石油的开采量和提炼技术也大大提高，1900 年石油产量猛增到 2000 万吨，塑料、化纤迅速进入人类生活。其间，科学家发现了电磁感应现象，研制出有线电报、电话、无线电报等，电讯事业迅速发展，从此，人与人之间的交流不再局限于面对面的谈话，世界各地的经济、政治和文化联系进一步加强。

电力、化工、石油和汽车等新兴工业实行大规模的集中生产，企业规模进一步扩大，管理作为专业职能开始独立于生产职能而出现，弗雷德里克·温斯洛·泰勒的里程碑之作《科学管理原理》第一次作为独立的学科开始受到关注。第一次工业革命使英国成为世界资本主义强国，在第二次工业革命期间，德国和美国抓住了历史机遇，一跃成为世界一流工业强国。

（三）电子信息技术与第三次工业革命

第三次工业革命以电子计算机、原子能、空间技术和生物工程的发明和应用为主要标志，不仅推动了人类社会经济、政治、文化领域的变革，而且也影响了人类生活方式和思维方式。从 20 世纪 60 年代开始，微型计算机、集成电路、智能计算机、光子计算机、生物计算机等迅速发展，同时，合成材料、遗传工程和信息论、系统论和控制论等也出现并快速发展。

第三次工业革命通过生产技术的不断进步，劳动者的素质和技能不断提高，劳动手段不断改进推动了社会生产力的发展，促进了社会经济结构和社会生活结构的重大变化，第一产业、第二产业在国民经济中比重下降，第三产业比重上升。另外，企业的形态更加多种多样，出现了跨行业的多元化产业集团，管理难度和复杂度成倍提升。改革开放后，中国加入第三次工业革命浪潮中，劳动方式和生活方式发生巨大变化，不仅显著提高了劳动生产率，促进了我国经济的持续高速发展，整个的经济社会结构发生了重大变化，并导致世界经济结构发生显著变化。

（四）人工智能与第四次工业革命

人们普遍意识到，第四次工业革命已经悄然来临。如果向前追溯起始点的话，一般可以追溯到 2013 年的德国汉诺威工业博览会。这次工业博览会吸引了全球 65 个国家和地区的 5000 多家厂商，中国以近 600 家参展商规模成为东道主德国以外的最大参展国。在为期五天的展会中，工业 4.0 概念受到关注。舆论认为，作为工业领域的全球领先展会，汉诺威工业博览会推动了第四次工业革命。

第四次工业革命的核心是智能化与网络化、信息化的深度融合。在这场技术革命中，工厂内外的生产设备、产品和人员之间将连接在一起，收集分析相关信息，预判错误，不断进行自我调整，以适应不断变化的环境。相比较于前三次工业革命，第四次工业革命凭借数字技术和信息系统的指数级发展，更加具有颠覆性变革的特征，其在技术发展和扩散速度、对人类社会影响的深度和广度上都将是前三次工业革命远不可比拟的。发达国家纷纷出台以先进制造业为核心的“再工业化”国家战略：美国大力推动以工业互联网和新一代机器人为特征的智能制造战略布局；欧盟提出重点发展以智能制造技术为核心的先进制造；日本、韩国等制造强国也提出相应的发展智能制造的战略措施，可见，智能制造已经成为发达国家制造业发展的重要方向。中国在 2015 年推出的“中国制造 2025”中也强调了智能制造的重要性。

“人工智能 +”是未来发展的必然趋势，但这种发展又必须以“计算机 +”和“互联网 +”为基础。因此，要实现工业智能化转型升级，一方面要利用

“计算机 +”实现数字化，利用“互联网 +”实现纵向集成、横向集成、端到端集成，另一方面推动大数据智能、深度学习、区块链等新一代人工智能与各产业的深度融合。当前，世界正处在以人工智能为代表的又一轮技术革命进程中，数据成为核心的生产要素，叠加在其他生产要素之上，赋能整个数字经济，推动包括制造业、采掘业、农业、金融业等产业的转型升级，形成智能化生态体系，全面提升产业化发展的智能水平。在这一进程中，企业生产力将大幅提高，产业形态、生产方式、管理模式都面临着前所未有的重构。

中国已经进入新发展阶段，面对世界百年未有之大变局和第四次工业革命的到来，应该主动抓住机遇，迎接挑战，把握第四次工业革命提供的历史契机与发展动能，发展智能制造来促进产业转型升级，重塑制造业竞争优势。

三、智慧盐湖建设的必要性

青海省人民政府、工业和信息化部于 2021 年联合印发了《青海建设世界级盐湖产业基地行动方案（2021—2035 年）》。方案在着眼构建世界领先现代盐湖产业体系，打造绿色低碳循环产业生态，优化适配资源产业空间布局的同时，还提出要以 5G、大数据、工业互联网、人工智能等信息技术为支撑大力推进“智慧盐湖”建设。智慧盐湖，即盐湖智慧化，其本质是集成应用各类监测检测系统、传感器、自动控制系统，对生产经营、销售等全过程进行数字化表达，以形成盐湖全面感知、分析决策、自主学习、动态预测、协同控制和智能化运行。智慧盐湖建设对于重整企业和行业技术流、资金流、人才流、物资流等核心要素，引领我国盐湖资源智能化开发利用具有重要意义。

（一）把握历史机遇、推动“两化”融合发展的要求

当前，全球正经历一场大范围、深层次的科技革命，工业经济时代的产业运行体系正发生根本性的深刻变革，资源配置、创新协作、生产组织、商业运营等方式加快转变，实体经济正迈入体系重构、动力变革、范式迁移的新阶段。《中华人民共和国国民经济和社会发展第十四个五年规划和 2035 年远景目标纲要》中指出要加快推动数字产业化，推进产业数字化转型。没有强大的实体经济，就没有国家和民族的强盛。面对国际竞争的严峻形势和我国高质量发展的迫切要求，加快工业和信息化高质量发展刻不容缓。

我国正处于全球产业重新整合的重要机遇期。纵观世界文明史，每一次科技革命和产业变革都给人类社会发展带来难以估量的影响，引发世界经济政治格局深刻调整。当今世界，新一轮科技革命和产业变革方兴未艾，工业

经济正加快从数字化向网络化、智能化转型发展，网络信息技术正加快从虚拟向实体经济，消费向生产领域延伸拓展，形成历史性交汇，成为第四次工业革命的核心内容。互联网、大数据、人工智能为代表的网络信息技术与实体经济深度融合，正在全球范围内不断颠覆传统生产模式、组织方式和产业形态，推动传统产业加快转型升级。新一代信息技术的发展为实现盐湖安全、高效、绿色生产和科学化管理提供了支撑和保障，为盐湖智能化建设发挥越来越重要的支撑赋能作用。

在建设世界级盐湖产业基地进程中，我国难得拥有如此绝佳的机会，与发达国家几乎处在同一条起跑线上。智慧盐湖，是把握机遇参与竞争的必然，是盐湖经济转型升级的必然，是建设世界级盐湖产业基地的必然。如果奋发有为，将可能在盐湖产业建设上实现变道超车，引领世界潮流。在重大发展机遇面前，如果能顺应发展趋势，把握历史大势，下好先手棋，就能赢得发展主动。

（二）利用新科技成果、实现企业高质量发展的支撑

国民经济步入新常态，盐湖化工企业必须抓住技术红利和创新先机，主动加快组织变革、业务创新和流程再造，推动研发、生产、管理、服务等关键环节数字化转型，从而全面提升企业层次，形成竞争新优势，提高经营质量，实现高质量、高效益发展。

盐湖化工企业生产面临地质构造复杂、自然灾害多、开采难度大、装备自动化程度低、可靠性差等多种问题，建设智慧盐湖，变革盐湖生产方式已成为企业生存和发展的重大战略需要。智慧盐湖建设将信息技术与工业技术、管理技术高度融合，实现海量工业数据实时集中采集、共享、分析，通过制造数据在采卤、运输、计量、节能、安全、环保等领域充分流动，可以有效解决数据盲区和“信息孤岛”，有助于提高生产效率，降低生产成本，优化设备运行状态，促进生产向协同化和智能化方向发展。同时，智慧盐湖还有助

于企业通过数字化转型改变生产和管理模式，提高业务和管理效率，对盐湖化工企业自身来说也是一个破茧化蝶的过程。

智慧盐湖支持制造资源泛在连接、弹性供给和高效配置，为协同性创新和融合性应用带来新的发展机遇。在对数据加工、挖掘的基础上，指导全产业链和销售各环节，可以成倍提高生产管理效率和精细化水平，充分配置生产要素，形成盐湖产业数字化发展新模式。如建设盐湖大宗商品产供销平台，有助于打造集交易、信息、金融、物流于一体的盐湖大宗商品专业平台，提升盐湖产品的话语权，充分发挥数据资源带动企业、产业发展的倍增作用，助力打造具有国际影响力的产业集群和盐化工产业基地。

（三）缓解人才缺口、落实以人为本理念的对策

盐湖化工企业多地处青海西部地区，条件艰苦、待遇偏低，难以像发达地区企业一样聚集人才，存在“引不来、留不住”的现象，人才流失较为严重。盐湖化工企业和产业单纯依靠廉价劳动力成本从事低端加工制造的发展模式已经很难维系长远发展，必须制定长期应对策略。为此，应该改变思路，把人的智慧映射到生产线上，实现“以机代人”，在某些场合部分或全部省去手工作业，减少用工数量，降低人力成本，提升生产效率，有效实现机械化减人、智能化无人。

人类发展生产的目的是解放人，使人获得最大福祉。安全生产是盐湖化工企业的红线，智慧盐湖通过对盐湖生产和过程进行实时、动态、智能化监测与控制，有助于提高盐湖生产的安全水平。另外，盐湖化工企业生产环境艰苦，作业方式枯燥，不能满足盐湖员工在健康、休息等方面的期待，特别是 80、90 后员工，对工作环境、作业条件、健康保障等有着新的认识，更高的期盼，对生产模式和美好生活有着更高的希望。建设智慧盐湖，改善矿工恶劣的工作环境，开展“绿色”企业精神文明建设，一方面可以将员工从艰苦工作环境下解放出来，降低安全风险，保障安全生产，另一方面可以体现

以人为本理念，让现有员工更加体面、更加舒适地工作，增强员工的归属感、幸福感。

（四）建设绿色盐湖、发展循环经济的举措

绿水青山就是金山银山。绿色制造、生态优先，发展完全符合现代绿色化学要求、环境友好、低熵态的盐湖产业体系，也是打造世界级盐湖产业基地的首要任务。绿色经济的持续推进，倒逼盐湖化工企业转型升级、节能减排，实现矿产资源和土地资源的高效、充分、合理利用。只有不断完善科技创新机制，提高科技创新能力和工序工艺智能化水平，才能打造生产高效、管理协同、绿色经济可持续发展的盐湖化工企业。

建设绿色盐湖，资源最大化利用是核心。而实现资源最大化利用就是要将资源“吃干榨净”，实现原子经济最大化，将原料、辅料的所有原子尽可能转化为期望的最终产品。智慧盐湖可以有效贯彻新发展理念、节约能源、优化工艺流程，提高回采率、回收率、综合利用率，最大限度地做到应采尽采、应收尽收，贫富兼采、难易兼采，提升企业高质量发展成色。盐湖资源是经济社会发展和生态文明建设的重要物质基础，也是生态环境的构成要素，加强盐湖资源节约集约与综合利用，可实现开源节流，释放并盘活一批开采资源，达到“小湖变大湖，一湖变多湖，呆湖变活湖”的效果，从而提高矿产资源利用能力，实现盐湖环境和经济效益双赢。

科技创新驱动发展。智慧盐湖建设必须以提高盐湖资源利用效率和做强做优盐湖主业为目标，坚持绿色低碳循环发展理念，“资源化、减量化、再利用”，通过技术创新，最大限度提高矿产资源综合利用水平，坚定不移走绿色、环保、安全、高效、创新与可持续发展之路，努力开创盐湖产业高质量发展新格局。

四、智慧盐湖的内涵和本质

（一）智慧盐湖的内涵

目前还没有智慧盐湖的权威定义。本书参考智慧矿山、智能矿山的定义，尝试给出智慧盐湖定义。

《智慧矿山信息系统通用技术规范》中对智慧矿山的定义为："基于空间和时间的四维地理信息、泛在网、云计算、大数据、虚拟化、计算机软件及各种网络，集成应用各类传感感知、数据通信、自动控制、智能决策等技术，对矿山信息化、工业自动化深度融合，能够完成矿山企业所有信息的精准适时采集，高可靠网络化传输，规范化信息集成，实时可视化展现，生产环节自动化运行，能为各类决策提供智能化服务的数字化智慧体，并对人—机—环的隐患、故障和危险源提前预知和防治，使整个矿山具有自我学习、分析和决策能力。"《智能矿山建设规范》中对智能矿山的定义为："对矿山地质与测量、矿产资源储量、采矿、选矿、资源节约与综合利用、生态环境保护等生产经营各要素实现数字化、自动化和协同化管控，并且其运行系统具备感知、分析、推理、判断及决策能力的现代化矿山。"

参考以上两个定义，本书认为，智慧盐湖（Intelligent Saltlake）即盐湖智慧化、智能化，是以人工智能、工业互联网、5G、大数据等信息技术为支撑，集成应用各类传感器、自动控制系统，对生产运营全过程进行数字化表达，形成盐湖全面感知、实时互联、分析决策、自主学习、动态预测、协同控制、可视化展现的盐湖综合管理系统，实现盐湖开拓、采卤、运通、选别、安全保障、生态保护、采购销售等全过程的智能化运行。

实际上，信息技术促使各领域、各行业都有数字化、智慧化的需求，而且总是从阻力最小、最容易见效的领域和行业发端。制造业的智慧化客观条件优于采矿业、起步较早，便先有了智能制造的概念。采矿业中煤矿率先进行智慧化建设，形成了智慧煤矿、智慧矿山的概念，此时的智慧矿山多指煤矿的智慧化；后来，智慧化建设进入有色矿山，此概念的外延才真正涵盖了全部矿山。盐湖开发难度大，智慧盐湖建设起步较晚，基础较为落后，但可以多角度借鉴智能制造、智慧矿山的建设成功经验。

盐湖属于矿山的一种类型，虽然在形态上与常规意义上的矿“山”不太一样，但确实属于矿山的范畴。无论是表面卤水干涸，由含盐沉积形成的干盐湖，还是晶间卤水组成的地下卤水湖，在本质意义上都是矿山。盐湖中沉积的盐类矿物约达 200 余种，以钾、镁、锂等有色金属原料居多，盐湖又属于有色矿山。而矿山涉及的采矿业指对固体（如煤和矿物）、液体（如原油）或气体（如天然气）等自然产生的矿物的采掘，包括地下或地上采掘、矿井的运行和一般在矿址或矿址附近从事的旨在加工原材料的所有辅助性工作，例如碾磨、选矿和处理。所以，智慧盐湖建设可遵从智慧矿山，特别是有色矿山建设框架和规范，但因盐湖化工特点，智慧盐湖建设又具有自身的特殊性。

智慧盐湖与智能制造也有交叉关系。制造业是指经物理变化或化学变化后成为新的产品。盐湖产业生产仅限于对某种矿物的“提取”，虽然发生了物理和化学变化，但本质上仍可以看作提取某种特定矿物，如盐湖提锂，随着产业链延伸，盐湖产业也会涉及炼制、分离、反应等制造业工业流程。由此可见，盐湖产业部分生产活动属于制造范畴，智慧盐湖建设可以参考智能制造的成功经验。

智慧盐湖是新一代信息技术与盐湖开采、产品生产运营等的深度融合。借助信息技术，把人的思想、知识、要求等变成系统决策的依据，提高决策水平，降低劳动强度，实现安全高效、绿色低碳、健康运行。与机械化延伸人类的四肢功能目的不同，智慧盐湖延伸的是人类的大脑功能，不断注入记忆、表达、推理、联想和学习等功能。因此，智慧盐湖的目标就是使盐湖开发过程获得关于开采、生产和经营相关知识的记忆、表达、联想、推理和学习的功能，从而使盐湖具有智慧。

（二）智慧盐湖的本质

为了更好地理解智慧盐湖内涵，本书引入物理世界、信息世界和知识世界的智慧盐湖模型。物理（Physical）世界是智慧盐湖的物质主体，是能量流与物质流的执行者，是生产运营活动的完成者，描述现实世界中客观存在的事物，例如生产设备、材料、管网设施、卤水、水电等；信息（Cyber）世界是主导，是生产运营活动信息流的核心，描述物理和知识世界的所有对象的状态、运动及其变化规律的软件体系，表现为数据、模型、算法等；知识（Humanknowledge）世界是主宰，是人的“替身”，描述人对物理世界的认知，包括人的价值观、思想、意志、愿景和智慧。

智慧盐湖模型中三个世界的相互关系如图 1-2 所示：

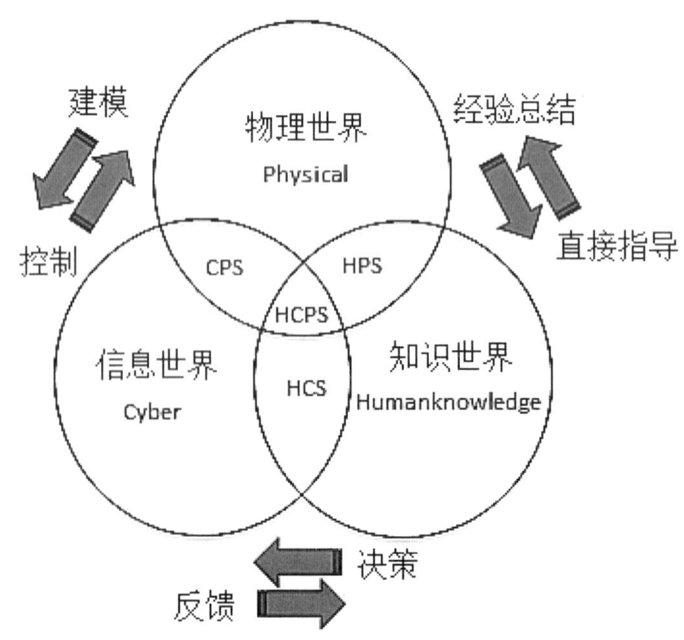

图 1-2　智慧盐湖三个世界模型

信息世界、知识世界和物理世界相互作用反馈，彼此都存在双向关系：（1）物理世界与知识世界。人的智慧总结生产工艺和运营规律的经验形成知识世界，反过来，知识世界可以直接指导物理世界的优化和改造。（2）知识世界与信息世界。知识世界赋予信息世界以智慧，信息世界将接收与加工处理后的信息反馈给知识世界。（3）信息世界与物理世界。信息世界深度感知、控制物理世界，物理世界建模形成信息世界。另外，从实践角度看，智慧盐湖系统运行可呈现的图景：知识世界把生产任务和策略输入信息世界，信息世界唤醒物理世界的智能化装备进行作业，同时指挥企业全产业链运营；信息世界自动采集生产和运营数据，并反馈给知识世界；知识世界可以对物理世界进行优化和改造，使之更好地适应信息世界，也可以修改或重建物理世界。

三个世界之间彼此交叠出三个界面，即信息—物理世界界面（CP）、知识—物理世界界面（HP）和知识—信息系统界面（HC）。

CP 界面：信息系统认知物理的生产运营过程，驱动生产运营系统正确运作；生产运营系统在信息系统中建立孪生映像，记录并反馈其演化进程。

HP 界面：人脑认识物理的生产运营过程，积累知识促进创新优化；创新优化产生更多的新知识，促进和强化知识积累过程。

HC 界面：人脑外化为信息，知识活动建模进入信息系统；比特化知识实现了人脑知识的扩容，并按照知识自动化规则运行。

智慧盐湖是一个由人的知识世界、生产运营的物理世界和信息世界构成的有机整体。其中，物理世界是主体，信息世界是主导，人的知识世界是主宰。物理世界和信息世界都是由人设计并制造出来的，有关分析计算与控制的模型、方法和准则等最终都是由知识世界固化到信息世界中。随着自动化、数字化、智慧化的推广应用，知识世界的地位逐渐从操作者转向监管者，成为智慧盐湖中能动性最大的因素。由此可见，如何将知识世界的智慧赋予物理世界和信息世界并延伸至整个盐湖物理世界全过程，是智慧盐湖建设的核心。

此外，智慧化应用过程中，信息系统可以收集海量数据，数据经过加工提炼发掘蕴含的具有潜在价值的信息，发现数据背后存在的规律和知识，是使盐湖智慧化的核心。

五、智慧盐湖的特征和发展阶段

（一）智慧盐湖的特征

根据智慧盐湖的内涵和本质，智慧盐湖具有以下特征：

1. 全面感知

普遍应用的传感器和智能设备能准确采集到任何时间、地点所需要的安全、生产运营和管理等信息，并保证信息的及时性，并对盐湖化工生产运营进行监控和分析。

2. 深度互联

智慧盐湖可以实现人与人、人与物、物与物之间的无障碍互联互通。通信接口和传输协议，形成高效的数据传输通道，将三个世界的各种设备、网络、系统连接起来，实现生产、环境、人员和设备等信息的深度互联和信息共享。

3. 协同运作

广泛应用 MES（制造执行系统）、DCS（分布式控制系统）、能源管理、质量管理等工业软件，实现生产现场的可视化和透明化。基于智慧的基础设施，盐湖应用中的各个关键系统和用户和谐高效地协作，达成盐湖自动化、数字化和智慧化运行的最佳状态。

4. 智能生产运营

在统一的时间坐标和空间框架下，科学合理地组织各类盐湖信息，将海量异质的盐湖信息资源进行全面、高效和有序地管理和整合，赋能盐湖实现智慧化生产运营。（1）装备智能化。智慧盐湖装备实现全面智能化，为数据采集处理和自主决策奠定良好基础。（2）运行自动化。智慧盐湖可以在不需要人为干预的环境下实现自主运行，并且可以结合实际情况进行调整。（3）

决策智能化。智慧盐湖可以借助大数据进行分析，在其他系统信息数据协同下，实现多个系统共同分析决策的功能，进而做出最优决策。

5. 可视化展现

各种数据模型可以通过 GIS 技术、虚拟现实技术、模拟仿真技术和多媒体技术进行表达和展现，实现透明管理。通过建立数字孪生体，方便洞察生产现场的状态，支持做出正确决策。

6. 环境友好

能够及时采集设备和生产线的能源消耗，实现能源高效利用。在危险和存在污染的环节，优先使用机器人替代人工，实现废料的回收和再利用。

（二）智慧盐湖发展阶段

工业革命是以机器取代人力，大规模工厂化生产取代个体工场手工生产的科技革命，历史经验证明，每次工业革命的爆发都会重塑企业的组织形态和管理模式。2013 年的德国汉诺威工业博览会以信息物理系统（CPS）为主要特征的工业 4.0 概念受到关注，人们普遍意识到第四次工业革命已经悄然来临，其核心是智能化与网络化、信息化的深度融合，凭借数字技术和信息系统的指数级发展，更具有颠覆性变革特征。在这场革命中，工厂内外的生产设备、产品和人员之间将连接在一起，收集分析相关信息、预判错误，不断进行自我调整，产业形态、生产方式、管理模式面临前所未有的重构，企业生产力也将大幅提高。智慧盐湖的发展大体经历了原始阶段、机械化阶段、自动化阶段、数字化阶段，并且正在向着智慧化阶段迈进。

1. 原始阶段

通过手工和简单工具进行采掘和生产活动，效率低、资源浪费大。

2. 机械化阶段

大量采用机械设备进行生产活动，机械化程度较高，但生产较粗放，资源浪费比较严重。

3. 自动化阶段

自动化技术和装备广泛应用，尤其在工作面、危险场所大量采用机电系统，生产效率得以大幅度提高，生产成本得以降低，人员流失、人才短缺问题得以缓解。

4. 数字化阶段

采用信息化系统作为生产运营工具，实现透彻感知、数字化整合、数据共享。这一阶段以工业互联网的全面应用为特征，盐湖化工生产流程的各个环节，包括人与人、人与设备、数字化设备之间都可以无障碍地互联互通。建立覆盖生产、经营、管理的管控平台，实现对企业的实时监视、统一管控和资源共享。

5. 智慧化阶段

通过对生产流程更深入的智慧分析，实现生产过程的无人干预，少人值守；通过数据分析与挖掘，实现故障诊断和设备健康管理，有效提高设备可靠性和使用寿命；通过性能分析、控制优化与运行优化，使生产运营效率得到极大提升；通过节约能源、优化工艺流程，提高回采率、回收率、综合利用率，促进矿产资源的高效、充分、合理利用。

目前，智慧盐湖总体上处于数字化阶段，并已完成部分数字化升级。

中国工程院王国法院士基于我国矿业产业发展现状和未来一段时间科技装备发展趋势与水平，确定智慧矿山建设的近期、中期和远期目标，为智慧盐湖建设提供了参考。（1）近期目标（2025 年）：矿山企业基本实现数字化转型，矿产资源开发全流程的信息化、少人化水平大幅提升，初步构建比较完善的 AI、区块链、机器人等技术应用场景，矿产资源新技术研发与产业化支撑能力显著增强。（2）中期目标（2035 年）：构建成熟的智慧矿山建设技术规范与标准体系，实现矿井开拓设计、地质保障、采掘（剥）、运通、洗选物流等系统的智能化决策和自动化协同运行，井下重点岗位实现机器人作业，建成智能感知、智能决策、自动执行的矿山智能化体系。（3）远期目标（2050

年）：矿产资源开发与新一代信息技术深度融合，井下生产作业全部实现机器人替代，矿产资源开采、运输、消费、监管实现全流程智能化运行。智慧盐湖建设虽然起步较晚，但在新技术快速发展背景下，发挥后发优势，有望追赶上智慧矿山总体水平。

盐湖化工企业的智慧化较为滞后，尤其落后于煤矿企业。在未来的发展中，智慧盐湖建设可利用其他行业成功经验，缩短从数字化到智慧化的发展进程。利用工业互联网技术实现物物互联，提供从物理世界获取数据的方法；利用云计算技术实现资源虚拟化和服务化，以及海量数据的存储、数据挖掘；利用深度学习技术和知识自动化工程为设计、生产、决策和服务提供支持，加速完成从数字化向智慧化的蜕变。

六、智慧盐湖总体架构

架构（Architecture）不是一个理论问题，而是一个实践问题，其定义来源于软件，后被广泛借用。简单地讲，架构是指一个系统的总体结构、各结构之间的关系和对各结构的描述。

智慧盐湖是个复杂系统，大量概念搅和在一起，难以解释且容易使思维混乱。搭建符合思维习惯的智慧盐湖总体架构可深入地阐明其整体框架，清晰地呈现每个维度的组成、步骤和关系等。

智慧盐湖的架构没有统一标准，不同的关注角度会采用不同的架构。架构可以是三维、四维、五维甚至更多维。本书把智慧盐湖的总体架构定义为系统、数据、技术三个维度，或者说从三个视图来审视智慧盐湖，如图 1-3 所示：

（一）系统视图

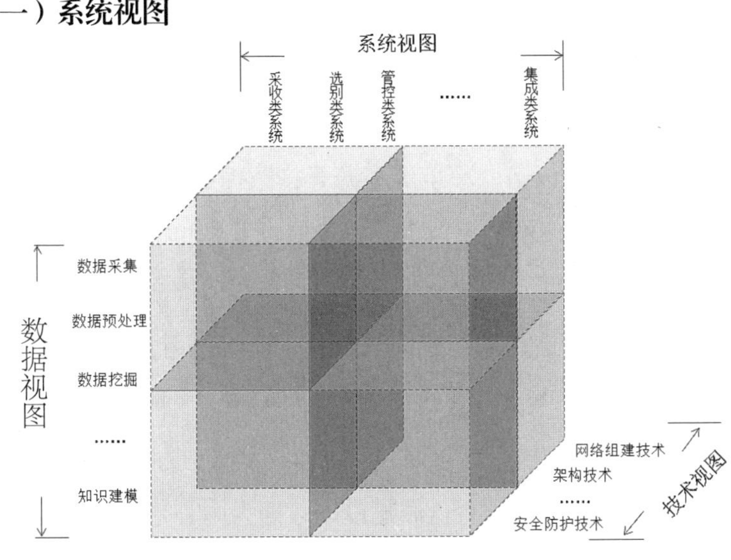

图 1-3　智慧盐湖三视图总体架构

这里讲的系统是指由若干软件、网络、传动、控制等器部件结合而成的、能够完成智慧盐湖某一项或几项功能的软件和装备的有机整体。

各个系统的建设是智慧盐湖建设的基本单元，但是，这些系统的简单组合并不能称为真正意义上的智慧盐湖大系统。真正的智慧盐湖应该是一个有机的整体，以工艺优化、生产管控为核心，利用广泛的互联互通网络，使生产、保障、安全、管理各类系统交互融合，并通过全流程再造，使这些系统一起为盐湖化工生产运营赋能，最终形成智慧化的盐湖。

智慧盐湖系统的顶层设计必须以业务需求为导向，从企业发展战略、主要业务进行智慧化改造和建设，确保规划具有战略前瞻性、整体协调性和应用实效性。智慧盐湖的系统应该覆盖生产运营的点、线、面，“点”是对关键设施设备的智能化改造升级，对生产过程重要信息点的智慧化信息采集，对核心业务单元工艺和管理的智慧化建模，如传感感知系统；“线”是对生产业务流程的科学梳理、优化，如膜分离流程控制系统；“面”是依托大数据管理实现生产的全流程管控和数据融合，从而实现生产、管理、安全等全面的管理或决策支持，如生产调度系统。

（二）数据视图

第四次工业革命以来，数据成为最重要的生产要素。智慧盐湖必须以数据为支撑，通过对人、设备、环境等多源异构数据的全面感知、统一规范、交叉融合，打破数据之间的物理障碍，实现信息世界和物理世界的实时信息融合。在此基础上，借助人工智能等技术进一步激活数据的价值，为生产管理和决策提供支持，打造盐湖产业智慧大脑，让生产运营看得见、管得了、控得住。

智慧盐湖总体架构的核心是数据，系统和技术都是为了保证数据的采集、处理、存储、分析和应用。智慧盐湖建设以数据为中心是数据驱动业务变革的需要。所谓数据驱动，是相对于目前的流程驱动而言的。流程驱动以流程为主线，将相互关联的业务活动串联和协同起来，使这一组业务活动以流程设定的方式有序进行，从而完成特定的活动目标；而数据驱动是以数据为核心，根据数据所映射的内外部环境的要求及变化，通过进行数据获取、建模、分析、执行，从而驱动业务活动的决策和运行。在工业数据海量增长的背景下，以往的流程驱动模式对数据缺少充分的利用和价值创造。数据驱动则能够根据数据所映射的内外部环境的要求和变化，通过对生产过程和生产操作进行定义，驱动生产系统和操作执行依据数字定义运行，科学客观支撑生产管理决策，进而推动生产系统运行。

（三）技术视图

关键技术的应用是保障智慧盐湖建设的基础。智慧盐湖建设，必须把工业互联网、大数据、人工智能、云计算技术等关键技术用于解决实际问题，必须将信息技术与盐湖化工知识进行紧密结合，以提升企业的管理效率和综合竞争能力，使智慧盐湖由概念变为现实。

技术不只是被动实现，更要主动引领和把握智慧盐湖的发展方向。事实上，智慧盐湖正是现代信息技术成果在盐湖开发中应用，从而催生新的知识型工作机制的结果。现代信息技术正在并将继续从不同层面、不同尺度影响智慧盐湖的工作机制，创新智慧盐湖的开发模式。

以上就是智慧盐湖的三视图总体架构。其中，系统、数据、技术三者具有有机联系：系统是智慧盐湖的骨架，承载着数据的按需流动；数据是智慧盐湖的神经和灵魂，数据处理是系统的重心；技术为系统建设和数据处理提供支撑，并引领发展方向。

智慧盐湖建设不仅仅是技术改造工程建设，也不单纯是软件工程建设，而是两者的结合，其目标和本质是知识世界、物理世界和信息世界相融合的系统建设，是感知、计算、通信、控制等信息技术和自动控制技术的集成，是人、机、物、环境、信息等要素相互映射、适时交互、高效协同的复杂系统的构建。

智慧盐湖建设是一个庞大的系统工程，既是知识密集型的活动，又是劳动密集型的活动。管理对于建设的顺利进行具有不可替代的重要作用，需要在时间、资金、人员和设备等约束条件下，计划和控制系统、技术、数据方面的建设、应用和分析，以最终达成既定目标。没有管理的智慧盐湖建设是不可想象的，管理在智慧盐湖建设中具有不可替代的作用。

第二章　智慧盐湖典型系统

智慧盐湖恰如人体，是系统之系统，由诸多类别的具体系统组合而成。不同的具体系统有较强的独立性，分别承担不同的功能，但绝不是孤立的“烟囱”。具体系统可以是原先建设的，加以改造后可以加入智慧盐湖系统，也可以是在统一规划下新建的，但最终都要有机组合在一起形成智慧盐湖系统。

本章整理出六大类别的 25 个典型系统，基本覆盖了智慧盐湖生产运营各方面。基础网络系统、数据中心等通用系统，不作介绍。

一、盐田采收类系统

（一）采输卤设计系统

1. 采卤设计子系统

卤水资源的科学、合理、稳定开采是盐湖化工生产面临的首要环节，为确保盐湖卤水资源科学合理稳定开采，需要进行科学合理的卤水开采设计。在采卤设计前，应进行采卤可行性研究，根据盐湖资源条件和外部建设条件，资源配置及市场需求，可能采取的开采技术、加工工艺、资金筹措及投资效果等，全面分析研究采卤的必要性、可行性和合理性。

采卤设计子系统应以地质三维技术为核心，在逼真展现地表、地下主要设施和要素的地质三维模型基础上，通过信息化手段综合进行储量管理、测量验收、生产计划和管理、地质资料管理等，提高采卤设计质量，合理开采利用盐湖卤水矿产资源。

采卤设计子系统应包括以下功能：（1）查询相关信息。获取盐湖地质资源三维地质构造、矿层储量动态信息，为采卤设计提供可靠的精确模型。掌握矿区气候环境条件、地形地质条件、矿区淡水资源条件、黏土资源条件、卤水特性和盐渍土特性。（2）确定开采对象。根据各卤水矿层的类型、资源储量和资源储量类型、有益组分含量及其品位、加工工艺技术水平和开采技术条件，自动确定开采对象。将资源储量大、开采技术条件好、卤水有益组分含量高、建设期工程量小、外部建设条件和经济效益好的列入首采范围。（3）确定开采顺序和规模。根据采卤模型，以矿层特点、矿床开采技术条件、装备水平、市场需求等自动制定方案。也可提供多套方案，或由人工进行调整。年生产规模应由工艺计算后确定，日最大生产规模应由年生产规模、年工作制度、盐田蒸发的不均衡性等因素综合确定。(4)确定采卤方法。根据卤水矿层的赋存特点、卤水分布的分异情况、兑卤结盐的程度、采卤工程的建设条件等确定渠采、井采或渠井联合开采。如需采取钻井水溶法采卤，还需要自动推荐或选择单井对流、井组溶蚀连通、井组定向井连通、井组压裂连通水溶采矿法，并确定主要设计参数和工艺流程。(5)计划编制。依据地质、技术和经济三要素对矿床做出工业评价，建立盐湖工业指标在市场条件下的动态变化模型，为盐湖开发方案决策提供依据。编制盐湖战略规划、生产进度计划。

在设计过程中，注意降低原材料、能源消耗；采用防止资源损失和生态破坏的措施；体现建设资源节约型和环境友好型设计理念，促进盐湖卤水矿业可持续发展。

2. 输卤设计子系统

盐湖卤水输卤方式有管道输卤和渠道输卤两种方式。渠道长距离输卤具有节能、结盐易清除、工程投资省等优点，一般优先选择渠道输卤方式。

输卤过程中许多因素会对卤水质量产生影响：(1)大规模开采对卤水的影响。卤水在大规模开采过程中，由于卤水的运移，相应的相平衡会发生变化，造成固液相的相互转化。盐层的孔隙度、给水度和卤水的水化学性质，会直接导致卤水质量产生动态变化。(2)温度对卤水质量的影响。晶间卤水的水温变化总体上与气温变化规律相一致，水温变化较气温变化趋于平缓，冬季水温高于气温，夏季水温低于气温。(3)不同卤水浓度的混合对卤水的影响。由于各季节的温度不同，卤水中各组份的溶解度受温度的影响变化不一，致使卤水组成发生一定变化，其结晶路线也发生相应变化，导致渠道内卤水质量发生变化。(4)蒸发量对卤水的影响。如：冬季补给量大于蒸发量，卤水分层现象严重，主要原因是重力分异作用与气温较低所致。应根据以上卤水的动态变化，有效地设计输卤工程。

输卤设计子系统包括以下功能：(1)制定工程方案。输卤工程布置应与采卤工程、盐田工程统筹兼顾。输卤工程选线设计应避开有不良地质影响的区域，当局部地段无法避开时，必须采取防范措施。(2)计算输卤渠道水力数据。(3)确定施工方案。综合分析边坡稳定性、盐渍土含盐影响和施工难易等因素，确定施工方案，并建议采取补充防范措施。(4)自动生成输卤管道敷设方案。包括敷设方式、埋深、压力变送器等仪器仪表的安装等。(5)学习和优化。以优化采卤生产环节调度流程和管控环节为手段，通过对生产过程的实时监控、安全信息的实时获取，提高生产调度指挥效率，优化生产方案，及时发现安全隐患，提高设备运转率，降低运行成本。

3. 固液转换设计子系统

盐湖卤水经提取有价元素后的尾液与湖表水、其他补给水作为溶矿剂对矿区固相结晶物中的有价元素进行溶解，并汇入孔隙度卤水中加以综合利用是实现盐湖资源可持续开发利用的重要措施，也是实现对低品位、难开采矿物利用的有效手段。此工作在柴达木盆地各湖区已经取得成效，开发固液转换子系统，将溶采技术科学化、智能化是智慧盐湖建设的重要内容。

(1)开展此系统的基础工作首先是建立盐湖资源的长期观测系统，通过位差监测、卤水品位与组分的实时检测，建立盐湖资源开采、溶矿补给数学模型，厘清通过溶矿固液转换技术引起的表内资源与表外资源的变化关系，预测溶采技术对盐湖储量、开采强度、矿产服役期等重要指标的影响与变化趋势，为制订科学的资源开采战略提供重要决策依据。

(2)建立固液转换水力学、溶矿动力学观测系统，形成溶采技术智能化模型，包括溶矿剂组成、流量、溶矿区域与面积控制、漏斗范围与模型、溶矿区域内固体矿物组分变化趋势，区域内孔隙度卤水组分变化等。

(二)盐田管控系统

盐田是盐湖资源开发中充分利用太阳晾晒进行蒸发、结晶、分离的重要环节，其低运行成本也是盐湖资源开发产品具有市场竞争力的主要因素。影响盐田蒸发和需要检测的主要参数有:卤水浓度、卤水温度、卤水深度、风速、空气湿度、环境温度、阳光辐射强度等。

在采卤过程中，气温对晶间卤水的水温影响随深度增加而减弱，5 米以内显著，10 米以下水温趋于稳定。水温的变化引起卤水黏度变化，从而使卤水运动条件发生季节性变化。如：采卤过程中水动态和水化学的变化是制约钾肥稳定生产的关键之一，由于晶间卤水赋存于盐类沉积的孔隙中，采卤前水盐处于稳相平衡状态，影响其平衡的主要因素是温度和随着温度变化产生固液相的平衡转化，这种转化在近地表处影响尤其大。

在渠道输送的过程中，随着卤水的运移，相平衡遭到破坏，产生析盐或是某些组成的盐类溶解，所以应有效地进行盐田工艺控制。如：高矿化度的饱和光卤石水，在渠道输送过程中，将不断地析出卤水中的矿物质，其中其他矿物质反应不大，而 NaC1 和 KCl 将大量析出。根据卤水组成、卤温等条件的变化，有效地控制好 NaCl 和 KCl 结晶点这两个关键工序点，同时加大清渠力度，疏通渠内阻水的盐梗，使输卤渠道低水位运行，缩短卤水在渠内的停留时间。

另外，由于卤水存在水平分异与垂直分异，不同地段、不同深度卤水浓度不同，化学组成不同，相同数量的不同组份卤水在蒸发浓缩过程中析出的固相组份比不同；开采出不同地段、不同深度的卤水，按一定比例掺兑，产生兑卤作用，也会使卤水质量发生变化。这些因素都是盐田管控系统需要加以考虑的。

盐田管控系统宜优先选用智能化程度高的装备，应具备网络连接功能，实现设备定位、状态和作业数据的在线采集，应接入集成监控平台，宜实现统一调度指挥或远程可视化控制。

盐田管控系统包括以下功能：

1. 盐田监测分析。通过对盐田水采机组的控制设备加装智能传感器和放射性测钾仪器，对卤水水位、水温、密度、气象值（温度、湿度、日照、风速和蒸发量）和钾、镁、钠离子含量等信息同步、连续、自动测量和实时记录。通过 PLC 完成泵站周期性数据自动采集，实时监测泵站的运行状态、输卤量、卤质等参数，数据实时存储在数据库中，并对每台泵进行控制和流量计算。计算卤水即时蒸发速度、不同阶段卤水比蒸发系数、析盐种类和累计析盐量、累计蒸发量等。通过对卤水指标的实时监测，结合气象资料、相化学模型和盐田控制管理参数要求，实时显示计算盐田的运行状态，确定相邻盐田间倒卤的最佳作业期，以实现盐田精细化运行与控制的目的，从而实现盐田结晶析出物质的最佳组份要求，最终实现盐田分离效果的最佳化。

2. 采卤装备状态监控。通过对作业装备动力系统、传动系统、作业执行机构等工况参数的实时采集及分析，实现对装备的运行状态的实时监控。

3. 采卤船装备高精度定位。配备位置显示软件、定位引擎软件、定位基站、定位终端，实时监测采卤船移动作业过程，精准反馈装备位置，连续化描述装备运行轨迹。

4. 泵站远程控制。通过固定网络通信设备、远程操控台、控制服务器、无线通信终端、运动控制器、数控执行机构、数字摄像机、电缆、光缆、接线盒、避雷器、软件等，实现地表远程作业控制、电气和机械参数采集、设备故障预警和预维护。

【案例】盐湖化工自动化采卤决策支持系统研究

某盐湖生产场区面积大，采卤井之间最短距离在 500 米以上。在这种情况下，企业采用多辆吉普车、多名巡检人员全天沿线巡检的方式检查场内泵站、设备的实际运行状况，导致耗油多、耗时长、耗工多，生产成本增加；人工巡检只能获得正在检查对象的实时信息，无法实时掌握场区内其他泵站及设备的实际运行状况，导致设备故障、液位过低等事故发现不及时，设备损耗增多。为此，企业开发了自动化采卤决策支持系统，以实现信息处理、监控、预警、决策等功能，解决采卤系统存在的问题，实现卤水采输过程的自动化，提高企业生产管理水平，减少安全事故的发生。

系统主要由 4 个子系统组成：信息维护、实时状态监测、智能决策分析和远程控制管理子系统，并采用了可视化的展示方式，如图 2-1 所示：

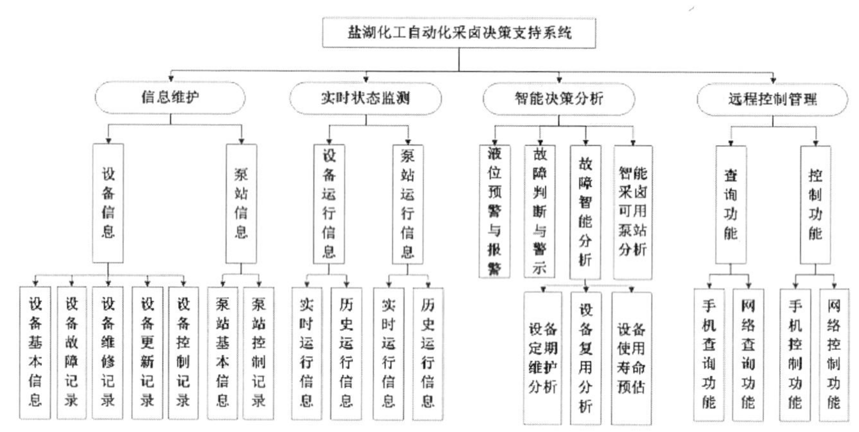

图 2-1　自动化采卤决策支持系统功能结构

1. 信息维护子系统。主要实现设备及泵站相关信息的增删改查、保存、筛选、导入等功能，具体功能有：采卤泵、混流泵、一级泵站、二级泵站的基本信息的管理，泵站及设备图片信息的导入，设备的故障、维修、控制等信息的增删改查等。

2. 实时状态监测子系统。物联网一般情况下和实时状态监测子系统联用，主要完成场区生产现场传感器监测信息的实时接收和管理，包括设备及泵站的实时运行等信息的接收和管理。接收的信息通过“实时数据表”和“动态监测图”以直接、形象的方式将系统的监测结果显示给工作人员。另外，工作人员可指定数据时间段，查看设备或泵站在所指定时间段内的某项工作参数的数据曲线和动态监测图。

3. 智能决策分析子系统。是指针对场区生产现场运行状态的分析决策功能，主要实现对当前场区正常运行情况下的安全预警，包括液位预警与报警、故障判断与预警、故障智能分析、智能采卤可用泵站分析等决策分析功能。系统通过对用户提交的决策需求进行处理，对工作人员特别关心的区域给出更为详细的反馈，显示决策分析结果。例如，系统实时分析泵站液位数据，对不符合开采要求的液位进行预警与报警，并生成以特殊颜色表示的报表；通过发送手机短信或者网页显示异常信息提醒泵站工作人员及时采取措施，避免卤水资源的过量开采；通过设置控制延迟时间，实现自动控制泵站及设备的开关，避免工作人员反馈不及时导致事故发生。

4. 远程控制管理子系统。主要完成对采卤系统的远程控制操作，通过手机和网络两种方式实现查询和控制功能。工作人员可根据监测到的实时信息实现远程控制，根据查询需求得到的信息实现远程控制，根据手机短信或网站异常信息实现远程控制，也可通过智能决策分析子系统实现自动控制泵站及设备的开关。盐湖化工自动化采卤决策支持系统的主要用户为企业的各级管理层人员（巡查人员、维修人员、管理人员等），他们通过各子系统掌握监测数据、故障信息、基本信息等决策必需的信息，以便能快速和科学地做出适宜的决策方案。

自动化采卤决策支持系统，为管理者提供较真实的相关数据，为采卤系统决策提供一个具有科学参考性的决策平台，解决盐湖化工企业的落后决策状况。通过配置若干台多参数盐湖井采设备智能信息采集终端，设备运行智能控制终端及盐湖化工自动化采卤决策支持系统，全面实现盐湖卤水资源的采输生产过程的信息化、智能化、自动化决策分析。

自动化采卤决策支持系统具有下列特色：（1）系统能将分散的生产现场各区域实现集中统一管理，系统操作方便，运行稳定可靠；录入数据准确，效率快，降低了劳动强度和人工成本；能够实时地为工作人员提供有效详细的分析数据，满足了卤水采输生产过程的实际需要和开采的具体需求，实现生产自动化。（2）采用统计分析、规则等方法，系统决策更加科学准确，卤水生产过程更加安全稳定。（3）用户可对系统的各功能进行操作，可在任何有网的地方使用电子设备进行操作，实现客户端零维护。另外，通过给工作人员分配一个用户名和密码，实现操作权限限制和系统易扩展性。

盐湖化工决策支持系统的建立实现了盐湖采卤自动化安全生产，增强了生产管理智能化水平，降低了卤水生产成本，提升了化工业信息化服务水平和生产能力，同时为管理者提供较真实的相关数据，为采卤系统决策提供一个具有科学参考性的决策平台，解决盐湖化工企业的实际问题。

【案例】基于罗克韦尔 PLC 的盐湖采收控制系统

某公司以罗布泊硫酸镁亚型卤水制取硫酸钾的工艺研究与生产，一期建成年产 120 万吨硫酸钾的示范生产线。对盐湖的钾卤水进行智能化采收是硫酸钾生产制备的重要环节，盐湖采收控制系统采用罗克韦尔最新的 RSLogix5000 系列 PLC 控制系统，结合罗克韦尔 Factory Talk SE 组态软件，通过无线数传电台、天宝卫星定位电台、MVI-56 admnet 模块等实现对盐湖采收的水采船、锚船、增压泵站的参数设定及自动化控制，整个水采机控制系统实现了先进的自动化控制、液压站控制、电气系统控制、卫星定位导航控制。其中数据的传输通讯采用工业以太网 Ethernet/IP，履带及切割头采用液压站控制，并且采用了新型的电动耐磨刀闸阀控制的切割头，保证可以长时间重负载的使用。在导航方面，在卫星定位导航的基础之上分别在船头和船尾设置了双天线卫星定位系统，这种方式可以实现更高的定位精度和定位速度，同时更有利于与码头定位的通信。而水采机设备与锚机设备之间采用了最新的无线数传电台进行通讯连接，这样在水采机设备上可以实现直接控制锚机设备，也可以实现大部分时间上的锚机无人值守的自动化控制。在码头泵站设置无线数传电台，通过码头泵站收集水采机和锚机数据，并将数据通过码头的 PLC 控制柜进行数据的处理，同时控制管道增压泵、矿浆分离破碎器等。通过水采机设备、锚机设备、码头泵站设备三方面的配合，实现了盐湖采收控制系统的自动化和智能化。

二、生产控制类系统

（一）传感感知系统

传感器是数据采集的重要来源，传感感知系统是智慧盐湖建设的重要内容。

传感器包括环境感知终端、智能传感器、智能摄像机、无线通信终端、无线定位终端等数字化工具和设备。根据盐湖特点，传感器可以分为三类：（1）通用仪器仪表，即智能摄像机、实时定位系统等。（2）采卤仪器仪表，即风压传感器、风速传感器、应力应变传感器、位移传感器、流量传感器、液位传感器、浓度传感器、有毒有害气体传感器、雷达遥感测量仪、无人机航测系统等。（3）生产制造仪器仪表，即卤水品位在线分析、卤水组份在线分析、卤水浓度在线分析、卤水密度在线检测、pH 在线检测、溶液离子浓度、反应容器温度在线分析等。

多个传感器通过有线或无线模式连接在一起，形成传感器网络，负责协调收集环境和物理条件，实现环境数据、装备状态信息、工况参数、工艺流程数据分析、自动化监测数据、点巡检数据等生产现场数据的全面采集，实时感知生产过程和关键装备运行数据和状态。

传感感知系统的功能包括：

1. 传感器可靠工作。传感器通常都是被安设在系统的最前端，所处环境都较为复杂和恶劣，要保证其对参数的感知灵敏和准确。

2. 传感设备智能化。准确判断传感设备的性能，并能够实现自动校准和故障诊断。

3. 传感设备动态监测衔接。能够高效完成网络地址的自动分配，促进工作效率提升。

4. 网络数据侦听。各个传感器设备之间能进行数据交换和指令传递，并且能够保证系统稳定运行。

5. 区域协同控制。先进的智能传感器节点不仅发送传感器值，还应该可以中继来自其他传感器节点的数据。当在传感器节点之间的中继通信中发生故障时，能够自动重构另一中继路径并确保数据到达中心节点。

6. 数据稳定高效传输。保证盐区空间信号全面覆盖，促进信息数据传递范围和速度不断提升。保证多制式信号实时汇接与透明传输。借助多制式传输技术，保证整个信息传递系统的完整性，并提升信息传递的效率和质量。

【案例】盐湖化工基础网络和感知系统建设

青海盐湖工业股份有限公司在推动新一代信息网络升级，加强5G、工业互联网等建设的同时，重视传统基础设施和设备的智能化升级改造。主要做法是提高偏远矿区网络接入能力，实现矿区、盐田、园区、车间全面网络覆盖。园区车间、盐田采卤船、矿区泵站进行内外网IP化改造。

发展应用关键基础零部件、智能检测装置、重大集成智能装备，围绕采卤船等高端装备打造核心能力。针对传感器监测精度问题，适当采购国外先进器件，联合国内仪器仪表研究机构突破固液混合物测量的重点产业技术，进而推广盐湖智能装备和信息技术示范应用；针对易损耗的智能控制装置，购置耐风沙、耐腐蚀的高质量器件，解决井采方式控制效果不好的问题；针对关键装备，替换高替代性和高可靠性的传动和伺服装置，降低设备替换和维修频率。在生产流程中，引入高性价比工业机器人，实现机器换人、少人值守。应用智能装备以实现生产的精准检测、监测和控制，改善盐矿和盐田等工作人员操作环境，保证产品质量稳定。通过智能传感器、边缘计算等，构建智能化感知系统，捕获感知工厂底层数据。重点生产设备、主要辅助设施、泵站采点增设智能在线感知仪器仪表。泵站节点处安装智能传感器实现原矿、半成品、产成品的元素成分、动态比例、化学状态等定时检测。危险环节监控传感器对能源化工流水线、相关存放库房、运输过程中的粉尘、有毒有害气体、噪声、高温等定量监视。

盐田采卤船区域完善光纤主干网，升级主干网带宽，扩大网络覆盖范围。矿区泵站完善和稳定电力及电话网络系统，力争做到“全年不断电、不停电话”。

（二）反应单元操作系统

反应单元是指能够完成化学反应单元操作的反应器。所谓单元操作，是指盐湖化工生产工艺中所包含的物理过程，比如分离、结晶、蒸发、干燥等，实现这些过程的设备体现出特定的物理学规律，结构相似，功能相同。单元操作的控制涉及控制执行策略、指标参数设定、过程监测与评价、控制指令发送与反馈等环节。

反应单元的种类很多。按反应单元的进出料形式可以分为间歇式、半间歇式和连续式；按是否与外界进行热量交换情况，可分为绝热式和非绝热式；从结构上可以分为釜式、流化床、管式、固定床、鼓泡床等种类。

盐湖化工工艺流程各不相同，反应单元控制方案应按照实际情况作出选择。通常应从质量指标、物料平衡、约束条件三方面加以考虑。反应单元操作系统功能如下：

1. 反应物料流量自动控制。系统应保证进入量的稳定，使参加反应的物料比例和反应时间恒定，避免由于流量变化引起反应温度的变化。

2. 流量比值控制。当由于工艺等原因不能采用流量控制方式时，可采用单闭环比值控制或双闭环比值控制。在有些化学反应过程中，当需要两种物料的比值根据第三参数进行校正时，可采用变比值控制方式。

3. 反应单元温度控制。有针对性地采取控制变量。控制变量主要有：出口温度作为控制变量，反应单元内热点作为控制变量，温差作为控制变量，进出口温度作为控制变量。

4. 反应单元其他指标控制。根据具体工艺流程，可以从物料平衡角度出发，采用反应单元液位对出料进行控制；从反应条件角度出发，用反应单元压力控制反应单元的气体量等。带搅拌设施的反应单元,应对搅拌强度（电机频率）进行实时控制，确保反应条件达最优状态。

（三）浮选流程控制系统

浮选是利用矿物表面物理化学性质差异，通过添加特定药剂以扩大物料间润湿性的差别，借助气泡，在固、液、气三相界面有选择性地富集一种或几种目的物料，从而实现与其他物料分离的选别技术。几乎所有的矿物都能通过浮选分离出来。浮选技术主要应用于氯化钾、硫酸钾等钾盐的生产。

钾盐矿浮选工艺流程是在一系列浮选生产线设备中完成的。浮选机是进行钾盐矿浮选的重要装置，矿浆经过充分的充气搅拌后，使有用矿物富集，完成浮选作业。流程中重要的步骤是浮选药剂的选择和操作，这样才能较好达成选矿目的。与其他选矿方法相比，浮选选矿经济合理、效果好。

浮选时，将有用矿物浮入泡沫中，把脉石留在矿浆中排尾，这种方法称为正浮选。若将脉石矿物浮入泡沫中，而把有用矿物留在矿浆中，这种浮选方法称为反浮选。

以液体钾盐矿（主要是盐湖卤水）为代表的生产方法主要有冷分解—洗涤法、冷分解—浮选法、反浮选—冷结晶法、冷结晶—正浮选法、日晒法、兑卤—速控结晶法等。其中，反浮选—冷结晶法是目前广泛采用的利用光卤石生产氯化钾的工艺。其基本原理是含 NaCl 杂质的粗光卤石矿中加入专用浮选剂，选择性地增加细盐（NaCl）表面的疏水性，而不增加光卤石的疏水性，NaCl 黏附在浮选机内的气泡上，浮到矿浆表面，被刮板刮出，而光卤石则留在矿浆中，脱卤后即得低钠光卤石。低钠光卤石进入结晶器，加水进行分解、结晶，控制其分解条件，经过滤、洗涤、干燥得到氯化钾产品。反浮选—冷结晶工艺生产的氯化钾质量高，可达 95% 左右，且产品粒度粗、外观效果好，是目前以光卤石为原料加工生成氯化钾的最优工艺。

浮选流程控制系统包括以下功能：

1. 反浮选除去氯化钠。系统控制加入捕收剂，增加钠盐自身的疏水性。当加入适量的捕收剂之后，钠盐表面会与气泡产生紧密结合，最终形成一种矿化泡沫层，直至其上升到矿浆表面被分离。在此过程中光卤石具有更强的亲水性，所以会被留在矿浆当中，最终经过浓缩，就能够分离得出低钠的光卤石。药剂添加应实现自动化控制，并与选别生产工序自动化联动，满足选别工序对药剂的供给要求。宜开发浮选专家系统，利用视觉识别技术实现重选矿物分界面、浮选泡沫等视频图像分析，实现选择过程智能化监测。

2. 冷结晶分解光卤石。对于盐湖卤水冷结晶技术工艺技术的应用，需要掌握盐湖卤水冷结晶的条件。盐湖卤水在实际的结晶过程中，首先会产生晶核，但是如果不能得到可靠处理，晶核可能会消失，并重新成为溶液。没有消失的晶核最终可以形成晶粒，在化学作用下进一步发展成为晶簇。不同的晶簇之间会存在许多空隙，其中会包藏着一定量的卤水。如果不能对卤水进行彻底地清除，极容易造成产品不纯。同时，在结晶的过程中，速度不宜过快，要对反应的速度进行控制。控制系统应根据工艺状态和原料特性自主选定控制策略，自动调节选别工艺控制参数，提高结晶效率。

3. 冷结晶后进行筛分、浓缩脱水、洗涤脱水、干燥，然后再进行筛分得到粗粒和细粒的氯化钾产品。工艺流程中的各工艺段成品矿及尾矿应实现计量和品位在线监测，为智能控制参数优化提供数据支持。

【案例】基于模糊控制的浮选智能专家系统

某盐湖化工企业在以前的浮选过程中，操作人员需利用专业知识，并根据系统采集的给矿量、给矿浓度、给矿品位、现场走巡观察泡沫形状大小等，调节给药、给气、液位的设定值，从而满足精矿尾矿品位工艺指标。由于操作人员的经验有限，对于复杂情况的判断通常无法系统地做出最优判断。同时由于无法及时和准确地控制系统，导致“跑槽”“冒槽”等系统不稳定现象，最终导致成本浪费，回收率下降。

浮选专家系统充分利用当前浮选工艺配置的过程检测仪表、执行机构和在线粒度分析仪器、泡沫分析仪的历史数据，通过规则提取形成专家规则库。根据对给矿条件、泡沫图像和品位仪实际运行状况分析，自动调节给药、给气、液位的设定值，实现生产工艺参数的自适应调整，减少人为操作，同时对操作的稳定性、可靠性和生产指标变化情况进行统计监控。浮选专家系统框架如图 2–2 所示：

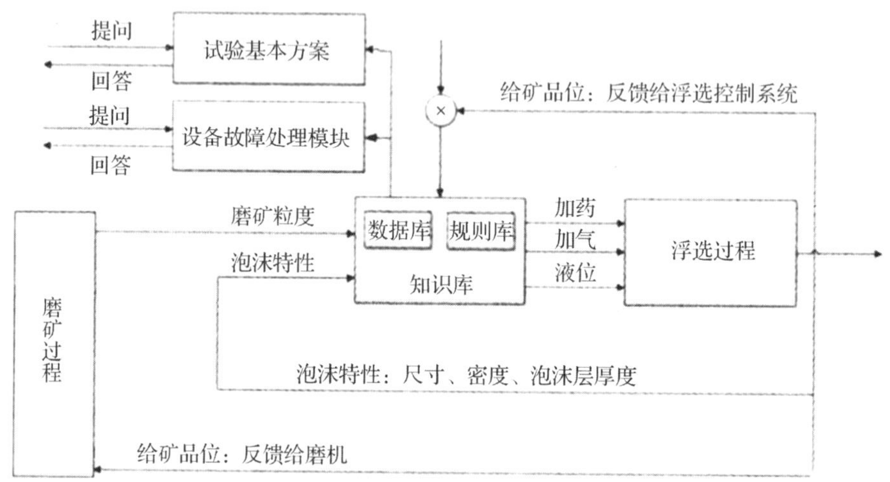

图 2–2　浮选专家系统框架

浮选专家系统包含知识库、试验基本方案与设备故障处理模块。生产过程中设备出现故障或指标出现异常时，专家系统可以诊断。对于浮选生产过程的控制与优化，专家系统可以给出控制规则，其中控制规则由选矿细度和泡沫特性来决定系统的加药和加气量。知识库记录了不同类型选矿厂的实际生产数据、试验研究数据和生产中故障诊断案例。引入知识库对手动控制中的经验知识进行离线学习，试验研究人员可输入矿石的工艺矿物学研究成果进行试验方案的制定。知识库记录了手动控制中的历史经验数据，其中包含有在给矿条件变化下，当系统稳定时，加药、加气、泡沫层厚度的历史数据，还记录了不同系统状况下的泡沫图像历史数据，以及调整控制量数据。手自动切换增加了系统的稳定性。

在此基础上，通过增加专家系统接口来实现对专家系统的控制。控制系统通过 OPC 服务器采集下位机数据，并将控制数据下发到浮选 PLC。引入泡沫分析仪来获取泡沫大小速度等参数，并将泡沫分析数据与给药、给气、泡沫层厚度进行关联。将关联数据存入历史数据库供专家系统离线学习，生成控制规则，以供在线控制使用。

其中，模糊控制器的设计是建立在大量准确可靠的数据分析之上的，通过收集相关数据，分析生产流程的影响因素，建立控制器模型。影响浮选指标的因素有矿石的可浮性、矿石的入料性质、药剂特性、充气搅拌方式等。模糊控制器输入输出的关联因素为输入的给矿浓度、粒度、品位偏差、泡沫特性偏差数据量，他们决定了输出的给药、给气、给水及泡沫层厚度变化量。在实际数据中，泡沫图像特征包含了泡沫尺寸、速度、颜色等信息，泡沫层厚度通过加气来控制。将数据集中品位偏差、泡沫特性数据、磨矿粒度作为输入，将数据集中给气、给水、给药量作为输出。

采用智能控制方法的浮选控制系统减少了人工手动操作、取样化验等手动控制，增强了浮选过程的自动化水平，改善了手动控制方式难以适应复杂多变的浮选过程，避免了浮选过程“跑槽”“冒槽”“不刮泡”等现象的发生。

（四）膜分离流程控制系统

盐湖提锂的主要难点在于伴生离子的分离。根据盐湖卤水中锂和其他伴生离子特征，盐湖提锂技术可分为高镁锂比提锂和低镁锂比提锂技术。低镁锂比提锂技术主要包括沉淀法、盐梯度太阳池法等；高镁锂比提锂技术主要包括膜分离法、萃取法、吸附法和这些工艺的耦合集成等。

膜分离技术具有分离效率高、能量消耗低、操作过程简捷、设备集成化高、环保节能等显著优点。在盐湖卤水提锂过程中使用的膜分离方法主要是纳滤膜法和电渗析法。

纳滤膜法。纳滤膜对于一价和多价离子的分离性能源自空间位阻、静电排斥效应和 Donnan 效应的共同作用，能够截留二价和多价离子，一价的 Li^+ 和 Na^+ 可以通过，从而可以将提钾老卤中的 Li^+ 和 Mg^{2+} 分离。纳滤膜法适用于镁锂比低于 30 的盐湖卤水，在镁锂比大于或等于 30 的盐湖中需要将纳滤膜法与吸附法或电渗析技术相结合。纳滤膜法的优势是利用物理原理，所用试剂较少，对整个环境友好，不足是膜通量较低。膜最前端的一些重金属或者一些容易沉淀的二价离子的浓度需要降到很低，以免产生沉淀对膜进行堵塞。

电渗析法。使用交替放置的阳离子和阴离子交换膜，阳离子在电场作用下通过阳离子交换膜，而阴离子通过阴离子交换膜迁移到电极上，单价阳离子通过单价选择性阳离子交换膜迁移到浓缩室，而二价阳离子被阻挡，留在脱盐室，从而达到镁锂分离的目的。中国科学院盐湖研究所马培华团队采用电渗析技术，在青海锂业有限公司的东台吉乃尔盐湖基地建成年产 3000 吨碳酸锂装置，碳酸锂产品含量 99.7%，达到锂电池行业使用的碳酸锂标准，实现了无废气废渣排放的规模化清洁生产。

膜分离法流程控制系统应该可以控制泵的运行，监测过程信息，如流速、温度和压力等。以查看膜分离流程的状态、警告和报警指示，并可以通过控制面板输入命令。

1. 监测原料卤水通过纳滤膜前后的流量。因纳滤膜法对卤水总盐度要求高，一般卤水进行分离都需要进行稀释。纳滤膜技术是以压力差为驱动力的不可逆分离过程，在膜两侧施加一定压力差（如：推动力 0.5~2.0MPa）可使一部分溶剂及小于膜孔径的组份透过膜，大于膜孔径的微粒、大分子、盐等被膜截留下来而实现分离的目的。

2. 通过反渗透膜或其他方式分离低镁锂比的含锂卤水中的水和一价锂离子，形成富锂溶液。控制系统应能够监测分离后得到的富锂卤水的离子浓度、镁锂比等参数。

3. 控制进一步除杂和提纯。即控制纳滤除杂 + 反渗透浓缩 +MVR 进一步浓缩＋碳酸钠沉淀工艺流程，实现不同技术间的有效耦合匹配。该工艺不仅能够降低能耗，而且彻底解决了国内盐湖锂产品中硼等杂质含量高的难题。

（五）离子交换吸附流程控制系统

吸附法适用于镁锂比较高、锂浓度较低的盐湖资源，工艺流程如图 2-3 所示：

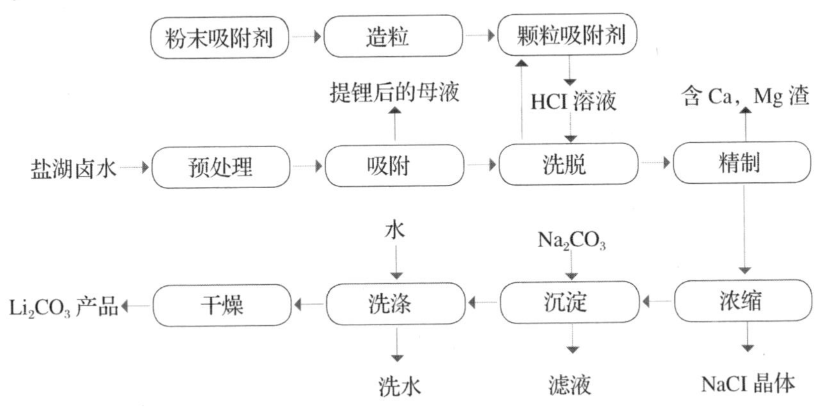

图 2-3　吸附法提锂工艺流程

离子交换吸附法的原理是锂吸附剂对锂离子有较高的选择吸附性将其吸附，然后再加入高纯水将锂离子洗脱，一般可将盐湖卤水中的镁锂比从 500：1 降到 5：1，甚至更低。该方法最为关键的因素为选用对锂离子选择性高、吸附容量大、材料稳定性高的吸附材料，现阶段吸附剂主要分锰系、钛系离子筛和铝系吸附剂。

1. 锰系离子筛。通过将锂离子引入锰化合物中，热处理形成尖晶石结构，再利用酸处理用质子置换 Li^+。

2. 钛系离子筛。锂钛氧化物（LTOs）离子筛对锂具有较高的选择性，该吸附剂可在其晶体结构无重大变化的条件下，实现锂离子的插层和脱出，而卤水中存在的其他离子如 Na^+、K^+ 和 Ca^{2+}，由于半径较大，不被吸附。

3. 铝系吸附剂。铝基吸附剂主要分为无定形氢氧化铝吸附剂和铝盐吸附剂。无定型氢氧化铝吸附剂在锂吸附生产过程中，其表面较大的自由酸性羟基可促进氧化物表面产生含羟配合物与锂离子相结合，使锂离子与其他杂质得到分离。

吸附法具有工艺简单、选择性好、回收率高、成本低、易规模化、对环境无污染等优势，可以较好地适用于成分复杂的盐湖卤水提锂。但吸附剂普遍成粉末状，其流动性和渗透性较差，在吸附洗脱过程中溶损率较高，其工业化应用还存在着一定的局限性。

离子交换吸附法控制系统应该可以监测控制整个流程：

1. 吸附。利用锂离子选择性吸附剂将卤水中的锂离子吸附提取。
2. 洗脱。将锂离子洗脱下来，达到锂离子与其他离子分离的目的。
3. 精制。深度除杂。
4. 浓缩。蒸发浓缩后用于后续工序转化利用。

（六）萃取流程控制系统

萃取技术是一种重要的提取、分离方法，广泛应用于冶金、化工、医药、食品、核工业等领域。在铜、锌、镍、钴、稀土、铀等重要金属矿产提取加工过程中起到重要的作用。

溶剂萃取法提锂、提硼技术自 20 世纪 60 年代发展至今，是一种较为成熟、先进的提锂工艺，工艺流程如图 2-4 所示：

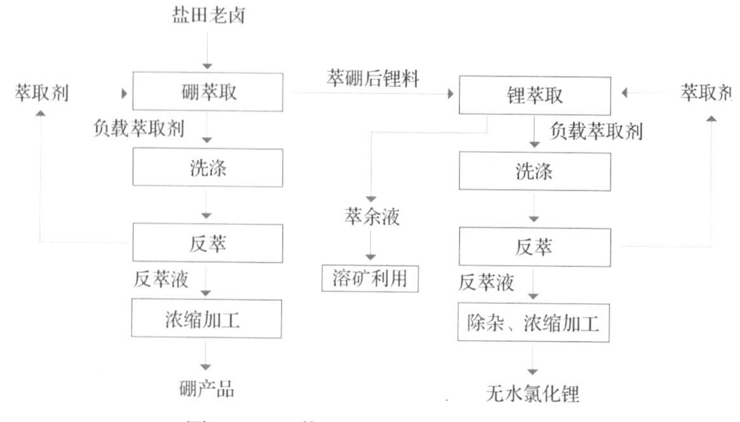

图 2-4　硼萃取、锂萃取工艺流程图

萃取法基本原理是利用空腔理论、空间配位络合、能斯特分配定律、溶剂氢键等基本原理，将卤水和特定有机溶剂混合，在物理或化学反应作用下萃取所需组分，再反萃取。常用的适用于高镁锂比条件下的锂镁分离相关萃取剂包括 β－双酮类、冠醚类、有机膦类和离子液体等，其分子结构中都含有羟基或羰基等 Li^+ 配位基团。其工业应用最成熟的还是有机磷类萃取剂，添加相应的协萃剂工艺。萃取法分离具有效率高，连续化操作简洁高效，分离效果好（硼、锂萃取过程收率均≥ 99%），后续除杂过程简单等优势，所以是非常高效的一种方式方法。

作为重要的分离手段，萃取法比化学沉淀法分离程度高；比离子交换法选择性好、传质快；比蒸馏法能耗低、产能大、周期短；便于连续、自动化。

萃取装置有厢式、塔式、离心式三种，其控制原理基本相同。萃取流程控制的核心在于流量平衡、液位平衡、离子平衡。其控制系统包括流量控制、液位控制、在线分析监测、工艺参数计算等模块。流量给料装置、在线分析探头、液位连锁控制装置安装在各萃取槽段，接口、显示仪表、分析设备、控制器和微机集中安装在控制端，利用在线监测装置对各套萃取槽的料液组份和分离效果进行实时分析，并以变量形式赋值给工艺参数计算软件计算出实时流量，再反馈给流量控制系统及时调整流量，从而实现对整个流程的控制。

1. 系统控制利用溶剂萃取法从盐湖卤水中首先萃取分离硼酸，然后将提硼后卤水（锂料）泵送到锂萃取车间。

2. 利用萃取剂高选择性地萃取氯化锂。溶料配料控制模块应能够实现稳定给料。

3. 采用反萃剂对负载有机相进行反萃，并对有机相进行洗涤。反萃过程中，如果液位控制模块发现液位异常，须及时报警。

4. 得到的反萃液，进一步去除镁、铁杂质后，再通过蒸发结晶得到成品氯化锂。沉淀干燥模块负责浓缩脱水。

5. 如果要生产碳酸锂，在除杂后加碳酸钠沉淀。

6. 将被反萃后的有机相通过串级连续萃取装置，实现有机相的循环利用。

（七）电解流程控制系统

电解广泛应用于冶金工业中，金属元素化学活性顺序表中位于铜前且不宜用还原法制取的金属都可以用电解法制得，在化学工业、水处理等领域也有广泛应用。电解法提取金属分水溶液电解和高温熔盐电解两大类，碱金属、碱土金属电解一般采用熔盐电解法。

许多金属可以用电解法进行提纯，阳极为粗金属，阴极生成高纯度金属。如从矿石或化合物中提取金属（电解冶金）或提纯金属（电解提纯），以及从溶液中沉积出金属（电镀）。如：金属钠和氯气是由电解溶融氯化钠生成的，将熔融的氟化物在阳极上氧化成单质氟，熔融的锂盐在阴极上还原成金属锂。总之，许多有色金属（如钠、钾、镁、铝等）和稀有金属（如锆、铪等）的冶炼及金属（如铜、锌、铅等）的精炼，基本化工产品（如氢、氧、烧碱、氯酸钾、过氧化氢、乙二腈等）的制备，还有电镀、电抛光、阳极氧化等，都是通过电解实现的。电解法在环保领域近年来得到快速发展，如电解法处理重金属废水、碱性废水、酸性废水、含氰废水、制药废水和有机废水等。

电解法制取金属镁流程短，过程易于控制。先将水氯镁石脱水制成无水氯化镁，然后通过电解得到金属镁。但镁电解最大的难点是如何脱除原料 $MgCl_2 \cdot 6H_2O$ 中的结晶水，制得适宜于电解的无水氯化镁。一般来说，常态下加热可以去除部分结晶水，生成 $MgCl_2 \cdot 3/2H_2O$。但 $MgCl_2 \cdot 3/2H_2O$ 加热脱水时很容易发生水解反应，生成不利于电解过程的杂质，如 $Mg(OH)_2$、$Mg(OH)Cl$ 等。为了使低水氯化镁彻底脱水，一般采用两种方法，一是通过在干燥的氯化氢气氛中加热 $MgCl_2 \cdot 3/2H_2O$ 来实现完全脱水；二是熔融氯化脱水。

电解镁的流程比较简单。电解流程控制系统重点对氯化镁浓度、电解质液位、电解质温度、电流强度、大气湿度、杂质含量等指标进行重点监测，并适时进行调整。

1. 制备无水氯化镁控制。无论采取哪种无水氯化镁制备方法，都要注意控制设备的内部压力、温度、流量、料位等参数。系统应能通过控制流量泵的转速来控制液体流量，通过控制冷却水进水量，实现温度调节与控制，通过控制阀开启度来控制反应器内部压力。

2. 设备控制模块重点检测电解质温度，控制加热装置以使电解质温度保持在设定值，实现电解液温度自动调节。检测设备运行状态，控制各种阀门开关、电机启停等顺序控制。

3. 计量和测量模块重点对液位、槽电压、氯化镁浓度、加料流量、电流强度、大气湿度、厂房内氯气浓度等进行测量，实时传输数据，并设置高低报警线，当出现异常，主控系统自动发出提示，使生产能及时作出相应调整。

4. 生产数据处理模块重点统计能耗、原料、产量各种数据，并对异常情况进行统计、分析。

金属锂的生产目前也采用电解法，制得粗锂后再通过净化、提纯等工序，加工为工业级、电池级金属锂系列产品。

金属锂电解控制系统与金属镁电解相同。金属锂加工环节需要检测与控制的主要参数有：手套箱氩气净化与 H_2O、O_2 控制，制冷量与操作温度控制，真空度与气氛压力平衡控制，过料时液封阀的熔化与冷凝控制，干燥室气氛循环量与湿度、温度控制，蒸馏温度、真空度、搅拌强度控制等。

三、生产运营管理类系统

（一）分布式控制系统

分布式控制系统（Distributed Control System），即 DCS 系统，又称为集散控制系统，在盐湖化工领域应用较为广泛。其主要特点是分散控制，集中管理。生产控制操作采用计算机操作站，通过网络与控制器连接，收集温度、压力、流量、液位等生产数据，传达操作指令。

DCS 系统包括三级一线：过程级、操作级、管理级和工控网络。

1. 过程级。负责 DCS 控制系统的功能实施，过程控制站完成 DCS 的控制决策，是系统的执行单元，包括过程控制站、I/O 单元和各种现场仪表。

2. 操作级。负责完成系统的操作与组态，包括了操作员站与工程师站。操作员站的功能是处理与系统运行操作有关的人机界面；工程师站负责对 DCS 系统进行离线配置、组态和在线监督、控制、维护工作，对于系统的配置和参数的设定，系统工程师通过工程师站来进行。

3. 管理级。主要是指管理信息系统（MIS 或 ERP 系统），作为 DCS 更高层次的应用。管理级所面向的使用者是管理者或运行管理人员。主要任务是监测企业各环节运行状况，利用历史数据和实时数据预测可能发生的各种情况，从企业全局利益出发进行辅助决策，帮助企业实现规划目标。

4. 工控网络。工控网络是连接系统各个站的桥梁。由于 DCS 是由各种不同功能的站组成的，这些站之间必须实现有效的数据传输。工控网络的实时性、可靠性和数据通信能力关系到整个系统的性能，特别是网络的通信规约，关系到网络通信的效率和系统功能的实现。

DCS 系统配置灵活、组态方便，具有可靠性高、开放的系统特性、系统维护简单方便、控制系统组成灵活、功能齐全等特点。近年来，DCS 系统有了长足的进步。很多标准的网络产品陆续推出，特别是工业以太网逐步成为事实上的工业标准，越来越多的 DCS 厂家直接采用了工业以太网作为工控网络。

DCS 系统功能包括：

1. 数据汇集。应实时汇集进水流量、污水浓度、pH 值、粗细格栅前后水位、泵房吸水井水位、回流污泥量、回流污泥浓度、药池液位、加药流量、出水流量、出水氨氮、pH 值等参数。实现粗细格栅、提升泵、电动阀、搅拌机、表曝机、终沉池桁架、剩余和回流污泥泵、脱水机、变配电等设备的状态检测和控制，电控系统、上位监控系统和仪表检测系统的自动加药、自动反冲洗的全过程监控。

2. 状态监控。应能对主要工艺设备进行状态监控，包括自带控制系统的大型工艺设备（如进口提锂成套设备）的状态监控。对于自带控制系统的设备，在设备采购时应预留必要的与 DCS 系统一致的通信接口，要求提供必要的通信数据点表信息，要求配合 DCS 系统进行设备通信调试。

3. 智能控制。生产应采用工艺模型、数据分析、专家决策、机器学习等技术，在线或离线归纳总结工艺规律，形成控制策略，实现生产全流程自适应、自决策的智能控制。

4. 组分动态监测。精矿产量、品位和有害杂质含量应利用在线仪表实现自动检测，为管控精矿产率和质量提供依据。建立回收组分平衡分析系统，实现回收组分平衡动态管理。

5. 可视化显示。系统通过图、表等形式显示工艺参数和标准数据之间的实时差异。同时，可通过移动终端及时通知给相关责任人。故障消除后，系统恢复正常监控状态。

6. 保护与报警。具备在线监测和流程诊断功能，对生产过程中重要的工艺监测值设置预警阈值，实现预报预警。包括工艺设备自身的安全保护、系统连锁保护、大型设备的DCS系统二次保护等。

【案例】化工生产中DCS自动控制的应用

DCS自动化控制系统本身具备了诸多功能，但由于其系统和技术中存在一定的不完善，对其功能并未实现全面化、综合性的开发。某公司针对DCS自动控制系统进行了有效完善，并实现了在生产过程中的有效运用。

液位串级控制。在实际生产过程中，保证其液位的稳定主要是通过对塔底的出料量进行控制实现的。通过有效的控制，出料量和进料量保持在统一的水平上。但是在实际控制过程中，保证塔前出料量的稳定，塔后的出料量就无法实现稳定，反之亦然。而液位串级控制，可以保证前后塔在进料和出料上实现稳定。其控制原理主要是将液位控制器的输出作为其对流量进行控制的固定数值，而流量控制过程中，通过输出的流量来对操作执行器进行命令。并且，为了保证塔前和塔后输出上的稳定性，在系统中创新性的增加了副回路。通过副回路来辅助主系统对塔流量精确地控制，避免由于压力上存在的问题造成影响，从而有效提升系统的稳定性。

连锁控制。通过有效的系统编程，促使计算机能够通过逻辑运算功能进行连锁控制，从而有效实现对生产自动化过程中的设备进行全面的保护。连锁控制主要方式有液位、流量以及密度连锁。通过对各个不同的部位实现自动化控制，一旦现场设备满足连锁控制的各项条件时，系统将会自动进行信号的输送，现场设备的电磁阀和调节阀以及电动设备等都会进行有效的动作，完成系统发出的指令，从而加强系统各个组件之间的关联性，有效实现对紧急事故的快速处理。

反应器温度控制。如果在DCS自动化控制系统运行过程中没有及时地控制温度，导致其内部温度不断上升，在温度超过一定的范围时，系统将很难实现对温度的有效控制。所以在化工生产过程中，针对其主要生产工艺中呈现出的特点，需要对其进行升温增压控制，尤其在恒温恒压阶段对参数的精确控制。为了避免这样的误差，采用了A级测量单元的精度等级对其进行测量和控制，从而保证 DCS 自动控制系统参数控制上的准确性，有效推动其化工生产水平和生产效率的有效提升。

通过对 DCS 自动化控制系统的技术革新，有效解决了企业三个实际难题。

（二）生产辅助系统

供电、排水、供气、供水、除尘、制冷、装车、污水处理、计量等生产辅助系统应实现远程集中控制和现场无人值守，并实现数据自动采集，高耗电设备应实现智能化节能控制。

1. 供排水监控子系统

应对生活用水、生产用水、施救用水的水泵、管路、闸门、流量、压力、水质等进行远程监控，实现日用水与消防用水供水的最优化自动控制和无人值守。

应监测水仓水位、水泵开停、水泵工作电流、电压、功率、阀门状态、流量、压力等，并且根据水仓水位实现水泵和阀门的自动开停调控。

2. 供电监控子系统

应实现地面箱式变电站、采区变电所、移动变电站、线路等变、输、配电系统和设备的在线参数监测，且能自动进行故障监测、定位、预警、切除、继电保护、开关重合闸、无功补偿、谐波消除、防越级跳闸，通过通信接口和输配电系统集成，实现电网分析、设备选型、继电保护和调节方案的自动计算、远程操作控制、运行安全保护、用电计量管理。

利用大数据技术分析电网运行参数、大型机电设备耗电信息、电网故障信息、电网载荷信息，并依据生产计划和阶梯电价信息，合理分配电力供应，减少集中用电情况，降低电网故障发生次数和故障持续时间，降低电力资金消耗，减少生产成本。

3. 能源管控子系统

能源管控子系统通过能源调度的扁平化在线管理对能源进行集中统一管

理，减少中间环节，构建新型的能源管控模式。

能耗实时监测。建设由能耗计量装置、数据传输系统和监控平台组成的盐湖化工企业能耗实时监测系统，收集能源消耗、生产过程、能源设备状态、能耗指标等数据，并通过一定的运算将能耗情况展示。

能耗优化调度。以企业能源实时成本、产能指标、生产计划为决策依据，建立能耗优化模型，动态调节大型用电耗能设施、装置的作业计划，降低整体能耗水平，优化生产能耗成本。

能源管理流程优化。在信息分析基础上，实现能源监控和能源管理流程的优化与再造，实现能源设备的档案信息、运行状况等自动化和无纸化的管理。客观有效地执行以数据为依据的能源消耗评价体系，提高能源管理效率。

效能分析。建立生产效能和成本分析模型，对数据深入挖掘分析，实现生产效能智能分析；通过同类指标的历史数据进行比较，分析该指标的变化趋势和变化规律；同时对多组指标的历史数据进行对比分析，揭示各种数据的关系，并指出其变动趋势的内在联系。

4. 化验分析子系统

质检化验和在线质量检测数据是评估盐湖生产情况，指导盐湖生产的重要依据。建设实验室化验分析子系统，能够实现对复杂矿物成分、卤水品位等指标化验过程的在线实时监测与管理，对实验室化验数据和信息进行收集、分析、报告和管理，实现业务流程、样品记录、人员、仪器设备、标物标液、化学试剂、标准方法等方面的集成管理。具体功能包括：

质检化验和计量数据。在线采集、存储和共享，为上层业务管理系统提供可靠的数据源，实现对生产过程中质量检验和化验等重要业务过程的管理。

统计汇总。实现数据统计、分析、发布、共享，质检和化验报表打印等，并对关键数据的异常进行报警。

化验室业务流程管理。辅助化验室人员快速完成检化验工作。通过真实、准确的在线检测数据和化验数据，对质量信息进行统计、分析，提供全面的质量报表。

（三）生产调度系统

盐湖化工企业生产工艺链长、系统复杂、安全生产难度大，需综合各单项系统，建设生产调度系统。系统应该能够直观展示生产作业画面，实时、准确显示生产信息，通过实时数据驱动的三维动态效果，实现所见即所得的可视化效果，便于对盐湖生产和工艺实现全域、全要素、全过程的设备集中操控、生产统一指挥，以优化配置生产资源，规范业务流程，实现信息透明和资源共享，提高生产管理的精细化水平。

生产总调度系统应具有以下基本功能：

1. 数据集中监测。实现对生产设备、生产和环境安全信息等关键数据集中监测，为安全生产、预防和及时处理各种突发事故和自然灾害提供技术手段；数据应具备编码、时间、空间、关联、隶属等统一规范，便于数据共享与信息融合。

2. 科学决策。对数据进行关联分析，使生产调度、决策指挥更加信息化、科学化。

3. 生产调度。统一调度、指挥、监控人员和设备，对现场生产进行精准指导和管控；具备数据在线智能分析和实时预警功能，可以自动定位和发现异常，并实现应急联动处置。

4. 提高效率。实现相关部门之间的业务流程化管理、标准化生产管理，提高精细化程度和企业信息流转的时效性、透明化；根据应用需要配置计划和调度优化功能，实现高效生产和协同作业。

5. 信息发布。系统应支持数据、文字、报表、图形、声音、多媒体视频等多种信息形式，并满足上级管理部门对特定报表格式的要求；信息发布系统应能支持数据接口、电子化文件、生产看板、室内外公共信息显示屏、广播、声光报警器、手机等各类信息类型；分布在生产场所、休息场所等不同地点的信息显示终端应与信息发布系统实现网络在线连接，在线更新发布信息。可根据时间、人机定位和身份识别等信息对不同的发布内容进行智能化播放。

6. 建立远程服务支持平台，为采卤、选别、设备等专家远程会诊、业务指导以及远程监控提供支持。

【案例】某盐湖化工企业生产调度指挥系统的构建

系统建设内容包括以下几个部分：

1. 生产装置视频监控

生产装置：主要生产装置操作控制室；

罐区：包括液氯罐区、盐酸烧碱罐区、卤水罐区；

库房：煤棚库房、盐硝库房、漂粉精库房、强氯精库房、液氯钢瓶库房；

公用工程系统：包括氢气管网、氯气管网、工业水系统、电系统、蒸汽系统、循环水系统、工业风系统、污水系统、卤水系统。

2. 现场视频监控

重点是以生产装置现场和库房罐区的工业视频监控系统为主、安全监控系统为辅的视频传输系统。进行集成，支持在生产调度中心大屏幕直观查看图形信息及数据信息。

3. 调度管理

重点对总厂生产调度日常工作进行支持，对调度指令进行在线编辑、下达、反馈，形成生产调度指令的闭环。实现调度生产指令和报表的线上记录与查询，主要参数指标对调度指令的支持。

4. 调度指挥

对总厂各装置流程图、实时数据、生产运行参数、工艺操作点集成进行显示和查询。通过实时数据点位，动态展示装置生产过程信息，可及时定位查看紧急状态的现场动态，便于生产调度指挥。

5. 综合预警

按报警分级的原则，建立综合报警模型，内容包含环保、设备、工艺、安全、原料、质量、库存，并推送相关岗位进行提醒处理。

6. 形象展示

作为盐湖化工总厂对外宣传窗口，全面展示盐湖化工总厂企业文化，符合中国石化下属企业的形象。

7. 大数据分析

单装置关联分析。以生产装置为监控分析单位，利用企业现有的实时数据库历史数据，对装置的监测指标、产品质量、检修、运行时间、生产数据、能源的消耗建立关联分析模型，实时采集上述数据通过大数据的运算，对可能产生的结果进行及时的推送和展示。同时，对能耗、消耗引入运行变化因素，建立能耗、消耗模型，通过对运行数据的实时采集与处理分析，为节能减排降低成本提高效率决策提供数据支撑。

上下游装置间的关联分析。对整个生产装置之间的上下关系建立关联分析模型，当生产系统上某装置的生产出现波动时，对上游或下游装置生产可能产生的影响进行分析，对可能产生的结果进行提前预警提示。同时，结合应急处置预案，对可能存在的不同结果提供对应的应急处置预案。

该系统的建设取得了明显的经济效益和管理效益。经济效益体现在：及时纠正所发现的问题，将生产损失降到最低，减少维修成本；及时了解生产执行情况，对生产过程进行及时调整，降低管理成本；通过科学的分析决策，获得效益的最大化；变事后控制为事前控制，减少问题的发生，减少生产损失和运行成本，提高正常运行时间。管理效益体现在：提高各装置生产环节协同作业水平，生产指挥信息共享，协调决策，增加了决策的透明性和对变化的快速反应能力；提高精细化管理水平。

（四）供应链管理系统

1. 仓储物流管理子系统

计量管理。针对原料采购、成品销售及矿区内物资倒运、物资调拨过程进行计量管理，实现地磅无人化管理和物流跟踪功能，对称重计量数据进行自动采集、实时监控，实现数据的查询、统计、汇总、共享，保证计量数据的真实性、唯一性、准确性和实时性。

基本资料维护。对每批产品生成唯一的基本条码序列号标签，用户可以根据自己的需要定义序列号，每种型号的产品都有固定的编码规则，在数据库中可以对产品进行添加、删除和编辑等操作。

仓库管理。实现产品入库、产品出库、库存管理、特殊品库、调拨管理、盘点管理、库存上限报警等功能。

报表生成。月末、季度末以及年末销售报表、采购报表和盘点报表的自动生成功能，用户自定义需要统计的报表。

2. 财务管理子系统

财务管理子系统主要包括财务会计、资金管理、管理会计、投资管理、项目管理、审计与内控、报告与财务分析、企业资产管理等功能。财务管理子系统通常由多个功能模块组成，每个功能模块处理特定部分的会计信息，各功能模块之间通过信息传递相互联系，能够完成日常的会计核算业务，包括账务处理、工资核算、材料核算、固定资产核算、成本核算、产成品销售核算、应收应付款核算（往来核算）、存货核算、会计报表生成与汇总等；进一步完成会计管理和控制工作，如资金筹集的管理、流动资金管理、成本控制、销售收入和利润管理等，帮助决策者制定科学的经营决策和预测。

3. 供应商关系管理子系统

实现供应商档案、供应商准入、供应商年度监察、供应商业绩评价、供应商质量统计分析等。主要功能包括：（1）供应商交互平台。搭建共享平台，实现所有与供应商沟通、要求、质量改善信息的传递和共享。（2）供应商资质审核。提供供应商基本情况和资质供审核，更为严格的还需提供样品审核和现场考察审核材料等。（3）供应商绩效管理。对供应商业绩评价进行赋分排名和红黄牌监控；通过与其他子系统的集成，实现供应商来料合格率、售后质量水平的全面量化，并展开对供应商改进的跟踪管理。（4）招投标管理。过信息化的手段，完善招投标管理体系。记录招投标过程中的各类附件信息，使得招投标过程在系统中能有完整的记录，便于监管部门进行事后的查询和分析。

4. 销售管理子系统

主要功能包括销售管理、客户管理、产品管理、合同管理、销售执行管理和客户服务管理等。（1）多渠道获取客户资源。通过多种方式加速企业获取目标客户，形成内容、营销、获客的闭环管理，帮助销售团队与企业不断积累客户资源。（2）筛选精准客户。采用大数据 +AI 营销自动化快速筛客。智能检索，一键获取精准目标客户；与微信进行绑定，将线索分类管理，助力销售持续挖掘优质销售商机。（3）统一管理客户资源。进行全生命周期的客户管理，在保障企业客户资源安全的同时，让企业客户资源发挥更大价值。（4）销售过程管理。将销售的整套过程纳入管理范围，管理者可以通过销售管理系统随时查看员工的工作状态，并及时提供工作支持；可以通过数据分析了解公司的销售状况，并做出及时的销售预测，制定科学的销售计划。

（五）办公管理系统

1. 办公自动化子系统

高效协同工作。能够将组织管理中的业务活动、管理活动和活动产生的信息在组织、部门、个人之间进行及时高效、有序可控、全程共享的沟通和处理。

知识资产管理。借助知识管理工具对组织内外的知识进行有效获取、沉淀、共享、应用、学习和创新，从而提高员工的素质和技能、执行力。

集中信息呈现。能够通过办公系统实时、直观地了解到组织的运营状况（如生产、营销、财务等数据），同时有效地解决组织内“信息孤岛”问题。

业务流程整合。将日常工作活动、管理活动、业务活动有机的结合，以快速响应用户需求，同时减少不必要的重复工作，将管理流程与业务流程进行有效的整合。

移动办公系统，通过移动终端访问办公管理系统，处理工作流程，直观的获取现场生产信息，实现随时随地的办公灵活化、移动化。

2. 人力资源管理子系统

人力资源管理子系统基于统一平台实现对企业全体职工录用、选拔、调动、福利、合同、安全、培训、离退休等管理活动的综合查询与统计分析。

系统支持人事业务的在线办理，包括入职、转正、调岗、调薪、奖励、处分、离职、复职等。业务办理的结果记录在档案管理子系统中。

人力资源管理子系统允许使用人事档案的所有字段（包括自定义字段）组合查询。查询条件可以保存为查询模板。快捷查询与组合查询可以联合使用。

人力资源管理子系统内置人事报表、图表，包括人员构成情况分类统计表、员工明细花名册、部门员工花名册、各部门职务统计表、员工入职离职统计表、各部门员工生日报表、各部门及岗位编制人数统计表等。用户可自定义统计报表，也可使用系统报表平台，自行设计个性化的人事报表。

支持自动快速识别，读员工身份证信息，杜绝伪造身份证，提高员工个人档案信息准确度，减少信息录入工作量。

人力资源管理子系统应能对于企业人员、组织结构编制的多种方案，进行模拟比较和运行分析，并辅之以图形的直观评估，辅助管理者做出最终决策。如制定职务模型，包括职位要求、升迁路径和培训计划，根据担任该职位员工的资格和条件，系统会提出针对本员工的一系列培训建议，一旦机构改组或职位变动，系统会提出一系列的职位变动或升迁建议。

3. 档案管理子系统

建立统一的标准，规范整个文件管理，包括规范各业务系统的文件管理；构建完整的档案资源信息共享服务平台，支持档案管理全过程的信息化处理，包括采集、移交接收、归档、存储管理、借阅利用等。系统中用户可以实现对公司人员的档案内容进行了详细查询。实现对公司员工合同、劳保品领取、劳动纠纷、劳动工伤、员工教育培训情况等信息综合查询，能够做到及时掌握员工状况等。

四、生产安全类系统

从集成化、系统化角度出发，通过建立安全生产的信息管理、隐患排查和事故风险评价体系和事故树模型，根据盐湖实际情况设置检查点布置方案，自动实现隐患排查和危险源辨识。将人员行为安全、作业环境安全、设备运转安全、安全制度保障等安全生产要素全面集成，形成以全面评估、闭环管理、实时联动、智能预警为特征的主动安全管理保障体系。

（一）设备监控维护系统

1. 设备健康状态监控子系统

参数监控。对所有在线运行设备的全部运行信息进行实时监控、动态管理，包括设备运行状态的各种参数，点检、维护、检修的实际状态，开／停机记录，设备临界状态的预警和非正常情况的报警等。这些参数应能够实时动态更新，保障与现场即时检测结果同步，采集的工艺参数数据实时保存至实时数据库中。通过实时和历史趋势查询功能反映给生产调度人员，帮助生产调度人员及时掌握设备健康状态，指导协调生产。

设备健康状态评估。根据设备的维修、保养、点检和故障记录信息，结合设备实时健康状况数据，通过海量历史数据的挖掘、分析，自动生成设备实时健康状态评估表。以设备为主体，对多维健康指标进行分类评估与趋势判断，并在设备健康状态异常时或关键评估参数达到临界值时提供维修保养建议。

2. 设备故障诊断子系统

设备故障诊断。建立设备故障诊断与分析决策模型，智能诊断设备的故障原因、故障类型、故障严重程度，及时发现设备的潜在故障。

故障评估预测。利用数据挖掘的预测分析算法，为维护人员提供丰富、专业的机组状态监测和设备管理、运行状态分析图谱，提供维保分析预测、评估、故障预测预判功能。

设备预防性维护。针对盐湖化工企业主体设备，基于工业互联网平台，整合设备机理、设备运行数据、企业管理数据和相关算法模型，主动预警维护和及时运维服务，定期提供设备健康评估报告、故障诊断和预测性维护服务。

系统智能派单维修或维护。自动生成各类诊断报告和报表，实现任意图谱的自动添加和编辑，为设备人员出具设备故障诊断报告和日常报告提供支持。

设备故障预警。系统应能够进行报警条件设置，当设备运行参数达到报警条件时，系统自动发出颜色、声音、图标闪烁等形式的报警信息，同时，系统自动发送报警信息到设备维护、生产调度、生产管理等人员的移动终端上，提醒相关人员及时采取有效措施，避免或减小设备故障带来的损失。

（二）设备点巡检系统

设备点巡检系统，包括隐患信息的采集、汇总、分析、治理等，系统根据隐患的来源、级别、状态，按照责任人、责任单位，对隐患的整改情况进行动态跟踪管理，减轻工作人员的劳动强度，降低劳动风险，及时发现出现的问题，避免事故扩大化，降低生产过程中的非正常停机时间。设备点巡检系统具体功能如下：

1. 移动点巡检。利用终端管理软件实时拍照、录取视频、录入巡察记录和即时通信，实现对隐患和事故的实时信息获取、在线分析、协同解决等功能。点检、巡检情况可通过移动端输入和确认，并通过无线网络将点巡检结果传送到管理系统中。管理系统也可以将信息和数据绑定到标签，在标签触发手持设备时向手持设备推送数据和信息，例如交接班记录、异常预警、历史数据等。

2. 统计汇总报告。提供全面、准确的有关安全隐患信息和排查治理状况的统计汇总报告，便于管理者动态把握安全隐患的排查情况。对排查出的事故隐患信息进行登记，对于重大隐患信息报送相关安全监管部门，由安全监管部门指导、监督生产经营单位对事故隐患进行及时有效的整改。

3. 督促整改。进行快速、自动、精确的流程控制和处理，实现系统闭环，对罚款、三违和隐患未按时间处理的进行升级处理；对处理完毕的，系统自动向查隐患人发出信息，告知隐患整改完毕。

4. 人员管理。实现对巡察人员的管理，包括巡察路线、巡察点、巡察时间、巡察内容等的管理和分析。

5. 即时通信。实现点对点、点对多点的视频音频通信、文件共享浏览，事故和隐患照片的共享和协同分析，并能够实现与融合通信系统的接入，实现语音、视频互动等功能。

【案例】智能点检技术在盐湖化工设备中的应用前景

某盐湖化工企业以前的设备都是采用突发性检修手段，各种设备检修都是在损坏了后才进行事后检修，导致安全隐患风险升高，检修质量下降，最终减少了设备的使用寿命，给企业增加了采购成本。

为解决这个问题，开发了智能点检系统。系统采用 B/S 架构，主要模块分别为日常自动记录、人工记录、数据统合分析、设备购置与档案管理、设备维护及反馈等。管理平台将信息整合后，可以将这些数据进行深度挖掘，为管理层和技术人员提供数据支持，帮助他们尽早发现设备或者系统中潜藏的风险。同时，管理平台也会对使用者进行监管，可以保留人为操作的数据和痕迹，并将情况实时上传，防止因为员工失误而引发的风险，也有利于规范员工操作。

智能点检技术在企业的以下三个方面进行了应用：

1. 数据整合。打破每个环节、每个步骤的信息围墙，使产业连成了一个整体。企业在推行了智能点检系统后，极大地提高了工作效率，以前员工在工厂内反复穿梭，更换设备的情形再也见不到了，员工只需拿着手持终端便可以高效的检测振动量和油温度，而且数据十分准确，也省去了后期录入的步骤。在安全管理上，智能点检系统让设备管理更加规范化，员工可以根据管理平台上的信息和标准，精准判断生产过程中是否存在异常，并做出相应的调整。另外，智能点检系统还拥有推送功能，只需要很简单的操作就可以将设备出现问题发送到管理者或者技术负责人的微信上。技术负责人可以根据微信上的信息，进行远程指导和帮助，事先准备出工作所需的设备，节省了实际探查的时间。管理者还可以根据微信上的信息作出应急指示，极大地提高了面对紧急风险时的处理能力。

2. 信息协同。设备的使用信息、操作人员信息、产量信息、设备维修保养信息等各种生产信息实现协同共享，才能构建动态管理系统。尽快追溯问题源头，并加以解决，成了化工企业保证产量的重要一环。智能点检系统的应用极大地缩短了这个过程，在智能点检系统的管理平台上，有各个生产部门、每台设备的信息，并且实现信息共享，技术人员在管理平台上可以观察整个生产链条的状况，能直观地发现问题所在，不需要一一排查、对比的步骤。同时，智能点检系统拥有自行分析数据的能力，可以根据以往数据建立常规模型，筛选出异常的数据和变化，帮助技术人员进行分析。

3. 智能检测。化工产业存在一定的危险性，必须要进行实时检测，来保障企业与职工的安全。同时，企业也要通过不断检测来改变他们的生产计划，确保产量。传统的检测方式需要大量的人工和时间，而且不可避免地存在误差。智能点检系统极大地减少了企业在检测上的消耗，既提高了效率，也降低了检测过程中的误差。智能点检系统能对设备的运行状况进行实时检测，采集温度、压力、振动量等各种信息，并实时上传到管理平台。用户可以根据自己的权限进行访问，减少了实地探查的时间。如果生产过程中出现温度过高、气压过大的情况，智能点检系统会自行发出警报，并提示可能的原因，协助工作人员解决故障。这个过程中，智能点检系统也会记录发生故障的设备和故障原因、时间等数据，为以后核查提供帮助。

与传统点检系统相比，智能点检系统在便捷性、及时性、准确性上有着明显的优势。帮助了化工企业实现了管理规范化，其优秀的数据整合、信息协同能力，极大地提高了化工企业的生产效率。

（三）视频监控系统

视频监控系统在各类安全生产中已经逐步成为主要的监控手段。

盐湖化工企业许多原料、产品是易燃、易爆、强腐蚀、剧毒物质，且生产大多是在高温、高压、高速、腐蚀等严酷条件下完成的，所以在生产过程中往往存在着许多潜在的危险因素，更有必要在必要区域应用视频监控系统。

视频监控系统主要功能包括：

1. 重大危险源和主要危险区域的监控。视频监控的设置应进行科学规划，合理布局，视频监控设施的安置要覆盖有毒、可燃气体泄漏及重大危险源的库存液位，罐区物料库存区域，也可以为事故预防、调查和安全教育提供很好的视频依据。

2. 关键和危险设备的监控。对存在泄漏隐患的关键设备、危险设备，设置视频监控点，实现环保设施及关键设备的实时监控，做到随时可以对生产现场的生产、安全、环保状态进行监控，同时可以借助大数据云平台，利用移动终端 APP 查看关键监控部位，达到远程实时监控的目的。

3. 巡视死角区域的监控。合理选择视角较好的位置设置视频监控系统，不仅可以监控装置框架高处的危险状况，利用良好的视角巡视装置边缘区域的安全状况，还可以用来巡视整个装置区域的安全状况，同时，在发生较大的危险事故时，可以用来进行现场应急处置的安全监控。

4. 人员容易违法进入的地段。在控制人员车辆出入的大门和容易违法进入的地段，应设置视频监控系统，实时监控作业人员及生产现场安全状态。

与门禁系统相配合，对生产区域内的人员和车辆进行严格管控，实现区域内人员统计，支持闯入、超员、超时警示。有条件的盐湖化工企业可以利用实时定位系统技术实现作业人员亚米级精度的实时位置追踪。提供巡检轨迹管理、视频巡更、刷脸通行、人脸布控、人脸访客管理和灾情预警等功能，保障园区各关键位置智能可视化呈现。

【案例】山西某煤矿集团的安全行为智能感知平台

针对该煤矿集团在安全生产管控的需求，某煤矿企业基于高质量5G通信网络和高清摄像仪，运用视觉感知分析算法，为其量身打造了安全行为智能感知平台。

目前，安全行为智能感知平台已经具备了挥手求救、倒地、人员滞留、奔跑、人员聚集、越界、无人值守、未戴安全帽、皮带跑偏、风门开启等多种行为分析模型，赋能企业智能化安全生产管理。

智能视觉感知平台是利用计算机视觉技术，在不需要人为干预的情况下，通过对视频图像进行自动分析，实现对业务场景中目标的定位、识别和跟踪，并在此基础上分析和判断目标的行为，从而做到既能完成日常管理又可在异常情况发生时及时做出预警告等响应，辅助决策。

建立智能视觉感知分析平台，实现人员安全预警、工作规范监督、机器状态监视、环境隐患预警，并可及时传送预警信息到各上下游平台，打造集分析服务与平台互通为一体的高工业级感知平台，实现企业业务管理智能化、运营数字化、态势可视化，提升业务效率、安全性、规范性。

（四）动态诊断系统

动态诊断系统，基于动态诊断专家知识库，利用安全综合数据库中的基础数据、实时监测数据、事务性数据进行评估、推理和演绎，分析安全生产现状和趋势，实现智慧盐湖安全生产的动态诊断和辅助决策，并做出响应对策和处理。

设备动态诊断以人工智能和数据挖掘技术为支撑，结合综合自动化、在线监测、生产设备等的动态数据和历史数据，对相关信息进行分析、推理，提炼动态诊断知识模型，概括设备安全状态并辅助决策。现在盐湖生产装备的结构越来越复杂，功能也越来越完善，自动化程度越来越高，不但同一设备的各部分之间相互关联、紧密耦合，不同设备之间也存在着紧密的联系，一处故障可能引起一系列连锁反应，导致整个生产过程不能正常运行，甚至造成重大的损失。因此，对设备的故障诊断要求也越来越高。

动态诊断系统应该建设安全综合数据库和动态诊断专家知识库。

1. 安全综合数据库。利用工业互联网和云计算技术实现综合数据集成，将基础数据、在线监测的实时性数据、专业业务系统的事务性数据综合集成起来。主要建设工作包括：梳理、采集、清洗、转换安全主题相关的基础、实时和业务数据，定义数据模型、逻辑数据结构和物理数据结构，开发数据传输接口。

2. 动态诊断专家知识库。主要建设工作包括：梳理安全规范规程体系，建立盐湖安全知识分类体系及元数据库；定义安全动态诊断专家知识库的概念数据模型和逻辑数据结构；研究开发元数据库管理系统，实现专家知识库中评估打分知识结构、打分策略；研究开发知识库库管理系统，实现知识的增加、删除、更新、查找。

动态诊断系统具体功能如下：

1. 综合评估打分。建立综合评价指标体系，根据安全生产的历史数据和在线监测数据（事故发生情况、隐患发生情况、监管监察情况、应急救援情况等），应用专家知识库，对特定盐湖安全生产活动安全状况进行打分，通过打分评估列出存在的安全问题和需要重点关注的安全生产监管对象。

2. 监管重点目标分析。针对评估打分的结果，通过数学模型进行监管强度分类和重点目标分析。根据安全隐患和相关性等规律，对系统性、结构性、集中性、反复性或危险性较大的安全隐患，科学合理安排监管力量，对重点时段、重点生产环节的关键岗位、重点设备、重点环境进行重点监管，组织开展有针对性的专项治理和专项整治。

3. 分析预测。根据在线监测数据，如废气浓度、电压、温度等，建立分析模型，预测传感器在未来多个采样周期的取值，如果超过阈值的概率升高，则给出预警提示。

4. 安全隐患与事故相关性分析。通过对安全隐患和事故应用关联规则挖掘算法，得到两者的强关联规则，建立安全隐患信息之间、事故信息之间、安全隐患与事故之间的相关性，进行安全预警。建立安全隐患和事故数据的立方体模型，使安全生产管理人员能够针对特定问题进行多维度、多视角观察。

（五）应急指挥系统

利用地理信息和监测监控系统、卫星导航技术、移动目标精确定位技术、生命体征探测技术、环境深度感知技术、应急通信技术、无人飞行器和救援机器人技术、增强现实技术等，建立健全覆盖政府、社区和企业的事故应急管理救援系统，全面提升事故应对处理能力和水平。

应急指挥系统功能包括：

1. 救援基本信息管理。实现管理制度、机构与职责、应急预案管理、培训与演练、物资管理、检查与整改、回顾与记录的全过程管理，实现对应急物资的登记、检查、使用和报废记录、补充的全过程管理。

2. 应急救援资源管理。统计相应预案对应的物资储备总数、实际储备完好数和完好率。

3. 数字应急预案编制。应急预案包括现场情况的描述、人员的组织安排、事故处理的操作流程（具体阀门的管理、设备的更换、最后检查等）、安全注意事项等。应急预案应与应急物资相关联，对全体系进行管理，使各个环节紧密相连；系统应提供应急预案的维护功能，支持应急预案清单的批量导入。

4. 应急救援演练。提供预案演练计划编制、审核、策划、总结的管理；

应用智能装备、虚拟仿真系统等，对紧急情况进行模拟。

5. 应急救援快速反应。及时报告政府和社区，反映具体情况并快速响应应急调度；配置大数据分析系统，以指挥端、PC 端和移动端显示，提供辅助决策；自动进行应急资源调度。

6. 应急救援事后处置和文档自动生成。

五、资源和生态保护类系统

（一）地质资源数字化系统

地质资源数字化系统实现盐湖地质资源模型的精确构建与实时更新，并通过数据存储、传输、表述、深加工和融合等数据处理环节，使地质资源信息在盐湖地质、测量和采卤之间数字化流转，实现盐湖地质资源信息的精准统计、高效处理和实时共享，支撑盐湖规划设计，形成盐湖智能生产和生态环境保护的基础条件。

地质资源数字化系统包括如下功能：

1. 盐湖测量。快速处理经多种仪器、多种测量方法取得的测量数据，根据盐田、钻井、建（构）筑物、泵房及管道等直接相关的地质对象，建立综合三维数字化地质模型，直观反映其分布、形态、产状、品位等特征。

2. 基础资料管理。基础资料包括：与设计阶段相应的地质勘查报告或资源储量核实报告及其评审意见书；矿石溶解性能试验及经鉴定的工业试采技术资料；固体矿溶解转化试验及工程化研究报告；气象条件、抗震设防烈度；与设计阶段相应的工程地质勘查报告，当采用外部取土料填筑堤坝时应有取土料场地质勘查资料；对于改建、扩建盐湖应提供盐湖的生产现状地质资料。

3. 地质资源可视化。将原始勘探数据、生产勘探数据等进行可视化，实现勘探数据的直观形象显示，完成矿床品位分析、矿床三维模型建立。

4. 资源信息动态管理。对不同阶段的勘查数据、生产数据进行集成分析，实现资源储量升级、核减，实现资源信息的动态管理，为地质找矿和采卤工程设计提供可靠的信息。

5. 储量管理。结合盐湖生产实际需要，利用智能化算法辅助实现矿产资源储量估算。基于三维数字化地质模型和盐湖资源储量动态管理成果，掌握矿产资源储量的数量、质量、结构和空间分布，实现矿产资源储量全过程管理数字化和智能化。

6. 资源动态监控。与生产经营数据实现集成和同步，实时掌握矿区地质资源的消耗速度和采补动态情况，包括成矿卤水、盐田生产、加工生产、尾矿变化及溶解固体矿等关键流程。根据生产经营数据及时更新资源量和储量，监管预警资源储额，确保盐湖资源安全可控、可持续开采和资源多元提取。

7. 统计管理。及时更新各种地质、采卤图件与管理台账。编报盐湖储量报表，包括查明总量、保有量、动用量、采出量、损失量等的自动统计，并提供相关数据的联动输出。

【案例】盐湖资源环境数据平台的设计与研发

中国科学院青海盐湖研究所于 2014 年启动了中国盐湖资源与环境 GIS(地理信息系统）平台（简称数据平台）的建设工作。从分析盐湖科学数据特点、数据现状和数据用户需求入手，对多学科多源数据整合、数据质量控制、软件协同、主题数据库结构和逻辑关系、数据挖掘等关键性问题进行研究，充分利用 GIS（地理信息系统）的优势，完成了数据平台的设计及功能开发。

该研究将科学数据中心设计理念应用于盐湖领域，对现有的分散、碎片化的盐湖资料和数据加以整理、补充和完善，实现了信息查询、属性数据与空间数据关联、数据分析、制表、制图等一体化功能，并在数据资源的基础上，紧密结合盐湖专业领域和特定项目工程的需求，开展针对用户的数据处理、计算分析和过程模拟等应用服务，同时使盐湖科学数据通过互联网实现了信息共享、传输和交互，向科研机构和盐湖化工企业、高校等提供了专业、权威和定制化的数据服务，构建了一个综合性的盐湖科学数据系统，从而科学地指导盐湖未来产业发展和管理。该数据平台目前共有六个专题子库构成，即盐湖基础信息数据库、盐湖资源数据库、盐湖环境数据库、盐湖资源开发状况数据库、盐湖影像及多媒体数据库。数据平台结构如图 2–5 所示：

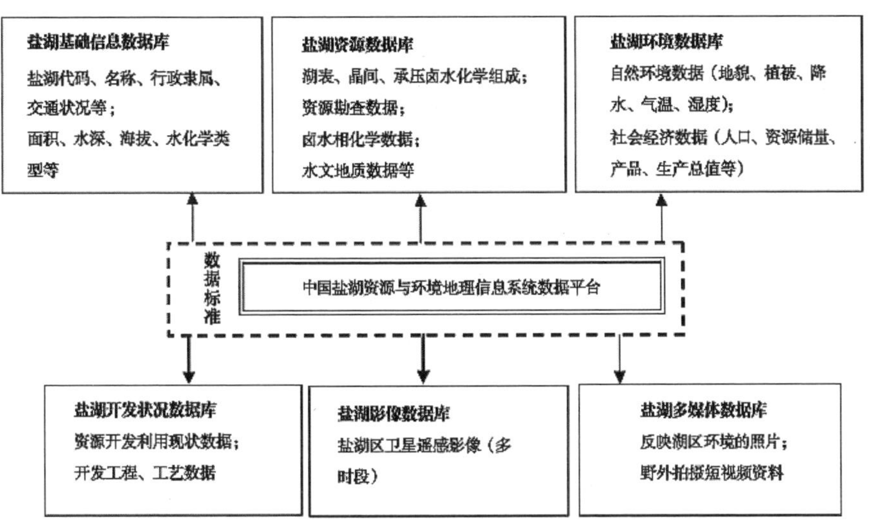

图 2-5　盐湖资源与环境地理信息系统平台数据库结构

在建设数据平台的同时，还基于数据平台开展了一系列应用研究：例如：（1）盐湖资源开发行为对柴达木盆地盐湖区景观变化影响的评估研究；（2）可可西里不冻泉西盐湖水深反演研究；（3）新疆主要盐湖面积变化与气候及其对人类活动的响应研究等方面的工作。上述工作在评估柴达木盆地盐湖资源开发行为对区域景观格局影响程度和探究影响机制，探讨盐湖变化与气候、人类活动相互作用的机制等发挥了积极作用，为盐湖资源合理开发与资源可持续利用提供了科学依据。

（二）资源节约和综合利用系统

建立资源节约与综合利用系统，提高共伴生矿产资源和废弃物资源化的评估、开发和转化能力。资源综合利用加工流程应与生产加工主流程实现集成，通过自动化综合控制、信息化统一管理、智能化科学匹配降低综合利用成本。

资源节约和综合利用系统包括如下功能：

1. 跟踪评价。建立数据统计、跟踪系统，实时提供企业资源节约与综合利用指标；建立共伴生矿产资源和废弃物利用和管理数据库，提供产率、利用率等数据统计和分析功能，评估回收利用结果；将智能决策分析、智能控制技术应用于资源可用价值评估过程，建立智能化分析和评价系统，从价值链、供应链和产业链分析评价共伴生矿产资源和废弃物再利用价值，促进矿产资源的节约与综合利用。

2. 共伴生矿产资源回收。建立共伴生矿产资源回收、利用监控系统，实现共伴生矿产资源开采、存放、加工和利用过程的在线管理；对共伴生矿可利用性进行动态、信息化管理，优化矿产资源回收利用方案和资源开发战略。

3. 废弃物利用。将废水、废气、尾矿等废弃物排放控制与生产过程控制系统相结合，通过生产控制策略减少废弃物排放；废弃物应实现在线监测和信息化管理，在线跟踪其存放、回收和利用过程。

（三）生态环境保护系统

建设生态环境保护系统，集中管理环境在线监测数据和检化验数据，提供数据动态分析与预警功能，并按照预防为主，生产与治理并重原则，实现集中一体化在线监控和管理。

生态环境保护系统功能包括：

1. 低碳转型。遏制高耗能、高排放项目盲目发展，推进采区、矿区、产区设备绿色化改造，对生产过程产生的三废（废水、废气、废物）进行资源化利用。加强有毒、可燃气体泄漏在线监控及重大危险源的库存液位、罐区物料库存的在线监控。

2. 环保指标监控。利用智能监控手段、定位技术和物流系统，实时跟踪监控盐湖生产作业过程中的废水废气排放情况和固体废物环境管理情况，实时采集三废产生量和废水废气中的污染物监测等数据，及时采取措施，杜绝生产事故和污染环境事件。

3. 预警预测。利用数据集成对比，排查现场安全环境和控制区域内指标环境，通过安全档案管理、重大危险源监管、危化品监管、安全风险管控、隐患管理等手段，针对异常数据趋势进行预警提报，现场异常实施预警干预，全面掌控安全运行状态和趋势。根据不同区域的安全管理等级，规划、设置区域的危险点，实现危险点防控结合，达到风险的预先防控。

4. 生态恢复治理。恢复治理应通过数字化管理实现可衡量、可追溯，通过 GIS（地理信息系统）实现图形化展现与空间管理；建立以定点监控图像数据与监测数据为核心的生态数据库，管理生态修复数据；建立分区生态环境治理 GIS（地理信息系统）平台，展现生态环境恢复治理工作成效，实现历史追溯。

【案例】盐湖资源综合动态监测及预警系统

中国科学院青海盐湖研究所开发针对盐湖资源系统特点的监测与预警系统，以可持续发展和系统论为原则，从盐湖资源系统的整体性、相关性和动态性出发，分别从盐湖环境、资源、产业等子系统中选择一些和盐湖资源高效开采利用和产业可持续发展相关的重要监测指标，组成了一个包含多要素的综合监测系统指标体系，并根据目标分别确定各监测因子的作用、权重、阈值、监测频率等。

综合监测和预警体系的整体架构设计包括以下几个方面：

支撑层设计包括：（1）室外硬件。包括补给水流域的监测站网布局设计、遥感监测、视频监控、数据信息传输方式选型等；（2）室内硬件设备及配套软件系统。包括系统服务器、GIS 软件、遥感影像处理系统、与监测站网对应的数据接收处理系统的设计；（3）网络基础平台。包括网络服务器以及所需的网络通信技术、网络环境设计等。

数据层设计：数据层是整个盐湖资源监测系统的资源中心，除了基础盐湖数据库系统（包括基础地图、盐湖空间图形库、遥感影像库、多媒体库、元数据库等）外，本次研究将既统一又相互独立的盐湖监测系统分为四个部分：自然环境监测子系统、盐湖区资源特征监测子系统、盐湖产业子系统、社会经济统计子系统。各系统在独立完成自己领域数据收集时进行严格的数据质量检查，保证数据质量，同时实现各子系统数据层与中心管理层和预警层之间的数据调用，这就要求数据标准的统一与数据管理规范的建立。由中枢部门负责对数据进行整合处理、数据评价、统计分析、成果发布等工作。

平台服务层设计：包括 GIS 功能服务、监测预警功能服务及其他数据服务内容。GIS 功能服务包括数据库服务、综合查询统计服务、空间分析服务及制图与输出服务；监测预警功能服务通过收集的数据实时监测盐湖资源动态变化，并基于预测模型来对可能发生的灾害事件或者不利于盐湖资源综合利用与产业可持续发展的因素进行预警。此外，平台层还提供网络共享服务、扩展功能等。

六、智能决策类系统

（一）虚拟仿真系统

建设虚拟仿真模型系统，实时展示盐湖化工生产状态、设备运行工况、人员和移动终端位置，预测盐湖化工企业生产指标，分析生产运营瓶颈环节，优化生产工艺流程和设备匹配关系，实现生产辅助决策与动态优化。

虚拟仿真系统包括如下虚拟仿真场景：

1. 虚拟采卤。通过虚拟现实、GIS（地理信息系统）、通信、传感、控制与定位等技术，建设采卤三维可视化虚拟集中管控系统，将真实盐湖生产场景在虚拟环境中平行体现，实时展示盐湖开采状态、设备运行工况、人员和移动终端位置，并进行综合分析、预警告警和全局决策分析。

2. 全流程生产指标优化。开展实时模拟计算，根据预测结果给出操作建议，通过改变操作变量，对自动控制操作进行纠偏，实现节能控制和操作优化，降低工序能耗，提升工序技术指标。

3. 数字孪生。创建设备、管线、物料、仪表等对象模型，实现虚拟集成平台应用。建设采选设备三维虚拟对象模型、检测仪表、辅助设备的三维虚拟对象模型，实现孪生数据集成、交互式遨游、模拟试验等功能。

4. 培训与应急演练。基于5G网络大宽带的优势，利用AR/VR、机器视觉等技术对盐湖生产过程进行虚拟仿真，对生产操作人员进行培训和应急演练。通过应急疏散仿真，合理规划疏散设施及路线，根据事故场景确定最优救援方案，为疏散及救援提供最优方案辅助决策。

【案例】利用虚拟现实技术开设化工专业实训课程

虚拟现实技术的引入可以解决化工专业实训过程中存在的许多问题，如：

实训场地有限、实训设施不完善、可操作性不高、安全问题等。某学院在化工实训过程中引入虚拟现实技术，建设了现代化工 VR 实训室，开设了化工企业认识 VR 实训、甲醇化工企业流程学习 VR 实训、化工企业典型事故（泄露、着火、爆炸等）应急处理 VR 实训。在《甲醇车间泄露着火事故应急处理》实训课程中，硬件部分包括虚拟现实头显设备和虚拟现实手柄组成。虚拟现实头显设备内置有数个传感器、两个无线控制器，并具备手势追踪功能。内置的跟踪系统会向用户所在屋内发射数道射线，并感知到墙壁的存在位置，因此学员可以在佩戴这一头盔的时候在实训室内随意走动。虚拟现实手柄的功能包括在场景中移动、物品使用、物品拾取、综合运用等功能。

化工厂火灾 VR 展示软件模拟了甲醇罐区储罐泄漏着火事故，并启动应急预案。软件包含以下三个环节：

1. 发现泄漏，紧急停车

操作环节：同外操人员共同在厂区内进行巡检；发现甲醇罐区泄漏着火事故；通过对讲机向班长汇报事故情况；按照班长的指示同外操人员共同去往中控室穿着防护。

2. 救援队员进行救援

操作环节：穿着防护设施并等待班长的命令指示；接收班长布置的任务并前往应急区域；设置警戒线并检查是否有人员伤亡，并将情况汇报给班长；根据班长指示，打开储罐区排料阀，结束后向班长汇报。

3. 引导消防车及紧急救援

操作环节：观察到储罐内液位下降为 0，向班长汇报；根据班长指示，关闭储罐出口阀，并将情况汇报给班长；接收班长布置任务，监测事故现场可燃气浓度；仪器显示可燃气体浓度处于安全范围内，将情况汇报给班长；根据班长广播，撤离至安全区域；根据班长广播，解除应急预案。

虚拟现实技术能创造真实的生产场所，模拟真实的生产过程。学员利用虚拟现实系统进行实训，有身临其境般的感受，在逼真的工作环境下工作，收到较好的学习效果。

（二）决策支持系统

决策支持系统（Decision Supporting System，DSS）是针对半结构化的决策问题，支持决策活动具有智能作用的人机系统。该系统能够为决策者提供决策所需的数据、信息和背景材料，帮助明确决策目标和进行问题识别，建立或修改决策模型，提供各种备选方案，并且对各种方案进行评价和优选，通过人机交互功能进行分析、比拟和判断，为正确决策提供必要的支持。

决策支持系统运行过程可以简单描述为：用户通过会话系统输入要决策的问题，会话系统把问题信息传递给问题处理系统；问题处理系统收集数据信息后，根据知识库中已有的知识，来判断和识别问题；之后，系统开始搜寻问题解决的模型，通过计算推理得出方案可行性的分析结果，最终将决策信息提供给用户。

决策支持系统应具有如下功能：

1. 数据分析与处理。以分布式云计算为基础，以大数据分析计算资源为支撑搭建大数据分析软件，利用数据挖掘算法和分析模拟功能对数据进行专业化处理，为盐湖化工企业生产经营提供智能分析和决策支持。

2. 模型管理。能够提供系统的分析能力和适宜的软件管理能力，管理模型库中的战略性模型、策略性模型、运营性模型等。

3. 决策支持。应具有开放性、兼容性、扩展性，并具有大数据综合集成能力，实现与生产调度、管理系统的集成和融合;通过对生产数据的智能分析，对企业运营状况进行综合评价，实现对生产过程的状态、成本、效益和整体生产情况等的分析；系统应具有数据挖掘分析、决策判断等智能化功能，可用于采卤和选别生产辅助决策、设备运维、安全风险预警、经营管理等方面，为盐湖化工企业生产经营活动提供决策支持。

4. 用户界面子系统。能够满足用户与决策支持系统之间的交流，如交互式界面、自然语言处理、建议输出等。为了实现组织内的信息共享，还应包括多种渠道的发布方式。

【案例】盐湖矿床生产规模综合决策系统设计

在盐湖矿床开发过程中，生产规模是最基本、最重要的参数之一。由于受特殊形成与演变过程的影响，盐湖资源禀赋特征与其他固体矿床相比有其特殊的动态性，在确定合理生产规模时，不仅类似其他资源矿床，需要考虑资源禀赋特征、技术条件、市场需求、环境容量等因素的影响，还必须从盐湖资源系统特征出发，综合考虑盐湖的地理区位、外部运输能为、劳动力供应状况等特殊因素对盐湖矿床生产规模的影响。

此研究设计在综合分析影响盐湖矿床生产的内外部因素及约束机制的基础上，构建了盐湖矿床生产规模优化模型，并在此基础上设计了一个盐湖矿床生产规模优化综合决策系统。

决策系统包含了人机交互子系统、数据库子系统、知识库子系统、模型库子系统。系统总体上采用三层框架体系，即数据支撑层、逻辑推理层和人机交互层。

数据支撑层。盐湖矿床最优生产规模的确定，涉及数据较多，根据数据是否与位置相关，可分为属性数据和空间数据两大类。空间数据可用于描述各盐湖矿床的地理位置、拓扑关系等；属性数据是对如各盐湖水化学类型、资源储量、卤水品位、卤水水位、采卤量、市场价格、市场行情等属性特征的描述。数据支撑层的主要任务是：一方面为优化决策提供所有相关数据；另一方面储存决策过程中的各类数据表。

逻辑推理层是系统的核心，该层是所有业务功能的处理过程，包括从接入业务数据到应用模型分析，再到最终结果展示的整个过程，具体描述如下：（1）负责从数据库中调取有关数据，并管理数据库；（2）收集并处理从人机交互层用户传达过来的各种请求，根据不同的请求通过调用相应的模型进行处理，再将处理的结果返回给人机交互层；（3）依据知识库中专家系统的知识推理，辅助系统决策。逻辑推理层主要包含模型库子系统和知识库子系统。模型库子系统包括约束模型（资源、技术、社会、经济、环境）、优化模型（层次分析、模糊综合评价）；知识库子系统，包括专家系统知识和文本知识：专家系统负责指标的选取及指标权重的确定，文本知识则存放相关的法律法规、国家标准、规范、政策、地方性管理条例和典型案例等。

人机交互层直接面向用户，是决策系统与决策用户之间的交互界面。用户通过人机交互界面控制综合决策系统的运行，在使用过程中，一方面，用户输入必要的控制信息，另一方面，系统向用户显示运行情况和最后结果。用户可根据需求与系统推理层连续对话，直至用户需求得到满足为止。

系统推理与分析过程如下：首先，系统根据用户提供的请求和动态事实状况，调取数据库子系统中所有相关数据；然后调用模型库子系统中约束模型对部分变量数据进行处理，拟定优化方案；接下来通过知识库子系统中专家系统对针对外部环境变化而选取相关指标作为优化指标体系，并对指标权重进行重新赋值；然后调用灰色模糊综合评价模型，对拟订方案进行优化，获得综合评价值排序；最后再由专家系统依据经验、知识、法规政策等，提供相应的改进手段及措施。随着某些相关手段、措施的实施，矿床内、外部环境因素发生改变，由相关人员将动态数据录入系统，用户重新发出请求，如此循环，旨在为用户提供最符合实际、最佳的优化方案。

此研究设计并结合某盐湖实例进行了验证，盐湖开发状况和开发条件基本吻合。

（三）知识管理系统

参考《智慧矿山信息系统通用技术规范》，盐湖的智能化水平也可分为三个等级。其中：

一级单项应用，基础自动化控制系统、信息化管理系统得到普遍应用。建设了一个或多个单独应用的智能化系统，系统彼此独立，没有与基础自动化系统或者信息化系统进行集成和融合。

二级集成协同应用，智能化系统与基础信息化系统实现集成，成为信息化集成体系中的组成部分。相关联的多个智能化系统能够通过自主协作实现互动操作和联动运行，达到局部融合的效果。

三级整体应用，在生产过程中普遍采用智能化技术，所有智能化系统实现联网协作。生产经营数据实现广泛采集，数据通过智能决策系统得到充分利用。

知识管理系统是企业实现知识管理的平台，是一个以人的智能为主导，以信息技术为手段的人机结合的管理系统，其目标是通过将企业中的各种知识资源，包括显性知识和隐性知识，整合为动态的知识体系，以促进知识创新。通过知识创新能力的不断提高带动劳动生产率的提高，从而最终提高企业的核心竞争力。

知识管理系统的功能：

1. 整合知识资源。以成熟模型构建知识库。利用知识图谱技术将多种知识经验显性化表达，把分散在企业内部业务流程、信息系统、数据库、纸质信息资源以及企业与合作伙伴、顾客之间的业务流程中的知识资源进行优化选择，以合理的结构形式集成、标引、分类、序化功能；知识库包括可供直接调用的模块、标准化和参数化的零组件模块和文档模块，提供高效、快捷的知识检索服务。能够动态维护知识视图，为不同用户提供个性化分类、索引方式。

2. 知识挖掘和转化。在数据采集、预处理基础上，进一步利用有效算法进行知识挖掘，使知识得以增值、创新，并且将转化中经过验证的、有价值的知识存储起来。系统应具有自学功能，能够学习信息系统的操作和人类的经验，逐渐形成新的知识。

3. 知识应用。将组织和挖掘得到的结果综合起来，输入给具有不同使用权限的特定用户，将最恰当的知识在最恰当的时候提供给最恰当的人，以使其做出最恰当的决策。能够模拟专家进行知识决策，优化生产方式、制造流程和工艺标准等。

总结：构建智慧盐湖 CPS 系统

信息物理系统（Cyber—Physical Systems，CPS），即本书智慧盐湖三个世界模型的信息世界和物理世界的界面系统。按字面理解，就是由信息世界（Cyber）和物理世界（Physical）组成的系统。信息世界是指工业软件和管理软件等，物理世界是指人、机器装备、能源、物料和产品等。前者属于虚拟的信息世界，后者属于实体的物理世界，将两个世界实现一一对应和相互映射的是工业互联网、泛在网等。

本章上述典型系统，有的是单纯的信息系统，有的属于信息物理系统，如图 2-6 中右侧标有阴影的系统即属于信息物理系统。

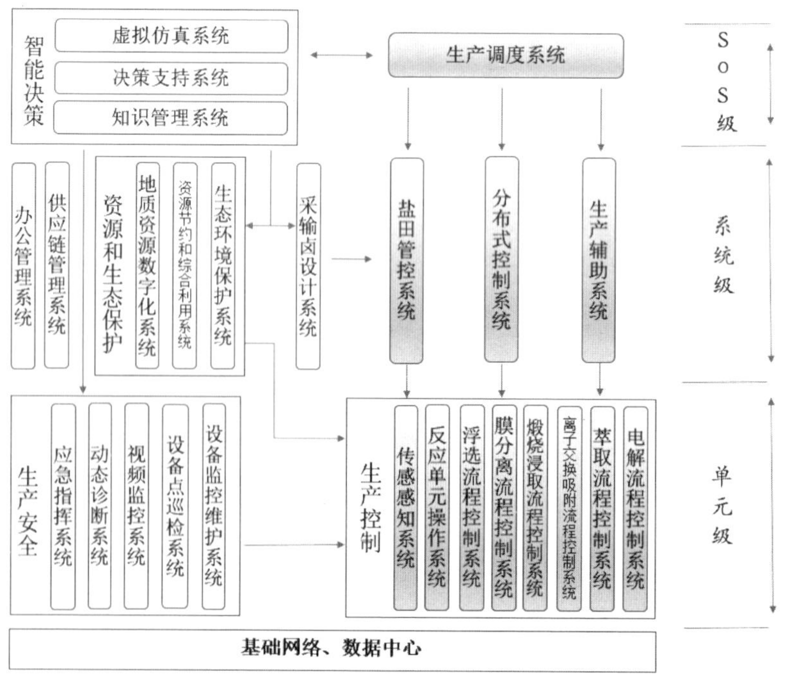

图 2-6　智慧盐湖典型系统

CPS 概念从 20 世纪 80 年代的嵌入式系统演变而来，经历了 1990 年的泛在计算、1994 年的普适计算、2000 年的环境智能，至 2006 年发展成为信息物理系统。

前期的 CPS 的应用一般都是具体的系统应用。如德国西门子公司的安贝格电子制造工厂的物流配送系统，利用射频识别技术识别物料信息并传递到中央物流区，经过分析处理后能够准确地进行配送；生产管理系统，实现了生产状态的实时展示，并利用统一的分析管理工具对每个生产环节进行监控；质量管控系统，实时进行在线质量检测和相关性分析以降低产品的缺陷率。以上西门子公司的物流配送系统就是一种具体的信息物理系统，实现了不同场景中的信息交互和各类资源的合理分配，能够对物理实体进行高效实施控制。

CPS 按所覆盖的业务规模,可分为单元级、系统级、系统之系统级(System of Systems，SoS）三个层次。单元级 CPS 可以通过组合与集成构成更高层次的 CPS，即系统级 CPS；系统级 CPS 可以通过工业云、工业大数据等平台构成 SoS 级的 CPS。

1. 单元级 CPS。如反应单元操作系统就可以看作是一个 CPS 最小单元，单元级 CPS 具有不可分割性，其内部不能分割出更小 CPS 单元。单元级 CPS 能够通过物理硬件（如传动轴承、机械臂、电机等）、自身嵌入式软件系统及通信模块，构成含有感知—分析—决策—执行数据自动流动基本的闭环，实现在设备工作能力范围内的资源优化配置，如优化机械臂的运动等。

2. 系统级 CPS。在单元级 CPS 的基础上，通过网络的引入，可以实现系统级 CPS 的协同调配。如设备点巡检系统、流程控制系统。在这一层级上，网络联通至关重要，以确保多个单元级 CPS 能够进行交互协作。

3. SoS 级 CPS。在系统级 CPS 的基础上，可以通过构建 CPS 智能服务平台，实现系统级 CPS 之间的协同优化。在这一层级上，多个系统级 CPS 构成了 SoS 级 CPS，如多层级融合的智慧盐湖系统。智慧盐湖建设的目标就是在统一规划之下有序开发，最终构建统一的智慧盐湖 CPS 系统。

以上是从系统角度来理解 CPS 系统，这应该是 CPS 系统的本来含义。但据现有资料来看，CPS 还是一个技术框架。下面本书从技术框架角度进行说明。

工业和信息化部持续推动 CPS 的理论研究和应用推广，先后推出《信息物理系统术语》《信息物理系统参考架构》《信息物理系统（CPS）典型应用案例集》等，并建成基于信息物理系统的工业互联网平台应用创新体验中心。2020 年 8 月，《信息物理系统（CPS）建设指南 2020》正式发布，梳理总结了 CPS 落地应用的建设路径，提出了 CPS 建设的“人、机器、数字孪生体”三要素，以及“人智、辅智、混智、机智”四种建设模式，明确了 CPS 技术体系和安全支撑，并给出了 CPS 在石化、汽车、船舶、航空航天、烟草等行业的典型实践。

以上资料将 CPS 定位在“支撑两化深度融合的一套综合技术体系”，其对 CPS 的正式定义是：CPS 通过集成先进的感知、计算、通信、控制等信息技术和自动控制技术，构建了物理空间与信息空间中人、机、物、环境、信息等要素相互映射、适时交互、高效协同的复杂系统，实现系统内资源配置和运行的按需响应、快速迭代、动态优化。CPS 是一套综合技术体系，包含硬件、软件、网络、工业云等一系列信息通信和自动控制技术，这些技术的有机组合与应用，构建起一个能够将物实体和环境精准映射到信息空间并进行实时反馈的智能系统，作用于生产制造全过程、全产业链、产品全生命周期，重构制造业范式。

可见，CPS 的本质是构建一套信息空间与物理空间之间基于数据自动流动的状态感知、实时分析、科学决策、精准执行的闭环赋能体系。

信息物理系统可以分布在感知层、网络层、数据层和控制层等四个层次。

1. 感知层。感知层是 CPS 的感知系统与执行系统，是 CPS 数据采集的源头，也是与物理世界交互的终点。感知层主要是由传感器、控制器和采集器等设备组成。传感器作为信息物理系统中的末端设备，负责获取环境的信息数据，并发送给服务器；服务器接收到数据之后进行相应的处理，再返回给物理末端设备，物理末端设备接收到数据之后进行相应操作。

2. 网络层。CPS 的网络系统与传统网络技术如 AdHoc 网络、无线传感器网络不同，具有更高的标准和要求。企业的 CPS 系统也不同于智能家居、交通领域的应用，其数量更多、种类更复杂，且能够在不同时间和空间内协同运行。因此，CPS 网络在混合网络融合、异构网络接入与管理、网络安全、容错性和稳定性方面等都有更高的性能要求。

3. 数据层。数据传输层主要是连接信息世界和物理世界的桥梁，主要实现的是数据传输,保证网络分组的实时可靠。CPS 覆盖了企业广泛的业务范围，从生产控制系统到虚拟仿真软件和制造执行系统，再到企业级的多种信息化业务系统，以及来自整个供应链的大量的外部环境信息，各类数据在不同层级间传递、处理和分析,形成相应的决策结果并反馈到物理实体去执行。可见，工业企业的数据来源和结构非常复杂，数据管理的集成化是 CPS 的重要的功能要求。云计算、虚拟化技术、分布式存储、并行计算等技术，能够为 CPS 提供大容量存储、高速处理芯片、海量异构数据的组织和融合，以及基于模型和迭代分析的数据处理和分析等技术支持。

4. 应用控制层。应用控制层提供与过程控制和企业运营相关的、功能各异的应用服务。这些应用服务涵盖企业生产运营过程中所有的业务面，包括：ERP、MES、设备管理、过程控制、质量管理、财务系统与信用控制等。CPS 为用户提供多种人机交互模式，如基于各类移动智能设备的移动客户端模式。

CPS 强调广泛感知、信息深度融合、智能优化决策和智能精准控制，在智慧盐湖建设中可发挥重要的基础性作用。

1. CPS 能够解决数据的完整性、及时性和准确性。受传感器部署不足、设备监测水平低等因素制约，当前盐湖生产数据存在采集的数量和广度不够、类型不丰富、精度不高等问题，难以支撑高级分析和智能优化。CPS 借助先进的嵌入式系统和传感器技术，能够增强对底层数据的采集能力。

2. CPS 能够提升数据和信息的集成度。目前，盐湖生产数据在横向和纵向的集成度都不够高，已成为进一步提升生产效率的瓶颈。CPS 构建新型工业大数据集成平台，将生产过程数据与经营数据集成化，构成大数据池，有助于实现数据的横向和纵向广泛共享。

3. CPS 能够提供强大的工业大数据分析能力和应用能力。CPS 基于嵌入式系统，使生产系统可基于海量的工业大数据实现在线的工艺优化、设备控制优化、资源效率优化、调度和运营决策优化。

4. CPS 能够提升整个供应链的优化水平。CPS 有助于实现各工艺流程、企业、产业链的协同运行，有助于实现资源配置优化，创造一加一大于二的价值增量。

中国电子技术标准化研究院还总结了 CPS 的六大典型特征：泛在连接、异构集成、虚实映射、数据驱动、软件定义、系统自治。

1. 泛在连接。网络通信是 CPS 的基础保障，能够实现 CPS 内部单元之间以及与其他 CPS 之间的互联互通。构成 CPS 的各器件、模块、单元、企业等实体都要具备泛在连接能力，并实现跨网络、跨行业、异构多技术的融合与协同，以保障数据在系统内的自由流动。泛在连接通过对物理世界状态的实时采集、传输，以及信息世界控制指令的实时反馈下达，提供无处不在的优化决策和智能服务。

2. 异构集成。软件、硬件、网络、工业云等一系列技术的有机组合构建了一个信息空间与物理空间之间数据自动流动的闭环赋能体系。尤其在高层次的 CPS，如 SoS 级 CPS 中，往往会存在大量不同类型的硬件、软件、数据、网络。CPS 能够将这些异构硬件、异构软件、异构数据和异构网络集成起来，实现数据在信息空间与物理空间不同环节的自动流动。

3. 虚实映射。以物理实体建模产生的静态模型为基础，通过实时数据采集、数据集成和监控，动态跟踪物理实体的工作状态和工作进展（如采集测量结果、追溯信息等），将物理空间中的物理实体在信息空间进行全要素重建，形成具有感知、分析、决策、执行能力的数字孪生（也称数字化映射、数字镜像、数字双胞胎），同时借助信息空间对数据综合分析处理的能力，形成对外部复杂环境变化的有效决策，并通过以虚控实的方式作用到物理实体。在这一过程中，物理实体与信息虚体之间交互联动，虚实映射，共同作用提升资源优化配置效率。

4. 数据驱动。数据普遍的存在于工业生产的方方面面，其中大量的数据是隐性存在的，没有被充分的利用并挖掘出其背后潜在的价值。CPS 通过构建“状态感知、实时分析、科学决策、精准执行”数据的自动流动的闭环赋能体系，能够将数据源源不断地从物理空间中的隐性形态转化为信息空间的显性形态，并不断迭代优化形成知识库。

5. 软件定义。生产流程需要依靠软件技术进行模块化、代码化、数字化。软件不但可以控制产品和装备运行，而且可以把产品和装备运行的状态实时展现出来，通过分析、优化，作用到产品、装备的运行，甚至是设计环节，实现迭代优化。

6. 系统自治。CPS 能够根据感知到的环境变化信息，在信息空间进行处理分析，自适应地对外部变化做出有效响应。在自优化、自配置过程中，大量现场运行数据及控制参数被固化在系统中，形成知识库、模型库、资源库，使得系统能够不断自我演进与学习提升，提高应对复杂环境变化的能力。

目前 CPS 研究重点主要集中在系统建模、网络技术和安全性技术领域：（1）系统建模。建模时，必须考虑信息物理交互过程中能量流动与信息流动。如何真实再现现实系统的运作方式是构建 CPS 的关键。（2）网络技术。网络技术的研究主要集中在传输协议、拥塞控制和服务质量管理等方面。传输协议主要解决时空数据传输过程的可靠性和安全性，并能够有效降低系统的能耗带宽。拥塞控制则重点解决重要物理数据传输率的问题，采用不同粒度的时间和空间方法。服务质量管理则重点研究不同应用对 QoS 的需求。(3) 安全性技术。主要包括解决恶意攻击下的实时控制、加密技术、故障传播和自我诊断等问题。

在 CPS 基础上，又有国内外学者提出人—信息—物理系统（Human-Cyber-Physical Systems，HCPS）概念，指出未来 CPS 将需要与人类建立更紧密的联系，通过“人在回路”控制，将人的意图、心理状态、情绪、动作等考虑进来。这一思想与本书提出的“三个世界”模型相契合，HCPS 中的“H”（Human，人）即三个世界模型中的人类知识（Human Knowledge）世界。

HCPS 将使三个世界真正统一起来，并将使知识以前所未有的速度产生和应用。在信息—物理世界界面 CP、知识—物理世界界面 HP 和知识—信息世界界面 HC 上，极大增加交互频次，产生更多大数据，从中可以提炼、并可以自动产生越来越多的知识。

其实，早在 CPS 系统中的“C”（Cyber，信息世界）没有出现之前，就已经有了 HPS 系统，即人—物理系统（Human-Physical Systems）。人类从石器时代到青铜器时代，再到铁器时代，主要依靠的都是人力和畜力为主要动力并使用简易工具的生产系统。以蒸汽机的发明为标志的动力革命引发了第一次工业革命，以电机的发明为标志的动力革命引发了第二次工业革命，虽然由人和机器所组成的制造系统大量替代了人的体力劳动，大大提高了制造的质量和效率，但仍然属于 HPS 系统范畴。人是物理世界的创造者，同时又是物理世界的使用者，感知、学习认知、分析决策与控制操作等工作都由人来完成。

20 世纪中叶以后，计算机、通信和数字控制等信息技术的应用，推动了以数字化为标志第三次工业革命，在人和物理世界之间增加了一个“C”，即信息世界，HPS“人—物理”二元系统发展成为 HCPS“人—信息—物理”三元系统。信息世界是由软件和硬件组成的系统，其主要作用是对输入的信息进行计算分析，并代替操作者去控制物理世界。例如，盐湖化工系统，在人和卤水之间增加了生产控制这个信息世界，操作者只需根据生产要求，输入规定的操作程序，生产控制系统即可根据程序对工艺流程进行控制。

从交互的角度来看，随着连接与感知能力的突飞猛进，人、信息、物理将在数据构筑的虚拟信息空间中进行交互，随着手机和穿戴设备等的普及，特别是 AR/VR、元宇宙技术为人类感知添加了新维度，突破了物理世界的局限，感知设备和环境的变化，协同完成复杂制造任务，进而连接成庞大的 HCPS 系统。

在随后的发展过程中，HCPS 又经历了 HCPS1.0、HCPS1.5、HCPS2.0 三个小阶段。其中，HCPS1.0 在很大程度上依然取决于人的知识与经验，不仅需要预先将加工工艺知识与经验编入控制程序中，还需要对加工过程进行监控和必要的调整优化；HCPS1.5 是面向数字化网络化制造的 HCPS，相比 HCPS1.5 最大的变化在于：互联网和云平台成为信息世界的重要组成部分，信息互通和协同集成优化成为信息世界的重要内容；HCPS2.0 又引入人工智能技术，从而使信息世界增加了学习认知部分，不仅具有更加强大的感知、决策与控制的能力，更具有学习认知、产生知识的能力，即拥有真正意义上的“人工智能”。信息世界中的“知识库”不仅包含人输入的各种知识，更重要的是包含着自身学习得到的知识，尤其是那些人类难以精确描述与处理的知识。因此，人和信息世界的关系发生了根本性的变化，即从“授之以鱼”变成了“授之以渔”。 这就是本书第四章将要介绍的知识自动化。知识自动化不仅可使知识的产生、利用、传承和积累效率都发生革命性变化，而且可大大提高处理不确定性、复杂性问题的能力，极大改善建模与决策效果。例如，对于盐湖化工生产系统，能在感知与装备、物料、工况、环境有关的信息基础上，通过学习认知建立整个生产系统的模型，并应用于进行决策与控制，使人得以从大量脑力劳动和更多体力劳动中解放出来。HCPS 系统的组成可参考图 2-7 所示：

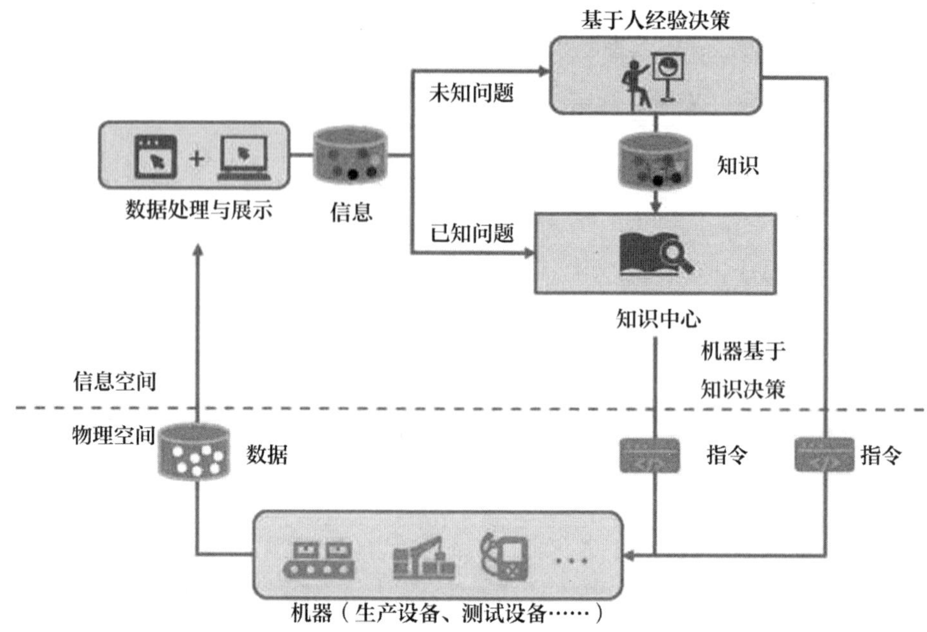

图 2-7　HCPS 系统的组成（来源于《信息物理系统（CPS）建设指南》）

HCPS 将使智慧盐湖生产知识的产生、获取、应用和传承的方式与效率将发生根本性变化。通过融合新一代信息技术尤其是人工智能技术，盐湖化工生产系统与工具将具备越来越强大的能力特别是机器学习能力，致使生产知识的产生、获取、应用和传承方式与效率均发生根本性变化，同时人类智慧与创新潜能也将得以极大释放。

第三章　智慧盐湖数据处理

如果说具体系统是智慧盐湖的骨架，那么数据就是智慧盐湖的神经和灵魂。数据的处理过程就是数据的价值发现过程。只有保证数据在系统内和系统间按需流动，才能实现生产运营的按需响应、快速迭代、动态优化。

本章先介绍数据存储和处理框架，然后分别介绍数据采集、数据预处理、数据挖掘和决策支持几大处理步骤。

一、大数据分布式处理框架

据估计，一个典型的盐湖车间一天的数据量将达到 100GB 数量级。智慧盐湖数据规模大、非结构化或半结构化的数据多、数据处理量大，必须采取分布式存储和分布式计算的框架，才能很好地匹配数据利用的目标。分布式存储提供了大数据存储的方式，分布式计算提供了大数据处理的框架。

（一）分布式存储和分布式计算

所谓分布式存储，就是将数据分散存储在多台独立的设备上。分布式存储系统采用可扩展的系统结构，利用多台存储服务器分担存储负荷，利用位置服务器定位存储信息，不但能提高系统的可靠性、可用性和存取效率，还易于扩展。

为实现分布式存储，需要一些关键技术作为支撑：（1）元数据管理。元数据又称中介数据、中继数据，是描述数据的数据，用以支持指示存储位置、历史数据、资源查找、文件记录等功能。如果没有元数据，智慧盐湖系统中采集和存储的所有数据都将失去意义，也就没有业务价值。常见的元数据管理有集中式和分布式两种管理架构。（2）系统弹性扩展。数据规模和复杂度的增加对系统的扩展性能要求极高。实现存储系统的扩展性首先要解决元数据的分配和数据的透明迁移两个重要问题。元数据的分配主要通过静态子树划分技术来实现，后者则侧重于数据迁移算法的优化。（3）存储性能优化。通过分析应用特征、识别热点数据进行缓存或预取，并采用高效的缓存预取算法和合理的缓存容量配比，提高访问性能。

理论上，任何类型的存储对象都可以进行分布式存储，如对象存储、块存储、文件系统存储、数据库存储等。其中：

分布式文件系统是一种允许文件通过网络在多台主机上进行分享的文件系统，可让多台机器上的多用户分享文件和存储空间。在大数据时代，需要处理分析的数据集的大小已经远远超过了单台计算机的存储能力，因此需要将数据集进行分区并存储到若干台独立的计算机中。但是，分区存储的数据不方便管理和维护，需要一种文件系统来管理多台机器上的文件，这就是分布式文件系统。

分布式数据库由多个独立小数据库组成，并且彼此通过网络进行互联。分布式数据库的核心是数据分片、数据同步。（1）数据分片。将数据分散到多节点，以更灵活、高效的方式来处理数据，分片方式有按行数据分割、按列数据分割两种方法。（2）数据同步。由于数据库理论是建立在单机数据库基础之上的，引入分布式理论后，传统的一致性原则被打破，因此需要引入数据库同步技术来帮助数据库恢复一致性。

分布式文件系统和分布式数据库都支持存取和删除。分布式文件系统侧重于非结构化数据，分布式数据库侧重于结构化数据。

以上介绍了分布式存储，下面介绍分布式计算。

分布式计算是相对于单机计算而言的。单机计算是最简单的计算形式，即利用单台计算机进行计算，此时计算机不与任何网络互联，因而只能使用本计算机系统内的资源。与单机计算模式不同，分布式计算可以利用网络互联的多台计算机，每台计算机都有自己的处理器和计算资源。

分布式计算可以把一个需要非常巨大计算能力才能解决的问题分成许多小的部分，然后把这些部分分配给许多计算机进行处理，最后把这些计算结果综合起来得到最终的结果。如，分布式计算可以通过因特网，使用世界各地成千上万位志愿者的计算机的闲置计算能力，分析来自外太空的电讯号，寻找隐蔽的黑洞，并探索可能存在的外星智慧生命。如果不使用分布式计算，类似这样的复杂问题都得由超级计算机来解决，但是，超级计算机的造价和维护非常昂贵，不是一个普通的科研组织和企业所能承受的。

评价分布式计算系统性能的标准主要有：（1）可靠性。分布式系统由大量分布式组件构成，这些组件的数量和异构性，大大增加了分布式计算系统出错的可能。如何使得系统在部分组件出错的情况下仍然能够正常工作，是分布式计算要解决的重要问题。（2）低延时。用户的体验往往取决于计算服务的响应速度，计算任务需要在极短的时间内完成，要求分布式计算机系统各组件间通信尽量减少时间开销。如何减少这些时间开销、获得低延时的计算响应速度对于分布式计算系统的性能和应用意义重大。（3）一致性。分布式计算的组件各自独立运算，如何保证组件间的数据具有一致性，同时不引入大量的通信开销，也是评价标准之一。

当前主流的分布式计算框架有 Hadoop、Spark 和 Storm 等。

Hadoop 是 Yahoo 的两位工程师在 2005 年合作开发的分布式计算框架。后来，Hadoop 被转给 Apache 基金会，成为 Apache 基金会的开源项目。Hadoop 采用 MapReduce 分布式计算框架，并开发了 HDFS 分布式文件系统和 HBase 数据存储系统。Hadoop 的开源特性使其成为分布式计算框架事实上的国际标准。

Spark 也是 Apache 基金会的开源项目，由加州大学伯克利分校的实验室开发。它在 Hadoop 的基础上进行了一些架构上的改良。Spark 与 Hadoop 最大的不同点在于，Hadoop 使用硬盘来存储数据，而 Spark 使用内存来存储数据，因此 Spark 可以提供更快的运算速度。

Storm 是 Twitter 主推的分布式计算系统，是 Apache 基金会的孵化项目。它在 Hadoop 的基础上提供了实时运算的特性，可以实时处理大数据。

三个框架各有优长，Hadoop 常用于离线的复杂的大数据分析处理，Spark 常用于离线的快速的大数据处理，而 Storm 常用于在线的实时的大数据处理。本书仅对 Hadoop 框架进行介绍。

（二）HADOOP 框架介绍

Hadoop 是一个处理、存储和分析海量数据的开源框架，能够利用服务器集群，根据用户自定义的业务逻辑，对海量数据进行分布式处理。Hadoop 契合了分布式存储和计算理念，允许用简单的编程模型在计算机集群上对大型数据集进行分布式处理。它的设计规模从单一服务器到数千台机器，每个服务器都能提供本地计算和存储功能，而这种规模的大数据分析是传统解决方案不可想象的。

Hadoop 是目前最流行的大数据分布式计算系统框架之一，因其高可靠性、高扩展性、高效性、高容错性和低成本等优点，近几年获得了巨大的成功，众多互联网公司都以 Hadoop 为基础搭建了自己的分布式计算系统，在许多大型企业也有广泛应用。

Hadoop 可以被看作一个大数据操作系统，它能在所有大型数据集上运行不同类型的工作负载，包括脱机批处理、机器学习和实时流处理。Hadoop 还出色地集成了许多辅助系统和实用程序，使得工作更简单高效。这些组件共同构成了包括数据存储、数据集成、数据处理和数据分析的生态系统。Hadoop 核心组件如图 3-1 所示：

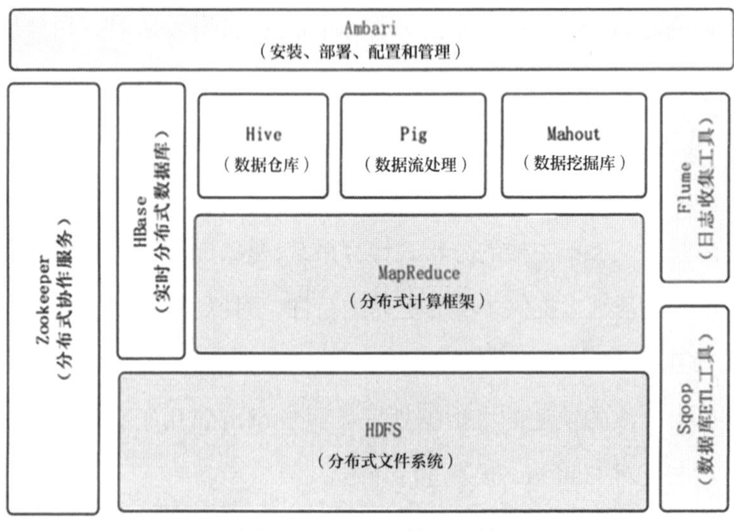

图 3-1　Hadoop 核心组件

1. HDFS 的两大核心组件

HDFS 和 MapReduce 是 Hadoop 的两大核心组件。

（1）HDFS

HDFS（Hadoop Distributed File System），是一个提供可用的分布式文件系统。

在 HDFS 体系结构中有两类节点:一类是 NameNode，又叫“名称节点”；另一类是 DataNode，又叫“数据节点”。NameNode 仅有一个，在 HDFS 内部提供元数据服务；DataNode 为 HDFS 提供存储块。HDFS 内部的所有通信都基于标准的 TCP/IP 协议。

存储在 HDFS 中的文件被平均分成块，然后将这些块复制到多个计算机中的 DataNode，这样一来，读取文件时可以同时从多个主机读取不同区块的文件。多主机读取比单主机读取效率要高得多。为了防止某个主机失效、读取不到该主机的块文件，它将同一个文件块的副本分配到其他几个主机上，如果其中一台主机失效，可以从另一块副本读取文件。

（2）MapReduce

MapReduce 是一个并行处理大数据集的编程模型，是 Hadoop 中最传统的处理组件，用于大规模数据集（一般大于 1TB）的并行计算。

MapReduce 使用了“分而治之”的思想，设计了 map（映射）和 reduce（化简）两个函数。当向 MapReduce 框架提交一个计算作业时，它会首先把计算作业拆分成若干个 Map 任务，然后分配到不同的节点上去执行，每一个 Map 任务处理输入数据中的一部分，当 Map 任务完成后，它会生成一些中间文件，这些中间文件被输入到 Reduce 任务。Reduce 任务把若干个 Map 的输出汇总到一起并输出。

MapReduce 目前正在被更快的引擎，如 Spark 或 Flink 所取代。

2. 功能组件

经过多年的发展，Hadoop 生态圈不断完善和成熟，目前已经包含了多个子项目。除了核心的HDFS和MapReduce以外，Hadoop生态圈还包括HBase、Hive、ZooKeeper、Mahout、Pig等功能组件。

（1）HBase

一个可扩展的分布式数据库，支持大表的结构化数据存储。是一个建立在HDFS之上的NoSQL数据库，用于快速读/写大量数据。

（2）Hive

一个数据仓库基础构架。Hive定义了简单的类SQL查询语言，称为HQL，它允许不熟悉MapReduce的开发人员编写数据查询语句。因此，对于那些已经了解SQL并有使用关系数据库经验的人来说，Hive很容易上手。Hive不是独立的执行引擎。每个Hive查询被翻译成MapReduce代码，随后在Hadoop集群中得以执行。

（3）Zookeeper

一个为分布式应用提供一致性服务的软件，提供的功能包括配置维护、域名服务、分布式同步、组服务等。

（4）Mahout

可扩展的机器学习和数据挖掘库。它提供的MapReduce包含很多实现方法，包括聚类算法、回归测试、统计建模等。

（5）Pig

一个支持并行计算的高级数据流语言和执行框架，是MapReduce编程的复杂性的抽象。Pig平台包括运行环境和用于分析Hadoop数据集的脚本语言。

3. 融合和管理框架

Hadoop的生态圈还包括以下几个框架，用来与其他企业融合。

（1）Ambari

Ambari是一个基于Web的工具，用来管理和监测Hadoop集群，它提供了可视的仪表盘来查看集群的健康状态，并且能够使用户可视化地查看MapReduce、Pig和Hive应用，以诊断其性能特征。

（2）Flume

Flume 提供了一种分布、可靠、高效的服务，用于收集、汇总大数据，并将单台计算机的大量数据转移到 HDFS。Flume 最早用于日志收集，但现在已经不只限于日志数据，也可以被用来传输大量事件数据，包括网络通信数据、社交媒体产生的数据、电子邮件信息等。

（3）Sqoop

采集的数据有不同的来源，需要事先进行预处理，然后聚合，集成为数据仓库，并根据业务需要进行数据集市的抽取构建，最终实现数据仓库的建设。

ETL（Extract-Transform-Load，抽取—转换—加载）是将数据从数据源转化到目标数据仓库的过程，作为基础数据和数据仓库间的桥梁，起着承前启后的作用。如果说数据仓库的模型设计是一座大厦的设计蓝图，数据是砖瓦的话，那么 ETL 就是建设大厦的过程。在 HADOOP 框架中，Sqoop 作为一种 ETL 工具，用于在关系数据库、数据仓库和 Hadoop 之间迁移数据。可以实现将传统数据库中的数据导入基于 Hadoop 的 HDFS、Hive、HBase 等数据存储和管理系统，也可以实现从 Hadoop 文件系统中将数据导出到关系数据库中。同时，Sqoop 提供不同的数据导出模式（全量导出、增量导出、更新导出），以为不同的应用场景提供选择模式。

二、数据采集：准确获取生产运营动态信息

数据采集，又称数据获取，负责采集准确、实时、全面的原始数据，为数据预处理提供数据源。在采集的数据中，有些是带有时态性的实时数据，具有严格的时间限制。实时数据像水流一样每时每刻源源不断地产生，然后以特殊方式被立即处理和应用。

（一）数据采集

随着新技术渗透到盐湖化工企业生产过程的各个环节，从工业现场的传感器、设备到生产过程中的各个信息系统（如制造执行系统、生产监控系统、设备运行维护系统、产品质量检测系统、能耗管理系统等），均会产生大量数据。据估计，一个典型的盐湖车间一天的数据量将达到 100GB 数量级。工业大数据涵盖产品全生命周期的各个环节，包括采卤、生产、服务、环境保护和循环利用等，不仅存在于企业供应链内外，还存在于产业链和跨产业链的经营主体中。这些数据中蕴含着大量有价值的信息，对这些信息的提取有利于指导生产制造、设备管理和生产调度等过程，促进生产过程的全面智慧化。

这些数据从来源上主要分为管理系统数据、生产系统数据和外部数据：

1. 管理系统数据。是指传统工业自动控制与信息系统中产生的数据，包括 CPU 状态、负荷、占用率、内部温度、扫描周期、内存占用率、总线状态、I/O 模块的状态、故障标志等，还包括关键网络交换机和路由器的上行流量、下行流量，以及采取其他协议进行通信的设备流量情况。

2. 生产系统数据。是来源于工业生产线设备、机器、产品等方面的数据，多由传感器、设备仪器仪表进行采集。现场全部在线仪表的实时测量值、网

络通信数据、控制阀阀位反馈和其他状态信息。

3. 外部数据。是指来源于工厂外部的数据，主要包括市场、环境、客户、政府、供应链等外部环境的数据，包括组织结构、业务管理、设备运行、市场营销、质量管理、生产计划及调度、采购、库存、目标计划、电子商务、资源、客户、供应商、合作伙伴等。这些数据具有规模大、速度高、种类多、价值密度低等特征。

相比一般的互联网大数据，盐湖化工企业数据有更强的多源性、关联性、低容错性、时效性、高通量、专业性等特点。因为这些数据有相当一部分是为工业生产服务的实时数据，包括计量、检测仪表的数据、自动化系统设备的启、停等信号和设备温度、压力、振动等状态信号。另外，这些多源数据包括多种类型的结构化数据、半结构化数据和非结构化数据。结构化数据指关系模型数据，即以关系数据库表形式管理的数据；半结构化数据指非关系模型的、有基本固定结构模式的数据，例如日志文件、XML 文档、E-mail 等；非结构化数据指没有固定模式的数据，如 Word、PDF、PPT 和各种格式的图片、视频等。不同类型的数据在形成过程中没有统一的标准，因此造成了数据异构的特征。

数据采集是多源异构数据处理的基础，只有实现对生产过程中的大量原始数据准确、实时的采集，并将其传输到数据存储管理平台，才能对生产设备、产品质量、工作调度等进行监控与管理，从而帮助生产管理部门做出更高效、精准的决策。

针对不同类型的数据，需要采用不同的数据采集方法和工具。

如果盐湖传感器网络较完善，可以主要依靠传感器及上位机对数据进行采集；PLC 主要应用于生产现场的测控；DCS 主要应用在对测控精度及速度要求较高的生产现场的数据采集；数据采集与监视控制系统则融合了 PLC 的现场测控功能和 DCS 的组网通信能力，从而实现对分布范围较广的生产现场的数据采集。

对于网络不能覆盖的区域，可以考虑使用射频识别（RFID）技术对生产车间中的原材料、设备、产品信息等进行数据采集。

对于广泛存在的日志数据和多媒体数据，可以根据各自的特点采用不同的数据采集方法。对于制造生产过程产生的日志数据文件，可以采用如HADOOP框架中Flume之类的分布式、高可靠、高可用的日志采集传输系统。

针对生产过程对音频、视频等多媒体数据的监控，可以利用多媒体流处理引擎直接抓取或利用厂商提供的软件开发工具包（SDK）进行数据采集。如，对于某品牌的网络硬盘录像机，可以通过调用其提供的相关接口函数读取实时视频流。又如，可以通过安装流媒体服务器软件来对多媒体数据进行实时访问及存储。

当然，对于数据采集本身，也应该研究采集的新技术、新途径和新方法，加强盐湖特种传感器和工艺及施工过程的采集设备的研究，增强数据的可获取性，例如锂、溴等微量元素的分区性数据、固液转换过程的微观数据。

（二）实时数据处理

实时数据是一种带有时态性的数据，与普通的静止数据最大的区别在于其带有严格的时间限制，一旦处于有效时间之外，数据将变得无效，只能作为历史数据存储下来以备以后使用。

实时数据处理的速度应该在秒级以内，甚至毫秒级。一般来说，智慧盐湖对实时数据的要求不如自动驾驶、智能制造高，仅在一些关键的生产线中有特殊要求。下面本书结合MES系统介绍一下实时数据的处理。

MES系统实时数据的处理速度，主要取决于实时数据库、数据采集方式、数据融合三个环节。

1. 实时数据库

毋庸置疑，在整个MES系统中最核心的就是实时数据库。实时数据库自身性能的高低将直接决定整个MES系统运行性能。

智慧盐湖采集的数据分为以时序为主要特征的现场实时数据（如自动化的 I/O 数据、监测仪表的数据等）和以数据关系为主的业务数据（如人员信息、成本数据、设备维护记录等），实时数据库和关系数据库分别为上述两种数据提供存储和管理。

一提到数据库，大家肯定会想到 SQL Server、Oracle 等关系型数据库，事实上，企业绝大多数业务系统都使用关系数据库进行数据存储和处理。但数据库的种类还是非常多的，在特定的应用领域中，关系型数据库并不能完美表现，于是，产生了新的数据库类型：在协同办公领域中使用的文档型数据库（如 NOTES），在嵌入式应用领域中使用的嵌入式数据库（如 SQLite），在工业监控领域使用的实时数据库（如 PI），等等。

实时数据库技术的核心在于数据压缩。需要将数据经压缩后再存入硬盘，当需要调用数据时再进行解压缩。目前的压缩算法通常分为无损压缩和有损压缩两类：（1）无损压缩。大多数信息的表达都存在着一定的冗余度，通过采用一定的模型和编码方法，可以降低这种冗余度。Huffman 编码是无损压缩中著名的算法之一。 WinRar 和 WinZip 等软件都采用了类似 Huffman 编码的压缩方式。无损压缩的优点是在压缩和解压过程中，信息最不会减少。在实时数据库中，如果采用无损压缩技术，必须要考虑压缩和解压缩的效率。（2）有损压缩。相对于无损压缩，有缩压缩会丢失一些信息，但这些丢失的信息不影响系统数据的精度。常用的 JPG 图像压缩就属于有损压缩。

实时数据库的访问方式有三种：第一种方式是直接使用实时数据库提供的 API，这种方式最简单，一般来说效率也最高。第二种方式是使用 ODBC。大部分实时数据库都提供标准的 ODBC 接口，也提供了 SQL 查询语言，用户可以将实时数据库当作一个标准的数据库来使用。第三种方式是使用 OPC 方式。OPC 是一种标准的存取接口，用户可根据 OPC 接口标准开发接口程序进行调用。

实时数据库是数据库系统发展的一个分支，是开发实时控制系统、数据采集系统、计算机集成控制系统等的支撑软件。在实时性要求高的行业，大量使用实时数据库系统进行控制系统监控、系统先进控制和优化控制。实时数据库可以实现在线从生产现场的自动化控制系统、各类检测仪器、计量仪表等采集实时数据与信号，同时将这些实时数据进行压缩存储；还可以将这些海量、离散的实时数据进行提取、整合，形成对分析、指导生产具有实际意义的生产数据变化趋势、数据分布情况、数据统计值等信息，为上层系统的业务提供数据支撑。实时数据库是链接控制系统和上层 MES、ERP 系统的桥梁。

实时数据库采用先进的并行计算技术和分布式系统架构，结合实时处理技术，对实时、准实时数据进行高效的数据压缩和长期的历史存储，同时提供高速的实时、历史数据服务，提升资源利用率和生产可靠性。在实现上，它采用事件触发或定时触发两种方式。事件触发是事件一旦发生可以立刻获得调度，这类事件可以得到立即处理，但是比较消耗系统资源；定时触发是在一定时间范围内获得调度权。作为一个完整的实时数据库，从系统的稳定性和实时性而言，必须同时提供两种调度方式。

选型实时数据库时，主要考察其提供的功能是否齐备，系统性能是否优越，能否完成有效的数据存取，各种数据操作、查询处理、存取方法、完整性检查、保证相关的事务管理、事务的概念、调度与并发控制、执行管理及存取控制、安全性检验等方面。

2. 数据采集方式

（1）直接数据采集

直接数据采集是直接从分布式控制系统中采集实时数据。如，采集程序可以通过网络从分布式控制系统中直接接收数据。直接数据采集方式的优点主要有：通用性好，即采用标准数据接口，常见的操作系统和开发工具都支持；实时性好，即直接从分布式控制系统采集数据，速度快，延迟少；易于实现，即只需简单的编程甚至完全不需要编程就可以实现，使用简单。但直接数据采集方式灵活处理性差，对数据格式、数据的有效性等基本不作处理，不能直接应用于一些应用软件。

（2）间接数据采集

间接数据采集是指数据采集计算机不直接与分布式控制系统通信，而是在它们之间放置一台上位机，上位机通过分布式控制系统提供的接口采集实时数据，然后将数据传给采集计算机。在这种模式中，实际上存在以下两个数据采集过程：

上位机与分布式控制系统之间。它们之间的接口分为硬件接口和软件接口两种情况。硬件接口是在分布式控制系统中提供一块专用卡件，通过适当的网络参数设置（IP 地址、路由器等），使之成为分布式控制工控网络中的一个节点，通过特定的端口对分布式控制系统中的数据库进行访问和修改；软件接口是使用专用软件来实现与分布式控制系统的数据通信，系统提供的数据采集方式基本以 DDE、OLE、ODBC 等为主。

上位机与数据采集计算机之间。一般有两种处理方式，一是数据以特定的格式（数据库、电子表格或文本文件等）放在本地硬盘中，由远程的数据采集计算机定时将数据取走；另一种是上位机定时将采集的数据主动发送到数据采集计算机或其他指定的位置。这里将涉及操作“引发”问题，常用的解决方法有计时器方式，即在程序中设置一个计时器，根据实际需要设置适当的时间间隔，实时数据的定时发送；另一种是“触发器”方式，即将数据的更新作为触发器，一旦上位机中的数据更新，立即引发程序将最新的数据发送到数据采集计算机中。

间接数据采集的优点是安全性高、灵活性好、接口统一，但延迟较大。

3. 数据融合

数据融合是将不同传感器接收的信息经过融合得到对目标状态或目标特征的判定。在数据融合中，常常会用到如下几种数据融合算法：（1）带反馈的实时数据融合算法。该算法主要解决融合过程中的实时性要求。对于不同类别的数据进行实时的自适应分级，将紧急数据迅速融合并传输给用户，做到延时和融合效率的折中。（2）加权滤波实时数据融合算法。该算法首先利用数据间支持度函数矩阵，进行多组数据的加权融合，之后将融合结果替代滤波值进行卡尔曼滤波，从而实现多组测量数据的实时动态融合数据。

只有对不同的采集数据，采用有针对性的、合理适当且安全高效的数据处理策略，才能以最快的速度从现场设备装置中采集数据。

为实现数据采集这一基础性、前提性工作，盐湖企业必须进行信息化改造，搭建数字化平台，全面实现生产各环节手工台账电子化，诸如盐湖的动力、提锂、沉锂车间等各车间的重要工艺数据数据采集点的数据必须实现自动化数字采集与传输；必须搭建企业级数据湖资源平台，实现企业所有信息系统（IT域）、自动化设备域（OT 域）、第三方数据（集团或供应链上下游）的全面采集、汇聚与存储。例如 IT 域不仅可以包含工业生产的系统，也包含商业销售的，青海盐业的电子商务平台。OT 域比如细磨工段控制系统对油泵、磨头加热器、磨尾加热器、主机、分级机、卸料阀、切换阀等的自动控制系统。第三方数据可以包含例如物流、卫星定位等数据。

三、数据预处理：提高多源异构数据质量

智慧盐湖数据工程师经常会遇到令人头痛的问题：采集了海量的数据，却难以从中洞察问题和解决问题，即使利用了多种数据分析方法，仍然无法跳出 GIGO（Garbage In Garbage Out，废料进，废品出）陷阱。掉进陷阱的原因往往是因为在这些原始数据中，存在大量杂乱、重复、不完整的数据，影响到数据挖掘算法的执行效率,甚至导致挖掘结果的偏差。为解决这一问题，需要对数据进行预处理。

在一个完整的数据处理过程中，数据预处理往往要花费 60% 左右的时间。盐湖化工生产对分析结果的准确性和效率要求很高，更需要在数据预处理环节下功夫。一般来说，数据预处理步骤有：数据清洗、数据集成、数据变换、数据规约。

（一）数据清洗

数据清洗，顾名思义，就是把“脏”的数据变成“干净”的数据。数据清洗可以提高数据的质量，约简数据中的稀疏属性，提升后续数据处理的精准性和效率。由于盐湖化工生产过程中的异构数据往往来自多个数据源，各数据源通常具有不同的数据库系统、接口服务等，因此导致采集的数据中会存在数据缺失、数据异常、数据噪音等问题。针对生产过程中不同的问题数据，可以给出不同的数据清洗方法。

1. 缺失值处理

缺失值是指数据记录丢失了部分信息，一些鲁棒性不佳的模型也会因为缺失值而导致无法计算数据。缺失值的处理，一般有以下两种思路：删除和

插补。（1）删除。可以只丢弃缺失项的值，也可以丢弃包含缺失项的整条数据记录，这需要判断该条数据记录上其他的数据值是否有价值。（2）插补。即通过估计来弥补缺失值。

不想丢弃缺失值时，对缺失值进行估计是必要的。估计的方法有多种，最直接的是手工填写，除此之外其他的常见方法有如下几种：

均值插补。数据分数值型与非数值型，当缺失值为数值型（可进行加减运算的数据），可以用平均值插补缺失值，当缺失值是非数值型时，可以用众数插补缺失值，如果数据符合较规范的分布规律，也可用中值插补。

相似插补。可以用与缺失值记录“相似”记录的值来填充，不过需要先定义“相似”，这可能需要用到 K 最邻近算法或聚类算法等进行估计。对于时间序列，则可以用插值的方法，包括线性和非线性插值。

统计模型插补。基于非缺失的值构建统计模型，并对模型参数进行估计，然后再预测缺失值。如极大似然估计法。极大似然估计是指在缺失类型为随机缺失条件下，通过观测数据的边际分布推测未知参数。极大似然估计实际上是一种数学期望，已知某参数能使样本出现的概率最大，就忽略小概率的样本。因此，实际中常采用期望值最大化的似然估计法。

需要注意的是，在某些情况下，缺失值并不意味着数据有错误。如输卤泵站由于某种原因数据没有采集到，这种情况下，需要说明该数据项是否允许空值，或者说明空值应该如何处理或转换。如果在业务处理的后续步骤可以处理，此字段允许留下空白。再有，若异常数据真实反映了对象事务的异常状况，则必须进行保留。比如，反映生产过程工艺或设备异常情况的数据不能被清洗，还需重点分析。

2. 异常值处理

异常是指采集到的数据超过了当前场景下属性可取值的范围，比如某盐田传感器温度超过 1000 摄氏度，明显过高的数据显然是不合理的。当然，数据分析人员还应该搞清楚数据不正确的来源或原因。另外，为预防误判，还应当对被删除的数据做好备份。

3. 离群和噪声值处理

噪声数据是数据的随机误差或偏差。包括的范围比较广泛，对计算过程无用或造成干扰的都可以称为噪声，一般原因是设备硬件不稳定，也可能是由于数据在采集 / 传输过程中受到外部信号干扰，还可能是由于程序执行过程发生波动而产生的难以被计算机系统正确理解。

以上讲了缺失值、异常值、离群和噪声值的处理方法。数据预处理过程中的数据清洗方法很多，不同的数据清洗方法有各自的优缺点。对于智慧盐湖生产过程中的多源异构数据来说，单一的数据清洗方法难以满足实际需求，这就需要一个系统的数据清洗方案。如，在监测盐田蒸发工作、管控盐田走水路线时，卤水采集设备直接记录的原始数据往往会包含一些不良数据值，主要有:(1)由于各种原因产生数据缺失,造成所提供数据中的时间不连续。(2)明显异常的数据(如卤水密度小于1，波美度20以下，40以上一般情况下均属异常)。(3)长时间数据没有变化或者极小。(4)数据格式不统一。此时就要采取多种方法对原始数据进行系统的数据清洗，方案如下:(1)把数据采集时间统一转化秒，字符串形式的数据变换成数值形式，以方便后续计算。(2)运用相邻采集时间点做差，找出不连续的点。将所有时间不连续点的位置记录下来。(3)运用数学公式，找出异常数据和噪声数据并将其删掉。(4)丢失的数据或长时间没有变化的数据，作出标记，以待后续结合其他数据进行处理，或提示设备损坏，或将数据删掉，或进行插补。

(二)数据仓库构建

数据清洗结束之后，一般需要将数据写入数据仓库中。

我们对数据库(Database)，尤其是关系数据库比较熟悉。数据库可以对数据进行存储、组织和管理，关系数据库利用表结构对数据进行存储、组织和管理，由多个表组成的，各个表之间存在联系。在智慧盐湖中，采集的数据都需要存入数据库中。只有先进行存储，才能进行后续的数据清洗等一系列数据处理。

数据仓库（Data Warehouse，DW）是数据库概念的升级，是基于基础数据之上进行的数据聚合，是一个面向主题、集成、稳定且反映历史变化的数据存储方式。从逻辑上理解，数据库和数据仓库没有区别，从数据量来说，数据仓库要比数据库更庞大的多。数据库往往具有相对复杂的表格结构，存储结构相对紧致，冗余数据少，读和写都有优化，相对简单的读写操作；而数据仓库一般具有相对简单的表格结构，存储结构相对松散，多冗余数据。

数据库主要用于事务处理，数据仓库主要用于数据分析。在智慧盐湖销售管理系统中，盐湖化工产品的每笔交易都会写入数据库，被记录下来，可以简单地理解为用数据库记账。而数据仓库是分析系统的数据平台，它从销售管理系统获取数据，并做汇总、加工，为决策者提供决策依据。

数据仓库往往有如下几个特点：

1. 面向主题。数据库的数据组织面向事务处理，各个业务系统之间一般来说是各自分离的；而数据仓库中的数据是按照一定的主题域进行组织的。主题是与传统数据库的面向应用相对应的，是在较高层次上将企业信息系统中的数据综合、归类并进行分析利用的抽象。每一个主题对应一个宏观的分析领域。

2. 集成度高。数据仓库的数据来自分散的操作型数据，将所需数据从原来的数据中抽取出来，进行加工与集成、统一与综合之后才能进入数据仓库，必须消除源数据中的不一致性，以保证数据仓库内的信息是集成一致的全局信息。

3. 效率足够高。数据仓库的分析数据一般分为日、周、月、季等，可以看出，日为周期的数据要求的效率最高，要求 24 小时甚至 12 小时内，用户能看到昨天的数据分析，所以对效率的要求高。

4. 稳定性和可扩展性。一旦某个数据进入数据仓库以后，一般情况下将被长期保留。数据仓库中一般有大量的查询操作，但修改和删除操作很少，通常只需要定期的加载、刷新。但又要考虑到未来几年的扩展，而不必再花钱重建数据仓库系统，所以在构建数据仓库时，就要考虑到数据建模的合理性，并留出一些中间层，为新数据提供足够的缓冲。

数据仓库的组成：

1. 数据库。是整个数据仓库环境的核心，是数据存放的地方和提供对数据检索的支持。其突出的特点是对海量数据的支持和快速的检索技术。

2. 数据抽取工具。数据抽取工具可以把数据从存储中拿出来，进行必要的转化、整理，再存放到数据仓库内。数据抽取工具应具有对各种不同数据存储方式的访问能力。

3. 元数据。元数据是关于数据的数据，描述数据仓库内数据的结构和建立方法。元数据为访问数据仓库提供了一个信息目录，这个目录全面描述了数据仓库中都有什么数据，怎么访问。可见，元数据是数据仓库运行和维护的中心。元数据按用途可以分为技术元数据和商业元数据两类。技术元数据是指数据仓库开发、管理、维护相关的数据，描述了数据的原信息，转换描述、数据映射、访问权限等；业务元数据为管理层和业务分析人员服务，从业务的角度描述数据，包括行业术语、数据的可用性、数据的意义等。

4. 数据集市。数据集市是数据仓库的逻辑子集。数据集市也称为主题数据，是为了特定的应用目的，从数据仓库中独立出来的一部分数据。

5. 信息发布和访问工具。信息发布工具负责把数据仓库中的数据发送给不同的地点或用户。访问工具是为用户访问数据仓库提供手段，有数据查询和报表工具、应用开发工具、管理信息系统工具、在线分析工具、数据挖掘工具等。

利用 HADOOP 分布式计算框架中的 ETL 工具，有助于把经过清洗的数据加载到数据仓库中。

ETL 由抽取（Extract）、转换（Transform）、加载（Load）三个阶段构成，

目的是将分散、零乱、标准不统一的数据整合到一起。其中，数据的抽取一般是通过工具从各个不同的数据源抽取到一个操作型的过渡存储中。在抽取的过程中需要挑选不同的抽取方法，尽可能提高 ETL 的运行效率；数据的转换，包括数据清洗、变换等操作；数据的加载，即将数据以适当的格式通过运行接口程序加载数据仓库。加载之前，数据仓库应当经构建完毕。ETL 虽然能帮助数据工程师减轻很多烦琐的操作，但数据仓库业务逻辑的构建还是必须下功夫深入研究的。

数据仓库的构建是一个经过不断循环、反馈和完善的过程，在整个过程中，开发者自始至终要与决策人员密切协作，以避免尽量少做无效或重复工作。可见，数据仓库构建和使用的本身就是对数据的处理过程。

数据仓库的设计大体上可以分为以下几个步骤：

1. 确定主题域及其内容

数据仓库是对原有数据库系统中的数据进行集成和重组而形成的数据集合，所以建立数据仓库的第一个步骤就是了解建立数据仓库所要解决的问题，确定各个主题下的查询和分析要求。业务人员往往会罗列出很多想解决的问题，信息部门的人员应该对这些问题进行分类汇总，确定所要实现的业务功能。由于双方在理解上的差异，确定问题和了解问题可能是一个需要多次往复的过程，信息部门的人员可能需要做一些原型演示，最终与业务部门达成一致。

2. 建立数据仓库的逻辑模型

（1）确定分析维度。基于主题域，确立分析的各个角度。例如，在分析镁产品销售时，可以按照地域、应用行业、产品型材进行分析，这里的地域、应用行业、产品型材就是相应的分析维度。当然，维度不一定是 3 个，也可以有多个维度。

（2）确定数据粒度划分。数据仓库逻辑设计中要解决的一个重要问题是决定数据的粒度和数据仓库的粒度划分，粒度划分是否适当直接影响到数据仓库的数据量和所适合的查询类型。例如，对镁产品销售额进行汇总时，在地域维度上，数据粒度可以是省份、地市、乡镇；在应用行业维度上，可以是建筑业、市政、照明工程；在产品型材维度上，可以是管线、压铸件、添加合金等。

对数据操作的效率与数据的粒度是一对矛盾，构建数据仓库时不要试图将粒度细化到最低层，那样只会增加系统的开销，降低系统的性能。

（3）确定数据分割策略。选择适当的数据分割的标准，一般要考虑以下几方面因素：数据量、数据分析处理的实际情况、粒度划分策略等。数据量的大小是决定是否进行数据分割和如何分割的主要因素；数据分析处理的要求是选择数据分割标准的主要依据，因为数据分割是与数据分析处理的对象紧密联系的；同时也要考虑数据分割的标准应该与粒度划分层次相适应。

（4）创建关系模式。在完成上述分析后，接下来的工作便是创建关系模式。数据仓库的每个主题都是由多个表来实现的，这些表依靠主题的公共码键联系在一起，形成一个完整的主题。一般情况下，通过综合多个相关业务数据表来创建数据仓库的关系模式。例如，原始生产记录表、原始交易记录表、财务结算表。基于这些记录表和前述确定的分析主题、维度和数据粒度，即可建立关系模式。

3. 逻辑模型转化为数据模型

这一步所做的工作是确定数据的存储结构，确定索引策略，确定数据存放位置，确定存储分配。

（1）确定数据的存储结构。数据库管理系统往往提供多种存储结构供设计人员选用，不同的存储结构有不同的实现方式、适用范围和优缺点，设计人员在选择合适的存储结构时应该权衡三个方面的主要因素：存取时间、存储空间利用率、维护代价。

（2）确定索引策略。数据仓库的数据量很大，需要对数据的存取路径进行设计和选择。由于数据仓库的数据都是不常更新的，所以可以设计多种索引结构来提高数据存取效率。可以考虑对各个数据存储建立专用的、复杂的索引，以获得最高的存取效率。

（3）确定数据存放位置。同一个主题的数据并不要求存放在相同的介质上。在物理设计时，经常需要按照数据的重要程度、使用频率和响应时间进行分类，并将不同类的数据分别存储在不同的存储设备中。重要程度高、经常存取并对响应时间要求高的数据可以存放在高速存储设备上，如硬盘；存取频率低或对存取响应时间要求低的数据则可以放在低速存储设备上。

（4）确定存储分配。许多数据库管理系统都提供存储分配的参数，以供设计者进行物理优化，如：块的尺寸、缓冲区的大小和个数等，它们都要在物理设计时确定。

4. 数据仓库的生成

在这一步里所要做的工作是设计接口，加载数据。

（1）设计接口。将操作型环境下的数据加载到数据仓库环境，需要在两个不同环境的系统之间建立接口。

（2）加载数据。运行接口程序，将数据加载到数据仓库中。

数据仓库构建完成后，需要经常对其性能进行监控，并随着需求和数据量的变更进行调整。如根据用户使用情况和反馈的新需求，开发人员进一步完善系统，如刷新当前数据，将过时的数据转化成历史数据，清除不再使用的数据，调整粒度级别等。

（三）数据集成

数据集成就是将多个数据源中的数据，整合到一个一致的数据存储中。这些数据源可能包括多个数据库、数据立方体（多维矩阵的一种，可以从多个角度探索和分析数据集，通常是一次同时考虑三个维度）或一般文件。

数据集成主要应用于三种场景：（1）异构数据库。信息系统应用发展到一定阶段积累了大量封闭的异构数据库，并且随着时间的延长将导致数据库中的数据不一致。（2）多源异构数据源。智慧盐湖建设过程中存在大量开放、多源异构的数据源。（3）信息孤岛。在 CPS 系统集成过程中，不同异构系统之间往往缺乏互操作性，使得难以进行全局信息分析和处理。数据和数据处理紧密耦合，缺乏柔性，不能快速适应变化。

盐湖化工企业的发展往往分成几个阶段：在最开始的时候以效率为导向，以流程为中心，因为只有让生产线运转起来才能产生出价值；之后以管理为导向，以平台为核心，生产线逐渐增多，从而导致数据的交叉和冗余；再之后以规模为导向，以供应链为核心，这就需要进行数据集成，向上集成分销商和向下集成供应商。这三个发展阶段，基本上也是企业集成的三个层次，即网络集成、数据集成、应用集成。本节介绍的虽然是数据集成，但应用集成也需要以数据集成为基础。

数据集成主要解决以下三个问题：

1. 实体识别问题

实体识别问题即多个信息源的等价实体如何匹配的问题。由于拼写错误、缩写方式不同、描述格式不同、属性值缺失等原因，可能导致不能识别同一实体，影响数据集成。例如，有几台装备的数据需要集合在一起，如果有统一编号即可轻松将数据进行集成，如果没有统一编号，则在集成时便容易出现错误。实体识别就是将一个或多个数据源中描述同一实体的数据对象识别出来。进行实体识别，可以通过元数据来避免数据集成时产生错误。

2. 数据冗余问题

冗余是数据集成的另一个重要问题。一个属性（如碳酸锂库存）如果它能由另一个或另一组属性（如碳酸锂产量、碳酸锂销量）导出，则这个属性可能是冗余的。属性或命名的不一致也可能导致数据冗余。

解决方法：一是通过检测各个属性之间的相关性来判断是否冗余。二是对于离散数据，可通过卡方检验来判断两个属性之间的相关联系。三是检查数据记录的重复，一般需要通过表的主键来确定。

3. 数据冲突问题

数据冲突就是两个或多个数据源，同样的数据，但是记录值不同。造成这种原因，除了有人工误入，也有可能是因为计量方法不同。如：两个数据源中都有一个“镁锂比”字段,但其实一个数据源中记录的是浓缩前的镁锂比，另一个数据源中是浓缩后的镁锂比。

出现这种问题，需要对实际的业务知识有一定了解，在此基础上，整理出一个专门记录字段命名规则的表格，使字段、表名、数据库名均能统一命名。一旦发新的规则，要对规则表进行实时更新。如果仍然无法避免，就要考虑冲突数据是否都要保留、如何进行取舍。

4. 字段结构问题

主要有以下几种情况：(1) 字段数据类型不同。如一个数据源中数据格式为整数型，另一个数据源中却为字符型。(2) 字段数据格式不同。如一个数据源中使用逗号分隔，另一个数据源中用科学记数法。(3) 字段单位不同。如一个数据源中单位是公斤，另一个数据源中是磅。(4) 字段取值范围不同。如一个数据源中允许电解电压为空值，另一个数据源中却不允许。

可以从业务角度确定字段的基本属性。在后续进行数据集成时，可以对数据格式进行约束，从而避免因格式不同给数据集成带来困扰。

(四) 数据变换

数据变换是将数据变换为易于数据挖掘的形式，是常用的数据预处理操作。经过适当的数据变换，后续数据挖掘的效果可以得到明显提升。比如，当数据呈现不光滑分布或不对称分布特征时，就常常需要进行数据变换使之具有平滑性或对称性。

数据变换有四类方法，即分布特征变换、标准化变换、数据泛化、特征值变换。

1. 分布特征变换

盐湖化工业务数据中有一些是具有区间型特征的数据，比如单位时间产量、单位时间能耗、单位产品消耗，这些数据有可能存在数据分布状态偏差较大，或者严重不对称的情况，这些数据的分布特征，会严重干扰模型的拟合计算和模型的预测性。所以，应该通过一定的数学变换使其分布更加均衡，比如进行简单函数变换使之变成接近正态分布，常用的算法有平方、开方、取对数、差分等。

2. 标准化变换

标准化变换是经过一定的数据处理后，将数据按照比例进行缩放以转化为无量纲的纯数值。比如：如果要直接比较电解电压和镁产量的差异，因为单位的不同和取值范围的不同使得两者不能直接比较。这时可进行规范化变换，如：（1）最小—最大标准化。也叫离差标准化，对数据进行线性变换，将其取值范围变成［0，1］。（2）零－均值标准化。也叫标准差标准化，处理后的数据均值等于0，标准差为1。（3）小数定标标准化。移动属性值的小数位数，将属性值映射到［-1，1］。

标准化变换不是单纯地为了数学变换，需要分析人员透彻理解业务逻辑，保证数据变换的目的。

3. 数据泛化

用更抽象、更高层次的概念取代低层次或具体的数据对象，从而把连续属性转化成分类属性。比如，钾肥的出货量统计数据，原数据是连续型的，每个工作日每次一组数据，数据量较大，且不利于统计分析。为提升分析模型的针对性和准确性，可以通过泛化处理，将原数据按每个班次汇集为一组数据，比如分别汇集白班、夜班的出货量，这可以有效简化数据。

泛化处理也应该基于数据挖掘问题来进行定义，改善特征属性的数据尺度，以强化特征属性与分析目标间的关联关系，从而提升分析准确性。

常用的离散化方法有等宽法、等频法和一维聚类法：（1）等宽法。将属性的值域分成相同宽度的区间，区间的个数由数据的特点决定，或者由用户指定，如制作用卤量分布表。（2）等频法。将相同数量的记录放进每个区间，如相同的输卤流量数据记入一个等级。以上两种方法简单，易于操作，但都需要人为地规定划分区间的个数。（3）一维聚类法。一维聚类的方法包括两个步骤，首先将连续属性的值用聚类算法进行聚类，然后再将聚类得到的簇进行处理，为合并到一个簇的连续属性值进行统一标记。

4. 特征值变换

特征值变换是根据后续数据挖掘的问题，对原数据进行简单适当的数学处理，构造出更具分析价值的新特征值。

假如属性集中包含“质量”和“体积”两个属性，那么可以利用“密度=质量/体积”的方法得到密度属性，这样就创建了一个新的属性。再比如，将原始数据中的原料投入总量和目标产品产量结合构造出来的新变量“收率”，其对评价工艺水平或生产过程的控制水平具有更直接的意义。当然，需不需要构造新特征值完全取决于数据挖掘的目的。

在构造新的特征值变量时，数学处理方法往往很简单。但是，指标的目的性却很明确，即与数据挖掘的问题定义和模型建立密切相关。这要求数据分析人员对业务过程有透彻的理解，对如何建立数据挖掘模型要有清晰的思路，否则，新特征值难以有针对性。

（五）数据规约

对于小型或中型数据集，以上三个数据预处理步骤已经足够。但对于智慧盐湖这样的大型数据集来讲，在应用数据挖掘技术以前，需要采取一个额外的数据规约的步骤。数据规约是用来得到数据集的规约表示，在接近或保持原始数据完整性的同时将数据集规模大大减小，并且结果与规约前的结果相同或几乎相同。其实质是在没有牺牲成果质量的前提下，丢弃一些非必要的数据，建立一个能满足要求的数据子集。

数据规约包含的方法有：数据聚集、概念分层、数值规约、维规约。

1. 数据聚集

数据聚集是将多个数据对象合并成一个数据对象，以减少数据及计算量，同时得到更加稳定的特征。聚集时需要考虑的问题是如何合并所有数据记录上每个属性上的值，可以采用求和、求平均、加权平均的方式，也可以依据盐湖化工应用场景采用其他方式。比如，如果统计一天之中每条生产线的全部产量数据，那么数据量会比较大且不是很必要，此时可以将一条生产线一天的产量数据进行聚集，得到一条或几条产量数据。

进行数据聚集时可能会丢失一些数据细节，应保证这些细节对于后续的数据挖掘是无关紧要的，这点尤其需要注意。

2. 概念分层

概念分层允许在各种抽象级别上处理数据和发现知识。用较高层次的概念替换低层次的概念，以此来减少取值个数。虽然一些细节在数据抽象过程中消失了，但这样所获得的抽象数据会更易于挖掘和理解，效率也更高。

概念分层结构可以用树来表示，树的每个节点代表一个概念。如图 3-2 中的钾盐生产层次概念所示：

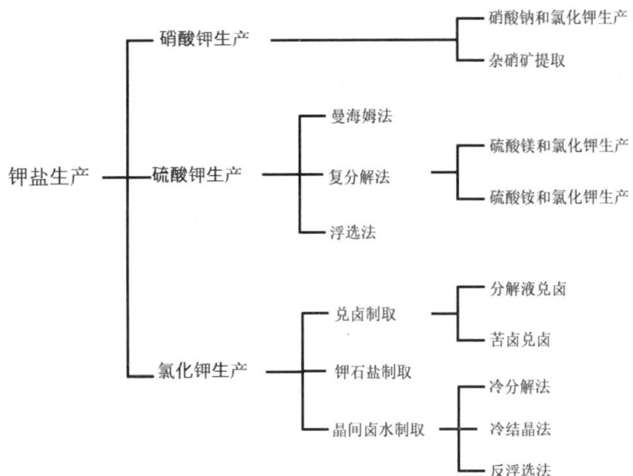

图 3-2　钾盐生产概念分层结构图

图中类别属性有：产品、生产类别、生产方法等，通过属性之间的包含关系产生分层，可以较容易进行概念分层。

3. 数值规约

数值规约的目的是为了获取数据样本中的一部分用于计算，以减少计算负担。数值规约方法有分箱、聚类和直方图等。（1）分箱。属性的值可以通过将其分配到各分箱中而将其离散化。利用每个分箱的均值或中数替换每个分箱中的值，即利用均值或中数进行平滑。（2）聚类。聚类算法可以将数据集划分为若干类或组。每个类还可以进一步分解为若干子类，从而构成更低水平的层次。当然类也可以合并起来构成更高层次的概念水平。（3）直方图。循环应用直方图分析方法处理每次划分结果，从而最终自动获得多层次概念树，直至达到用户指定层次水平。

4. 维规约

数据特征属性的个数即数据维度，数据维度规约是从原有的特征属性中剔除不重要的或不相关的特征属性，或者通过对特征属性进行重组来减少特征属性个数。有时候，数据维度过多也不一定是好事，维度过多可能会引发变量间干扰、过拟合和共线性等问题，导致模型的准确性和稳定性下降。在盐湖化工生产过程中海量的多源异构数据往往维数较高且大量数据之间存在较高的相关性，往往导致运算成本较高。为解决这类问题，可以采用维规约的方法，如将“采卤船产量、井采量”统一规约为“采卤量”。

维规约里包括数据立方体聚集处理方法。数据立方体聚集即将 n 维数据立方体聚集为 n-1 维的数据立方体。如果某一属性与后续数据挖掘无关，则可以去掉该无关的属性，以减少数据挖掘处理的数据量。

维规约的算法有基于全局搜索、随机搜索以及启发式搜索策略的特征选择方式和基于 Filter、Wrapper 的特征选择算法等。

由于盐湖化工生产过程中的多源异构数据来源于多个环节中的设备、产品信息等，具有较强的专业性及关联性，因此在进行维规约时应注意特征背后的物理意义和特征之间的关联性。

四、数据挖掘：揭示生产运营潜在规律

数据挖掘是指从数据中揭示出隐含的、有潜在价值的信息和知识，通常包括相关性、趋势和特征分析三种：相关性分析是指对两个或多个具备相关性的变量元素进行分析，从而衡量两个变量因素的相关程度；趋势分析是指从历史数据中寻找变化趋势和变化规律；特征分析是指从相关内容中寻找分析对象的特征。

（一）数据挖掘步骤

数据挖掘最早应用于科学研究，由于当时计算能力的限制，数据挖掘在其他领域的应用受到很大限制。20 世纪 90 年代，随着数据库系统的广泛应用和网络技术的高速发展，数据挖掘出现明显的海量信息特征，数据挖掘也不再是单纯为了科研的需要，更主要是为商业决策提供有价值的信息，进而获得利润。但大量数据中真正有价值的信息很少，因此从大量的数据中经过深层分析，获得有利于商业运作，提高竞争力的信息就像从矿石中淘金一样，数据挖掘也因此而得名。

简而言之，数据挖掘是一类深层次的数据分析方法。数据挖掘通过统计、在线分析处理、情报检索、机器学习、专家系统和模式识别等诸多方法共同实现，所以，数据挖掘技术横跨多个学科，涉及数据库、人工智能、机器学习、统计学、高性能计算、模式识别、神经网络、数据可视化、信息检索和空间数据分析等计算技术领域。

与一般的数据分析不同，数据挖掘带有很强的探索性，数据挖掘的目标、过程，甚至方法会不断调整、反复，甚至推倒重来。数据挖掘过程模型步骤

主要包括定义问题、建立数据挖掘库、分析数据、准备数据、建立模型、评价模型和具体实施。

1. 定义问题。在开始数据挖掘之前最先做的是了解业务问题。必须要对目标有一个清晰明确的定义，即决定到底想干什么。“急躁”是数据挖掘项目中的常见错误，表现为项目一开始未充分理解业务需求就匆匆进行数据分析，到最后才发现所做的分析无益于要达成的目标，或者达成的目标没有什么意义。因此，一个好的数据挖掘项目一定是从问题的定义开始的，问题定义阶段必须先了解问题相关的背景知识，清楚地描述数据挖掘的目标，定义试图解决的问题，将目标设定在正确的挖掘对象上。具体定义内容包括分析业务需求、定义问题范围、定义计算模型所使用的度量等。

2. 数据估计。在创建数据挖掘模型之前，一般需要先了解数据相关特性，如数据的数量、特征属性、关联关系等，以便确定数据挖掘的模型、算法和技术路线，这一过程就是数据估计。数据估计是在没有或较少的先验假定下，对经过预处理后的数据进行探索，通过作图、排序、方程拟合、计算特征量等手段先期探索数据的结构、规律和分布。可见，数据估计是在对数据没有更多了解和分析经验的基础上进行的。

3. 数据准备。这是建立模型之前的最后一步工作。可以把此步骤分为四个部分：选择变量、选择记录、创建新变量、转换变量。在这个过程中需要用到上一节介绍的数据清洗、数据集成、数据变换、数据规约等方法。

4. 建立模型。针对特定的数据规模、数据复杂性、偏差和稀疏程度等条件，选择合适的算法模型，以保证数据分析的效率和结果的正确。不同的数据挖掘模型和算法有不同的特性和要求，因此，建立数据挖掘模型要从问题的定义出发，满足正确性、稳定性、灵活性和易用性等要求。数据挖掘的结果好坏往往取决于对研究目标和问题领域的清晰认知，同时，数据挖掘包含多领域的知识和技术，如业务知识、数据库技术、计算机技术、数学模型和算法。在建立数据挖掘模型时，切忌单纯强调某一领域的知识，更不能单纯为了使用某建模工具而削足适履。

5. 评估模型。数据挖掘的结果是否有价值，取决于对企业的管理决策和商业活动是否有帮助，这需要计算模型的各种指标，如模型稳定性等，并请相关领域的专家对结果做出必要的解释与评估。挖掘人员则应从技术角度评估模型的解释能力和正确性，并结合领域专家意见提出模型改善的方向和措施。

6. 具体实施。数据挖掘结果可以通过可视化手段进行展现，为用户决策或管理工作改进提供参考。根据用户要求，实施部署可以产生简单的数据报告或重复进行数据挖掘过程。用户可以把实践的结果反馈给技术人员，并进一步对模型进行修订。

以上的步骤不是一次完成的，其中某些或全部步骤都可能反复循环地进行。

在智慧盐湖中，数据挖掘量巨大，需要借助挖掘工具。几种常见的工具如下：

1. Weka。Weka 可能是名气最大的数据挖掘软件。作为公开的数据挖掘平台，Weka 集成了大量机器学习算法，包括对数据进行预处理、分类、回归、聚类、关联规则等，交互式界面也实现了可视化。

2. RapidMiner。RapidMiner 具有丰富的数据挖掘分析和算法功能，常用于解决各种商业问题，例如，营销响应率、客户细分、资源规划、客户黏度、质量管理等。RapidMiner 提供的解决方案覆盖许多领域，包括生命科学、制造业、汽车、石油和天然气、保险、银行、零售业、通信业和公用事业等。

3. SPSS。SPSS 由美国斯坦福大学的三位研究生于 1968 年开发成功，同时成立了 SPSS 公司。SPSS 是世界上最早采用图形菜单驱动界面的统计软件，它最突出的特点就是操作界面极为友好，输出结果美观漂亮。SPSS 使用 Windows 的窗口方式展示各种管理和分析数据方法的功能，分析人员只要掌握 Windows 操作技能就可以使用 SPSS 软件为特定的工作服务。SPSS 具有完整的数据输入、统计分析、报表、编辑、图形制作等功能，提供从简单的统计描述到复杂的多因素统计分析方法。

4. Clementine。Clementine是SPSS公司为解决多种商务问题而进行整合改进的数据挖掘产品，便于以不同的方式和技术处理类型迥异的数据。Clementine方便快速建立预测性模型，并集成了多种数据挖掘算法。

数据挖掘的方法主要有分类分析、关联分析、聚类分析、预测分析等，下面对此分别进行简要介绍。

（二）分类分析

分类是人类认识客观世界、区分客观事物的一种思维活动，也是根据事物的“共性”与“特性”聚集相同事物，区分不同事物的手段。人们既可以通过分类来认识事物与区分事物，也可以通过分类使大量的繁杂事物条理化和系统化。分类分析就是找出一组数据的共同特点并将其划分为不同的类，其目的是将数据库中的数据项映射到相应的类别。例如，根据观察到的设备运转特征分别进行运行维护。在大数据分析中，分类算法已被广泛应用，比如，文本检索和搜索引擎分类、客户类别分类、市场风险评估、产品质量影响因素和设备可靠性评价因素等。

分类分析算法是基于学习的一种算法。在进行分类分析时应先预设分类类别，并在充分训练的基础上，提炼分类模型，该模型能够拟合输入数据类别和特征值之间的联系。得到的分类模型，不仅需要很好地拟合输入数据，还要能够正确的预测未知样本的类别。

常用的分类算法包括基于规则的分类法、决策树算法、人工神经网络算法、深度学习算法、支持向量机（SVM）算法、贝叶斯算法等。

1. 基于规则的分类法，是利用用户为每个类别直接确定的分类规则来形成类别模板，规则分类器通过统计样本中满足分类规则的规则数和次数来确定样本种类。基于规则的分类法常用于易于解释的描述性模型。与其他分类算法相比，灵活性与准确性较差。

2. 决策树是一种典型的分类方法，首先对数据进行处理，利用归纳算法生成规则和决策树，然后使用决策树对新数据进行分析。决策树本质上是通过一系列规则对数据进行分类的过程，通过将大量数据有目的分类，从中找出有价值的、潜在的信息和知识。决策树的主要优点是描述简单、分类速度快，特别适合大规模的数据处理。

3. 人工神经网络算法是应用类似于大脑神经突触连接的结构进行分类分析的数学模型。人工神经网络的特点有：可以充分逼近任意复杂的非线性关系；有很强的鲁棒性和容错性；采用并行分布处理方法，使得快速进行大量运算成为可能；自学习和自适应性能好；能够同时处理定量、定性知识。

4. 深度学习算法最早起源于对人工神经网络的研究，其本质上属于机器学习的范畴，是机器学习领域一个新的研究方向，在图像、语音、文本分类识别方面具有非常好的优势，具有强大的对不同类型数据的处理能力，因此对盐湖化工生产过程中的数据分析能够起到非常大的作用。如今被广泛熟知的深度学习基本模型包括深度神经网络（Deep Neural Network，DNN）、循环神经网络（Recurrent Neural Network，RNN）、卷积神经网络（Convolutional Neural Network，CNN）、深度置信网络（Deep Belief Network，DBN）等。

5. 支持向量机，最初是从分类问题提出的，后来扩展到求解回归问题。支持向量机在解决小样本、非线性和高维模式识别中具有特殊优势。支持向量机方法是专门针对有限样本设计的学习方法，具有很强的泛化能力。

6. 贝叶斯分类算法是在贝叶斯公式的基础上，利用概率统计进行分类计算的方法。其中，朴素贝叶斯分类应用最广泛。在许多场合，贝叶斯分类算法可以与决策树和人工神经网络分类算法相媲美，该算法能运用到大型数据库中，而且方法简单、分类准确率高、速度快。

目前分类分析方法在工业生产中已经有广泛的应用，尤其是基于机器学习的分类方法。但是单一的数据分类方法往往不具有较高的准确性及可靠性，需要不同算法的结合才能产生较为可靠的数据分类及预测结果。然而不同算法的融合势必会造成系统延时，如何平衡系统的可靠性和实时性是数据分析师们需要关注的问题。另外由于盐湖化工生产运营的特殊性和复杂性，并没有通用的分类方法可以使用，要得到可靠的分类结果，需要与实际场景、实际业务相结合。

在盐湖工业中，借助人工智能深度学习工具，最现实和最可能的适用场景之一是设备参数调整的分析预测与反控。青海盐湖蓝科锂业正在进行这方面探索，通过生产端设备诉求和工艺流程，使用人工智能深度学习工具，通过算法模型，动态寻优，给出设备参数调整建议，实现设备参数调整，从而支持达到能耗下降、优等品质量提高的目标。

（三）关联分析

客观事物是普遍联系的，它们之间往往存在两种关系。一种是对它们之间的关系有充分的科学认识时，能够建立严格的函数关系；另一种是不能用函数关系表示，但仍是相关确定性关系。例如，知道钾肥产量与卤水量、日晒时间和气温之间存在相关性，但却无法对其建立严格的函数关系，只能数据统计分析来描述其相关关系。

关联分析是描述数据项之间所存在的关系规则，可以从一件事情的发生，来推测另外一件事情的发生，即隐藏在数据间的关联关系，从而更好地了解和掌握事物的发展规律。如在浮选控制系统中，通过对实时数据库里的大量数据进行挖掘，可以从大量的泡沫大小、颜色、排列等记录中发现内在的关联关系，找出影响选矿效率的关键因素，为 DCS 控制系统提供参考依据。常用的关联规则挖掘算法有 Apriori 算法、FP-tree 算法、多维度关联、DHP 算法等。

关联分析，本质上是判断事物关联的条件概率。购物篮分析、回归分析、偏差分析都属于关联分析。

1. 购物篮分析

关联算法的研究，最早来源于购物篮分析。由于最早是通过顾客的购物小票来进行数据挖掘，因此这种分析方法被称为购物车分析法或者购物篮分析法。

购物篮分析，从支持度，置信度和提升度三个方面来计算条件概率。(1)支持度。支持度是指在所有的顾客中，同时购买这两种商品的人数的比例，支持度越高，说明同时购买两种商品的顾客基数越大，越有研究的实际价值。(2)置信度。置信度是指购买了一种产品的顾客中，同时又去购买另外一种商品的人数比例。置信度,实际上就是一种条件概率,购买“第一商品”为前提,再购买“第二商品”为结果。因此，置信度可以表示为P(第二商品|第一商品)。(3)提升度。提升度是指买了第一种商品之后又去买第二商品的顾客比例，是否比直接买第二种商品的人数的比例来得更高。可见，提升度实际上是条件概率P(第二种商品|第一种商品)与先验概率P(第二种商品)间的比较。如果条件概率越大，则说明两个产品存在正向关联，比值越大，关联性就越强。

2. 回归分析

回归分析用于描述和评估因变量与一个或多个自变量之间的关系，这种关系用回归方程来表示。回归分析方法被广泛地用于解释市场占有率、销售额、品牌偏好,也可以应用到盐湖化工产品市场营销的许多方面,如客户寻求、保持和预防客户流失、产品生命周期分析、销售趋势预测等。

回归分析取决于对数据趋势的判断，符合线性趋势的才可以用回归法，所以往往需要先判断数据的趋势及规律，然后再决定是否使用回归法。具体方法是：先找出拟合两个属性的最佳线，使得一个属性能够预测另一个。回归分析是数据挖掘方法中应用领域和应用场景最多的方法之一，只要是量化型问题，分析人员都应该首先想到尝试回归分析。

根据自变量的个数,回归分析可分为一元回归和多元回归。所谓一元回归，是指回归方程只有一个自变量和一个因变量。一元回归又分为一元线性回归和一元非线性回归。

在实际的数据分析中，决策变量一般都受多种因素交互影响。多元回归分析具有两个或两个以上的自变量。多元回归分析也可以用于分析多个自变量与多个因变量之间的函数关系，最小二乘法是常用方法。

为了保证回归模型良好的解释能力和预测效果，自变量的选择非常重要。其选择标准是：自变量对因变量应有显著的影响；自变量之间应具有一定的独立性，即自变量之间的相关程度不应高于自变量与因变量之间的相关程度。

3. 偏差分析

偏差分析是探测数据现状、历史记录或标准之间的显著变化和偏离，如观测结果与期望的偏离、分类中的反常实例、模式的例外等。通常，偏差对象被称为离群点。因为偏差表示关联度小，所以偏差分析也属于关联分析中的一种方法。在智慧盐湖中,偏差分析可用于进行进度偏差和成本偏差的分析。

偏差产生的原因是多样的,可能是度量的原因,也可能是执行错误的原因。例如，在袋装一个设定 500kg 包装重量的包装袋时，袋装设备的计量数据显示为 550kg,这是一个离群值,但产生的原因可能是计量数据显示错误造成的，也可能是控制系统出现错误，真正多包装了 50kg。进行诊断分析时，不仅仅要辨识出离群点，还要准确分析离群点产生的原因，这样才能减小甚至排除离群点的影响。

（四）聚类分析

聚类，顾名思义就是按照相似性和差异性，把一组对象划分成若干类，并且每个类里面对象之间的相似度较高，不同类里面对象之间相似度较低或差异明显。与分类分析方法不同的是，聚类分析不依靠给定的类别进行划分。

聚类分析可以应用到客户群体的分类、客户背景分析、市场的细分等。

如谁经常光顾商店、光临次数、光临时间，经常买什么东西、买多少，年龄、职业，等等。

聚类分析算法成熟，简单高效可靠，比较容易用业务逻辑来理解和解释。常用的聚类算法包括基于划分的聚类方法、基于层次的聚类方法、基于密度的聚类方法、基于网格的聚类方法和基于模型的聚类方法五大类。

1. 划分聚类法

划分聚类法，是给定一个有 N 个元组或者纪录的数据集，先初始构造 K 个分组，每一个分组代表一个聚类。然后通过反复迭代的方法改变分组，使得每一次改进之后的分组方案都较前一次好。因为大部分划分方法是基于距离的，所以评估标准是：同一分组中的记录越近越好，而不同分组中的纪录越远越好。

为了达到全局最优，基于划分的聚类可能需要穷举所有可能的划分，计算量极大。实际应用中，可以采用启发式方法，如 K-MEANS 算法、K-MEDOIDS 算法、CLARANS 算法，渐近提高聚类质量，逼近局部最优解。

2. 层次聚类法

层次聚类法，是对给定的数据集进行层次分解，直到某种条件满足为止。具体又可分为“自底向上”和“自顶向下”两种方案。例如，在自底向上的方案中，初始时每一个数据纪录都组成一个单独的组，在接下来的迭代中，把那些相邻的组合并成一个组，直到所有的记录组成一个分组或者某个条件满足为止。层次聚类代表算法有：BIRCH 算法、CURE 算法、CHAMELEON 算法等。

3. 密度聚类算法

密度聚类算法与上面两种算法的一个根本区别是：它不是基于距离的，而是基于密度的。其指导思想是：只要一个区域中的点的密度大过某个阈值，就把它加到与之相近的聚类中去。代表算法有：DBSCAN 算法、OPTICS 算法、DENCLUE 算法等。

4. 网格聚类算法

网格聚类算法，是将数据空间划分成为有限个单元的网格结构，所有的处理都以单元为对象展开。这样处理的突出优点是处理速度快，因为算法复杂度与目标数据库中记录的个数无关，只与把数据空间分为多少个网格有关。代表算法有：STING 算法、CLIQUE 算法、WAVE-CLUSTER 算法。

5. 模型聚类算法

模型聚类算法，是给每一个聚类假定一个模型，然后去寻找能够满足这个模型的数据集。这样的模型可能是数据点在空间中的密度分布函数或者其他概率分布函数。它的一个潜在的假定是：目标数据集是由一系列的概率分布所决定的。模型一般有两大类，统计学模型和神经网络模型。具体算法可以参考划分聚类法中的启发式算法。

以上不同的聚类算法都有其独特的优势以及特定的应用领域。简单高效、扩展性高且不消耗过多软硬件资源，是分类聚类算法未来的主要优化方向。

（五）预测分析

预测分析，是通过研究历史数据提取事务或事件的发展变化趋势，建立多个变量之间相互依赖的函数模型，用以预测未来可能发生的行为或现象。例如，在盐湖化工设备预防性维护中，通过分析设备运转数据、设备故障数据和设备维保数据，可以建立设备性能发展趋势以及故障规律模型，并以此进行设备预防性检维修计划。

数据挖掘分析有多种预测算法，如时间序列分析法、因果关系法、灰色预测法、马尔科夫预测法等。

1. 时间序列分析法。时间序列分析法是根据观测得到的时间序列数据、通过曲线拟合和参数估计来建立数学模型的理论和方法。时间序列分析法常应用于国民经济宏观控制、企业经营管理、市场预测、气象预报、水文预报、农作物病虫灾害预报、环境污染控制、生态平衡、天文学和海洋学等方面。

2. 因果关系法。因果关系法是按照一定的判别准则，建立一个或多个判别函数，用大量数据计算判别指标，据此确定某一样本所属于类别。例如：为了确诊某种设备故障，需要将各项检测指标同各种典型的故障现象做对照，从而判断其最可能的故障原因。

3. 灰色预测法。灰色预测法是通过少量的、不完全的信息，建立数学模型并做出预测的一种预测方法。一般把信息完全不确定的系统称为黑色系统，把信息完全确定的系统称为白色系统，灰色系统介于两者之间，一部分信息是已知的，另一部分信息是未知的。灰色预测理论认为，尽管事物表象复杂，但只要有整体功能，便必然蕴含某种内在规律。灰色预测通过对原始数据的整理，产生灰色数据序列，从而挖掘其变化规律。数据生成方法有累加生成、累减生成和加权累加生成等。

4. 马尔科夫预测法。马尔科夫是俄国著名数学家，他提出了 n 阶马尔科夫链，即当前状态仅依赖于前 n 个状态的离散随机性。马尔科夫预测法是应用马尔科夫链理论和方法来预测未来状况的预测方法。马儿科夫预测法的基本思想是根据过去事物的变化规律，推测未来的变化趋势。

对模型预测结果进行分析和验证，进而修正模型是预测分析重要的一环。需要注意的是，实际的预测模型可能会因为历史数据不完整而造成结果的不确定性。所以，通常只能等事件发生后再进行观察以验证其正确性。

（六）数据挖掘常用算法

数据挖掘使用的技术和方法广泛来自人工智能。数学家们从遗传学、仿生学的研究中得到启发，发明了具有并行、自组织和自学习特征的智能算法，以自动获得搜索策略，自适应地控制和优化搜索过程。这类算法统称为智能算法。常用的智能算法有遗传算法、蚁群算法、模拟退火算法、进化算法、粒子群算法、禁忌搜索、分散搜索等。本书仅介绍前三种算法：

1. 遗传算法

遗传算法（Genetic Algorithm，GA），也称进化算法，是受达尔文进化论的启发，借鉴生物进化过程而提出的一种启发式搜索算法。

自然界的生物进化有种群、个体、基因、染色体等几个基本概念。（1）种群。生物的进化以群体的形式进行，这样的一个群体称为种群；（2）个体。组成种群的单个生物；（3）基因。即遗传因子；（4）染色体。包含一组基因。适者生存是生物进化的一个法则，对环境适应度高的个体繁殖的机会比较多，所以后代就会越来越多。适应度低的个体繁殖的机会比较少，后代就会越来越少。遗传与变异是生物进化的另一个法则，新个体会遗传父母双方各一部分的基因，同时有一定的概率发生基因变异。在一代又一代的繁衍之后，适应度高的个体会越来越多。那么经过 N 代的自然选择后，保存下来的个体都是适应度高的。种群就这样完成了进化。

遗传算法的思路就是把要解决的问题模拟成一个生物进化过程，通过进化来寻找最优解。遗传算法已广泛应用于神经网络、优化调度、运输问题、组合优化、机器学习、信号处理、自适应控制等领域。

遗传算法的操作对象是一群二进制串（染色体、个体）。每一个染色体都对应问题的一个解。从初始种群出发，根据适应度选择策略在当前种群中选择个体，使用杂交和变异来产生下一代种群。如此循环，直到满足期望的终止条件为止。具体步骤如下：

步骤 1：选择编码策略。长度为 L 的 n 个二进制串 bi（i = 1，2，…，n）组成了遗传算法的初解群，也称为初始群体。在每个串中，每个二进制位就是个体染色体的基因。

步骤 2：初始化。选择一个群体，即选择一个串或个体的集合 bi，i=1，2，……，n。这个初始的群体也就是问题假设解的集合。

步骤 3：计算适应度。根据适应度函数 F=f（x）计算各个串的适应度。

步骤 4：选择。根据适者生存原则选择下一代的个体。在选择时，以适应度为选择原则。适应度越高，选择并被复制的概率越大。

步骤 5：交叉。复制后的串两两配对，以交叉概率进行交叉。这个过程反映了随机信息交换，目的在于产生新的基因组合，也即产生新的个体。交叉时，可实行单点交叉或多点交叉。

步骤 6：变异。根据生物遗传中基因变异的原理，以变异概率对某些个体的某些位执行变异操作。在变异时，对执行变异的串的对应位求反，即把 1 变为 0，把 0 变为 1。

步骤 7：全局最优收敛。当满足某一性能指标或者个体和群体的适应度不再上升时，则算法的迭代过程结束。否则，用经过选择、交叉、变异所得到的新一代群体取代上一代群体，返回到第 3 步继续循环执行。

遗传算法的优点主要是：应用问题的适用性好，有极强的容错能力，具有隐含的并行性，容易与其他算法结合。但是，遗传算法的编程实现比较复杂，首先需要对问题进行编码，找到最优解之后还需要对问题进行解码；参数的选择会影响解的质量，目前这些参数的选择大部分是依靠经验。

2. 蚁群算法

蚁群算法（Ant Colony Optimization，ACO），是一种寻找优化路径的概率型算法。其灵感来源于蚂蚁在寻找食物过程中发现最短路径的行为。昆虫科学家的观察，蚂蚁虽然视觉不发达，但它们可以在没有任何提示的情况下找到从食物到巢穴的最短路径，并且还能在周围环境发生变化后，自适应地搜索新的最佳路径。

蚂蚁在寻找食物的时候，会在其走过的路径上释放一种叫信息素的挥发性分泌物。信息素随着时间的推移会逐渐挥发消失，信息素浓度表示路径的远近。当一只蚂蚁找到食物以后，它会释放信息素以吸引其他蚂蚁过来，当一些路径上通过的蚂蚁越来越多时，信息素也就越来越多，蚂蚁们选择这条路径的概率也就越高。有些蚂蚁会另辟蹊径，如果新路比原来的道路更短，那么，蚂蚁来回地频率就快，洒下的信息素就会更多，就会有更多的蚂蚁被吸引过来。最后，经过一段时间，整个蚁群就能寻找到最短路径。

蚁群算法基本步骤如下：

步骤 1：对相关参数进行初始化，包括蚁群规模、信息素因子、信息素挥发因子、信息素常数、最大迭代次数等，同时输入路径矩阵。

步骤 2：随机将蚂蚁放于不同出发点，对每个蚂蚁计算其下一个访问节点，直到所有蚂蚁访问完所有节点。

步骤 3：计算每个蚂蚁经过的路径长度，记录当前迭代次数最优解，同时对路径上的信息素浓度进行更新。

步骤 4：判断是否达到最大迭代次数，如果没有则返回步骤 2。如果是，则算法结束。

步骤 5：输出结果。此时的结果即最短路径。

蚁群算法有以下几个特点：(1) 自组织。算法开始的时候，单个的人工蚂蚁无序地寻找解，算法经过一段时间的演化，人工蚂蚁自组织地越来越趋向于寻找到最优解。如果设计其他的程序，那么要让人工蚂蚁能够避开障碍物，要让人工蚂蚁遍历空间找到食物，要计算所有可能路径并比较它们的长短,会使程序变得不可思议的复杂。(2)正反馈。蚂蚁能够最终找到最短路径，依赖于最短路径上信息激素的堆积，而信息激素的堆积却是一个正反馈的过程。这个正反馈的过程使得初始的不同被不断放大，从而引导整个系统向最优解方向进化。(3) 鲁棒性。相对于其他算法，蚁群算法的结果不依赖于初始路线的选择，在搜索过程中也不需要进行人工干预。

3. 模拟退火算法

在热力学上，退火现象指固体逐渐降温的物理现象。当固体温度较高时，物质内能较大，固体内部分子运动剧烈；当温度逐渐降低时，物体内能也随之降低，分子运动渐趋有序；当固体温度足够低时，便开始结晶。在结晶状态时，固体的能量状态最低。似乎固体知道缓慢降温能使得分子有足够时间找到安顿位置。

模拟退火算法由初始解和控制参数初值开始，对当前解重复进行“产生新解—计算目标函数差—接受或舍弃”的迭代，并逐步衰减控制参数值，算法终止时的当前解即为近似最优解。

模拟退火算法基本步骤如下：

步骤1：初始设置。初始化控制参数的初值、衰减因子、迭代次数和停止条件。

步骤2：产生新解。是由一个产生函数从当前解产生一个新解。

步骤3：计算目标函数差。计算当前解与新解所对应的目标函数差。

步骤4：判断新解是否被接受。判断的依据是一个接受准则。如果接受，则把新解作为当前解。如果不接受，则在原解的基础上继续下一轮迭代。

步骤5：判断是否达到最大迭代次数或停止条件，如果没有则返回步骤3。如果是，则算法结束。

步骤6 ：输出结果。此时的结果即最优解。

模拟退火算法是一种通用的优化算法，目前已在诸如生产调度、控制工程、机器学习、信号处理等领域得到了广泛应用，可以高效地求解货郎担问题、最大截问题、0—1背包问题、图着色问题等，但其参数难以控制，不能保证一次就收敛到最优解，一般需要多次尝试才能成功。

以上介绍了数据处理的步骤：数据采集、数据预处理、数据挖掘。其实，并不是每次数据分析都需要经过每一步，如果在某个步骤中的数据不存在问题，可以省略。数据处理过程是一个循环反复的过程，如果某一个步骤没有达到预期目标，需要回到之前的步骤，重新调整方案并执行。

最终，数据挖掘的过程和模型还要由行业专家来进行评价。评价一般有准确性、性能、功能性、可用性四个维度：（1）准确性。通过分类和预测的准确率，可以判断数据采集是否全面，数据预处理是否完善，挖掘算法是否合理等。（2）性能。如软件的架构是否能够连接不同的数据源，性能变化是线性的还是指数的，运算的效率能否达到实际需求，是否易于扩展，运行的稳定性如何等。(3) 功能性。如挖掘算法能否应用于不同类型的数据，用户能否调整算法和参数，能否根据用户制定的规则从数据集中提取子集等。(4) 可用性。如系统是否易学易用，错误报告对用户调试是否有帮助，能否以不同的形式表现挖掘结果等。

在机器学习的背景下，数据挖掘对知识的贡献与日俱增。在采集数据的支撑下，对于诸如固液转换开采运行前后及运行过程中的元素富集变化规律与结晶路线的探索、盐湖矿产成矿规律、盐湖高精度古气候、古环境演变的研究，利用人工智能的方法，充分进行数据分析和挖掘，有可能是个重要突破方向。类似的研究有对盐度的研究，乌尔米亚湖是伊朗西北的咸水湖，有研究者以人工神经网络的方法，考虑降水、蒸发、河流流入多种功能预测湖水盐度。再如，有研究针对美国大盐湖的 154 年体积变化的时间序列，用 SVM 方法，研究重建非线性的状态空间重构。

五、决策支持：盐湖知识高层次运用

数据挖掘又称为数据库的知识发现，挖掘的结果作为显性化的知识，有两种应用途径：一是利用可视化技术进行简明直观的展示，本书不进行介绍。二是进入信息世界的决策支持系统，与其他显性和隐性知识一起为智慧盐湖生产运营提供决策支持。

（一）决策支持

决策是人类生产运营活动中时时处处存在的现象，任何活动都是相关决策的结果。决策贯彻生产管理的全过程，计划、组织、指挥、协调和控制等管理职能都是决策的过程。因此，从某种程度上来说，生产运营过程就是决策的过程。正是这种需求的普遍性，人们一直致力于要开发一种系统，用于在信息世界还不能自动决策的情况下，辅助或支持知识世界的人进行决策。尤其是随着人工智能技术的发展和应用，更有力地推动了决策支持系统（Decision Support System，DSS）的发展。

DSS 的概念最早于 20 世纪 70 年代初由美国两位教授在《管理决策系统》一文中首先提出，其后迅速发展成为一门新型计算机学科。20 世纪 80 年代后期，人工神经元网络和机器学习等技术的应用为知识的学习和获取开辟了新的途径。专家系统与 DSS 相结合，充分发挥了专家系统定性分析和 DSS 定量分析的优长，形成了智能决策支持系统（Intelligence Decision Support System，IDSS），提高了 DSS 支持非结构化决策问题的能力。此后，开始出现了主管信息系统（EIS）、联机分析处理（OLAP）等。到了 20 世纪 90 年代中期，人们开始关注和开发基于 Web 的 DSS，随着 Internet 的革命性发展和深入应用，基于分布式的、网络化和远程化协同的情报分析与综合决策支持系统逐步走向应用。

智能决策支持系统的发展主要得益于以下三种技术的应用：

1. 数据处理技术。传统决策支持系统中的数据库系统对数据的处理过于简单化，往往只能对整个数据库中的其中一部分资源进行简单存取计算，而这些信息之间的关联与隐含的特征很难被发现。将数据仓库技术应用于传统决策支持系统，通过数据仓库和数据挖掘技术，能够对多个数据源的信息进行概括、集成、整合，建立面向主题、集合、时变、持久的数据集合，能够帮助决策者快速有效地从大量资料中分析出隐含的、有价值的知识。

2. 机器学习技术。传统决策支持系统存在获取知识困难、精确性差的问题，而且不能很好适应复杂的环境。将机器学习引入智能决策支持系统可以解决这些问题。机器学习的目的就是通过对类似任务的不断重复学习，从而不断提高对类似问题的解决效率。它通过决策者提供的信息对问题进行识别分类，通过决策模型、既得经验和知识结构，精确获取相关知识供决策者解决相关问题。人工神经网络的出现，使得不需要在系统中建立大量的规则，而是通过机器的不断自学习、自组织，就可以产生和丰富知识库，较好地解决了知识获取困难的问题。

3. OLAP 技术。OLAP（On-Line Analytic Processing，联机分析处理）技术使用户能够同时分析来自多个数据库系统的信息，从而轻松提取所需的数据，以便从不同的角度进行分析，实现从数据中提取出未知的、具有潜在价值的信息，并将其转化为知识。

智能决策支持系统相比传统决策支持系统有许多进步和发展，解决了许多传统决策支持系统不能解决的问题，但自身仍然不可避免地存在不少缺陷和问题，如人机交互不够好、决策支持的灵活性和适应性较差，对决策的智能辅助程度低，系统各部件交互效率不高、集成化水平较低等问题。下一步，智能决策支持系统将在以下几个方向继续发展：（1）分布式。很多时候决策者不仅是个人而是许多具有独立性和密切联系的决策组织，很多大型决策活动无法通过集中的方式展开，网络技术的发展，为分布式决策提供了发展契机，使智能决策支持系统得到延伸。（2）技术集成。注重将各种相关技术集成应用，将应用更多的专家知识，并结合领域信息，对问题进行更加深入和透彻的研究。（3）人机交互。将自然语言处理应用于智能决策支持系统，注重知识的人机交互和人性化的设计，使得知识系统的更新和补充更加方便。

早期的 DSS 系统由模型库（MB）、数据库（DB）和人机接口三部分组成，20 世纪 80 年代初，增加了知识库和方法库（AB），构成了四库系统并一直沿用至今。如图 3-3 所示：

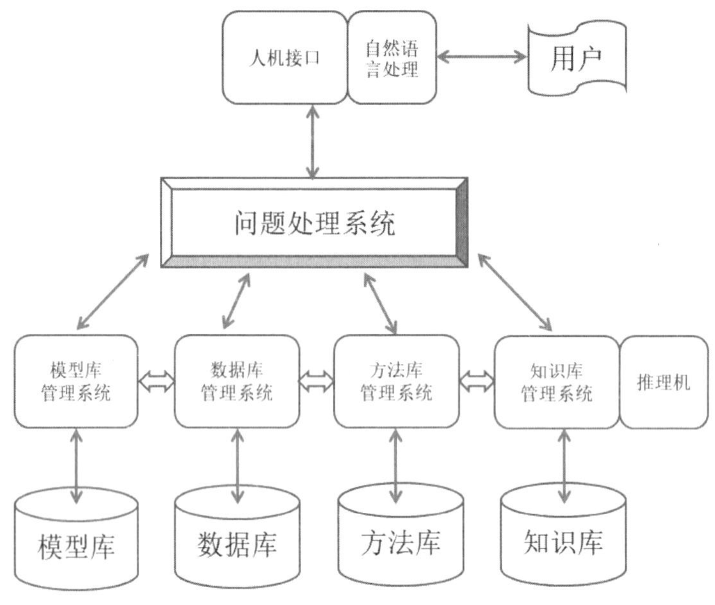

图 3-3　决策支持系统组成

其中，人机接口是 DSS 是人机接口界面。决策者作为 DSS 的用户通过该子系统提出信息查询或决策支持的请求。人机接口对接收到的请求作检验，并形成命令，向问题处理系统提出请求，将请求得到的反馈传送给用户或暂存数据库待用。

问题处理系统是联系人与机器及所存储的求解资源的桥梁，主要由问题分析器和问题求解器两部分组成。问题处理系统既要识别与分析问题，设计求解方案，又要为问题求解调用数据、模型、方法及知识等资源，对半结构化或非结构化问题还要触发推理机进行推理。

模型库（MB）进行模型表示和存储。模型库中的模型，不是为了一个特定的目标设计的，有更小的构成要素，具有更为丰富的“被”管理的功能。

数据库（DB）是由数据库管理系统、数据库、用户组成的具有高度组织的整体，功能主要包括：建立和管理数据模型，对不同的数据源进行抽取、分析、输入和处理，灵活、迅速、方便地进行数据处理，为DSS提供各种所需要的数据。

方法库（AB）是以程序方式管理和维护方法和算法的系统，目的是实现计算过程的交互式存取，将算法（方法）与数据结合在一起完成计算过程。用户可以从模型库中调用模型，同时调用方法库中的方法来完成模型的运算和分析。

知识库（KB）是有关规则、因果关系和经验等知识的获取、解释、表示、推理、管理和维护的系统。其功能主要有两个：一是回答对知识库知识增、删、改等知识维护请求；二是回答决策过程中问题分析和判断所需知识的请求。知识库包含事实库和规则库两部分。

推理机是一组程序，针对用户问题去处理知识库。推理原理是：如果事实M为真，且有规则“IF M THEN N”存在，则N为真。

智能决策支持系统的数据库和知识库是进行决策分析的基础。在对实际问题进行求解时，首先要将问题进行分解，建立问题求解的总框架模型，根据这个总框架模型的各组成部分的目标、功能、数据和求解的要求来决定各组成部分是建立新模型，还是选择已有的成熟模型；然后对多模型进行组合，并决定需要利用哪些数据；选择数值计算模型或知识推理模型对问题进行求解；将求解的结果或得到的信息通过人机接口反馈给用户。

下面，本章对知识表示、知识组织、知识推理进行概述。

（二）知识和知识表示

数据是客观事物的符号描述，不仅包括数字，还包括文字、声音、视频等。比如产品的图像，也可以认为是一个数据。

信息是加工后的数据，是源于数据分析所得到的某种认识。

知识，是对信息的抽象化的总结和概括。

数据、信息、知识，是一个逐级提炼的过程。数据经过加工，可表达某种意义，则转变为信息；信息经过加工，可用于指导实践，则转变为知识。简言之，数据是描述事物的符号，信息是有意义的数据，知识是有用的信息。

知识在生产中占有压倒性的重要地位，其核心要求是复杂分析，精确判断和创新决策。根据不同划分标准，知识可以有不同的分类。比如，按照范围分类，可以分为常识性知识和领域性知识；按照作用分类，可以分为事实性知识、过程性知识和控制性知识；按照表现形式分类，可以分为逻辑性知识和形象性知识；按照确定性分类，可以分为确定性知识和不确定性知识；按照能否清晰地表述和有效地转移，可以分为显性知识和隐性知识。

盐湖化工行业按知识的产生过程可以分为静态性知识、策略性知识和推理性知识三类：(1）静态性知识。包括基本资料、事实、状态、环境等，也包括概念和定义。企业经营环境、装置参数、工艺条件、生产过程数据、原料物性、质量标准等都属于静态性知识。(2）策略性知识。包括有关规则、操作、方法和行动等。如市场供需关系模型、生产经营规划策略、基于市场变化的产品结构、工艺参数的在线调控、生产过程模拟与分析等。(3）推理性知识。基于前两类知识的知识重组、推理和控制驱动策略，包括模型识别、模型产生、检索规则、学习法则等。

知识在盐湖化工企业运行中起着核心作用，如生产中的决策、计划、调度、管理和操作都是知识型工作，完成这些工作需要统筹考虑各种生产运营要素，关联多领域多层次的知识。工业生产管理、运行和控制的核心是知识型工作，离不开具有高水平工程师和专家进行分析、判断和决策。以生产调度决策过程为例，盐湖化工生产调度过程复杂，涉及的知识非常多，包括能源管理、资源配置、工艺指标、运行安全、设备状况、产品性能质量等方方面面。首先由企业级计划部门制定生产计划，主要是根据工艺技术、资源分配、政策法规、设备管理等经营管理知识和生产执行的反馈知识来制定；生产计划下达到设备、能源等下属部门，生产调度根据部门信息进行综合决策，制定生产调度方案，下达生产单位执行。生产调度实质上是把产品产量、质量、能耗等生产目标与相关知识进行关联、融合、重组、求解的过程，是一个知识深度融合和交互的过程。

盐湖化工企业的知识管理贯穿于全部经营活动之中，涵盖客户资源、营销、生产、采购、库房、质量、工艺、设备、计量、财务、科研、行政事务等各个领域。具体的知识模型包括以下几个方面：(1）决策模型。盐湖化工企业生产过程的稳定、均衡和优化是影响经营效果的重要因素，如何在有限资源的约束下实现最优化生产调度，使经济效益最大化，决策者的经验与知识的模型化起着非常重要的作用。盐湖化工生产一般经过原料制备、反应和产品分离等多个单元过程，对这样的生产流程进行设计、操作、控制、调优，必须建立过程模拟模型。模型的建立有多种方式，主要有统计模型、确定性模型和半经验模型等。(2）新工艺开发与工程设计。实践经验在盐湖化工生产过程中扮演着不可替代的角色。在信息化条件下，可以借助建模和仿真技术，客观、科学地分析、总结实践经验，更好地指导生产实践。(3）动态优化的生产过程。环境参数的变化也常常需要对工况进行调整，实现均衡的生产需要建立多种工况条件下的平滑且动态优化的模型系统和工艺参数体系。(4）健康、安全、环境评价体系。盐湖化工生产过程的健康、安全、环境问题是制约行业发展的重要因素，需要建立基于健康、安全、环境诉求和企业效益最优化的安全评价模型，并制定适当、可靠、经济的应急措施和规划。(5）故障诊断与恢复。生产设备出现故障后，快速完成故障的定位、评估，并提出适当的解决方案，将这一过程从单纯的经验判断、仪器监测，发展到智能化、程序化和自动化。（6）设备保全与更新。盐湖化工生产具有同步串行的特点，生产设备运行的可靠性对生产运营具有重大意义。需要综合设备机械性能、工艺参数、操作规范、保养维护等因素，建立设备评估模型，使设备管理更加科学化、经济化。（7）生产力要素的重构与协调。盐湖化工企业的生产组织融合了人的智慧、灵活的组织机制、快速的市场反应，需要建设高效的信息化支撑平台与知识共享机制，进行有效的知识发现和创新。

知识表示是对知识的描述，是一种计算机可以识别和利用的数据结构，是知识建模和应用的基础。一个好的知识表示方法应该满足几点要求：具有良好定义的语法和语义;有充分的表达能力，能清晰表达有关领域的各种知识;便于有效的推理和检索，具有较强的问题求解能力，提高推理和检索的效率；便于知识共享和知识获取；容易管理，易于维护知识库的完整性和一致性。

产生式规则表示法，是目前应用最广泛的一种知识表示法，其中的每一条规则称为一个产生式。下面举例进行说明。

现在盐湖化工生产装备功能越来越完善，自动化程度越来越高，当出现故障时，往往会发出故障信号，但如何判定故障发生的具体原因，是一个比较复杂的问题。本书把某盐湖化工装备简化为电源、核心电路板、接口电路板、控制器、电机 4 个部件，每个部件的故障简化为断路、CPU 损坏、接口线路断路、控制器烧毁、电机卡死 4 个故障原因。部件故障现象和原因如表 3-1 所示：

表 3-1 部件故障现象和原因

部件名称	故障现象	故障原因
电机	电机转角异常	电机卡死
控制器	电机转角异常；控制器输出异常	控制器烧毁
电路板	电机转角异常；控制器输出异常；控制计算机输出异常	CPU 损坏
电源	电机转角异常；控制器输出异常；控制计算机输出异常；电源电压异常	断路

如果将上图用产生式规则表示法来表述，会呈现如下的形式：

IF 电机转角异常

  IF 控制器输出异常

    IF 控制计算机输出异常

      IF 电源电压异常

      THEN 电源断路 ELSE

    THEN CPU 损坏 ELSE

  THEN 控制器烧毁 ELSE

THEN 电机卡死

早期的知识表示方法还有谓词逻辑表示法、框架表示法、面向对象表示法、语义网络表示法等。（1）谓词逻辑表示法。谓词逻辑表示法是一种形式表达法，它能用谓词演算来表示各种自然语言的事实，并提供一种从旧知识直接求得新知识的数学演绎方法。（2）框架表示法。框架表示法是一种描述对象属性的数据结构,将框架视为知识表示的基本单元。（3）面向对象表示法。面向对象表示法具有模块性、继承性、封装性和多态性等特征，与框架表示方法有许多相似之处，如层次分类和特性继承机制等，但由于应用目标不同，实现和使用方式有较大区别。（4）语义网络表示法。它是通过概念及其语义关系来表示知识的一种有向图。语义网络知识表示法主要有结构性、联想性和自然性等优点，也有非严格性和处理上的复杂性等缺点。

以上是一些常见的知识表示方法，此外，还有适合特殊领域的一些知识表示方法，如：概念图、Petri、基于网格的知识表示方法、粗糙集、基于云计算的知识表示方法等，知识图谱表示法将在下一节进行介绍。在实际应用过程中，知识表示允许采用多种表示方法。

（三）知识组织

知识图谱是目前知识表示和知识组织最有效、也是最有前途的方法。

通俗地讲，知识图谱就是把所有不同种类的信息连接在一起而得到的一个关系网络，本质上是一种基于图的数据结构。知识图谱由节点和边组成，每个节点表示“实体”，每条边表示实体与实体之间的“关系”或实体的“属性”。比如，金属镁生产，基于工艺流程、设备、原材料、销售等，以镁产品为核心向外层层扩散形成的网络关系图，就是一个知识图谱。其中，节点是物理实体或实际行为，连接节点的边表示节点之间的关系或节点的属性。

早在 1960 年，认知科学家就提出用语义网络研究人脑的语义记忆。如定义了名词、动词、形容词和副词之间关系的语义网络，被广泛应用于自然语言处理领域。1970 年，随着专家系统的提出和商业化发展，知识库构建和知识表示更加受到重视。其基本思想是：专家是基于大脑中的知识进行决策的，因此人工智能的核心应该是用计算机符号表示这些知识，并通过推理机模仿人脑对知识进行处理。第一个成功的专家系统 DENDRAL 于 1968 年问世。早期的专家系统最常用的知识表示方法是上一节介绍的基于框架的语言和产生式规则。

万维网的出现，为知识的获取提供了极大的方便。而大数据技术使得大规模自动化获取知识成为可能，将有助于解决传统知识工程的知识获取这个瓶颈问题，并进而使知识效用得到质的提升。知识图谱和传统专家系统时代的知识工程有着显著的不同。现代知识图谱的显著特点是规模巨大，无法单一依靠人工和专家构建。

知识也将显著增强机器学习能力。传统的机器学习都是通过大量的样本习得知识，在大数据红利渐渐消失的情况下，通过知识图谱等先验的知识去赋能大数据，能够显著降低机器学习对于样本的依赖，增强机器学习的能力。仍然以上节盐湖化工装备故障诊断为例，如果装备有上千个部件，每个部件有大量故障现象，按照上节的 IF/THEN/ELSE 模式进行规则推理会非常复杂。一个比较好的解决办法是将这些部件和故障按下图方式，形成一个关系矩阵，如表 3-2 所示。其中，矩阵中每一行都对应一个具体的故障模式，“1”

表示故障现象和故障原因有相关关系。这样就可以根据每一行的特征，利用二值相关性模型对故障进行快速定位。

表 3–2 部件故障现象和原因关系矩阵

故障现象	电源电压异常	控制计算机输出异常	控制器输出异常	电机转角异常
断路	1	1	1	1
CPU 损坏		1	1	1
控制器烧毁			1	1
电机卡死				1

知识图谱在逻辑上可分为模式层与数据层。（1）数据层。数据层主要是由一系列的事实组成，知识以事实为单位进行存储。如表 3—2 的故障关系矩阵表就是数据层的一个表示实例，其中的 CPU 损坏，相关，控制计算机输出异常就是一个三元组的实例。关系矩阵表示和三元组表示本质是一致的，只是表现形式不同。当然，也可选择其他形式作为数据层的表示方法。（2）模式层。模式层构建在数据层之上，是知识图谱的核心，通常采用本体库来管理。本体库的概念相当于“类”的概念。借助本体库，方便管理实体、关系、属性这些数据层三元组，可以使知识库层次结构较强，冗余度较小。

这里出现了“本体”的概念，本书通俗地做些解释。“本体”这个概念来源于哲学的本体论，所谓本体论，可以理解为对概念化的精确描述，本体论用于描述事物的本质。后来，“本体”这个词被应用到人工智能的知识处理领域，之所以被应用到知识处理领域，是为了实现知识重用和共享，如 Web 语言 XML 就是本体的一项典型应用，XML 文档相当于一个标签化的词汇表，这个词汇表定义了词汇以及他们之间的关系，使得大家能够共享这个词汇表，那么，这个词汇表就构成了一个知识本体。可见，“本体”相当于知识工程大厦的基石，为交流各方提供了一个统一的认识，便于提高知识搜索、积累和共享的效率。用于知识表示的知识图谱就是知识本体的一个实例。

知识管理由两个部分组成，一个部分是知识本体，另一个部分是问题求解方法。相当于决策支持系统的中知识库和推理机。前者涉及特定领域共有的知识结构，是静态的知识；后者涉及在相应领域的推理知识，是动态的知识，推理机根据知识库中的静态知识进行动态推理。

知识图谱主要有自顶向下和自底向上两种构建方式。（1）自顶向下。自顶向下指的是先为知识图谱定义好数据模式，再将实体加入知识库。该构建方式需要利用一些现有的结构化知识库作为基础知识库。Freebase 项目采用的就是自顶向下的方式。（2）自底向上。自底向上指的是从一些开放链接数据中提取出实体，选择其中置信度较高的加入知识库，再构建顶层的数据模式。目前，大多数知识图谱都采用自底向上的方式进行构建。盐湖化工企业一般宜采用自底向上的方式从数据里挖掘知识。

知识图谱构建从最原始的数据（包括结构化、半结构化、非结构化数据）出发，采用一系列自动或者半自动的技术手段，从原始数据库和第三方数据库中提取知识事实，并将其存入知识库的数据层和模式层，这一过程包含：知识获取、知识融合、知识加工三个阶段，每一次更新迭代都包含这三个阶段。

1. 知识获取

知识获取的整个过程是指从不同来源、不同结构的数据中进行知识提取，形成知识存入到知识图谱中。（1）实体获取。实体获取也叫命名实体识别，即从数据集中自动识别和命名实体。面向盐湖化工企业这样的单一领域的实体获取，主要通过识别文本或数据中的设备名称和编码、所在地域、专业术语、时间等信息。获取方式有三种：一是启发式算法加人工规则，实现自动获取实体信息的原型系统。二是统计机器学习方法辅助解决命名实体获取问题。三是有监督学习加先验知识。（2）关系获取。文本数据经过实体获取得到一系列离散的命名实体，但要得到语义信息，还要从文本信息中提取实体之间的关系，通过关系连接实体，形成网状的知识结构。（3）属性获取。属性获取是从数据源中获取实体的属性信息，比如设备的属性包含名称、使用年限、运行状态等。获取方式有四种：一是将实体属性作为实体与属性值的词性关系，将属性获取任务转化为关系获取任务。二是基于规则和启发性算法，获取结构化数据。三是先建立实体属性标注模型，通过样本数据加以训练，然后将其应用于对非结构化数据的实体属性获取。四是采用数据挖掘的方法，直接从文本中挖掘实体属性和属性值的关系。

2. 知识融合

知识融合主要包括实体链接、知识合并两阶段操作：（1）实体链接。一是直接链接。对获取后的实体通过相似度计算直接链接到知识库中。二是实体消歧。用于解决同名实体具有不同含义的问题。实体消歧需结合当前语境，准确建立实体链接。三是共指消解。用于解决不同名实体具有相同含义的问题。采用共指消解将共同指向的实体进行关联或合并。（2）知识合并。实体链接已经将实体链接到对应的实体，知识合并就是在此基础上对知识进行合并。知识合并可分为：外部数据库合并与关系数据库合并。

3. 知识加工

为了构建结构化、网络化的知识图谱，需要对知识进行加工。知识加工可分为：本体构建、知识重组、知识推理和质量评估。（1）本体构建。本体包括实体、属性及其关系。本体可以人工手动方式构建，也可以自动方式构建。手动方式构建本体的工作量巨大且很难找到相关领域的专业人士，对于构建全局的本体库，主要还是采用自动构建技术逐步扩展而来。自动构建过程主要包含三个阶段:实体并列关系相似度计算、实体上下位关系获取和本体生成。（2）知识重组。知识重组是指对知识因子和知识关联进行结构上的重新组合，形成另一种形式的知识。知识重组包括知识因子的重组和知识关联的重组。知识因子的重组是指将知识本体中的知识因子抽出，并对其进行形式上的归纳、选择、整理或排列，从而形成知识本体的检索指南系统的过程；知识关联的重组是指在相关知识领域中提取大量知识因子，并对其进行分析与综合，形成新的知识关联，从而生产出更高层次上综合知识产品的过程。知识重组包括知识增殖、知识融合、知识分裂、知识变异、知识约简、知识衍生等方面。(3)知识推理。在构建知识图谱过程中，知识推理可以用于知识补全和知识纠错。实际构建的知识图谱，通常存在不完备的问题，即部分关系或属性可能会缺失。知识补全就是通过算法，补全知识图谱中缺失的属性或者关系；实际构建的知识图谱中的实体的类型、实体间的关系、实体属性值均可能存在错误，可以通过推理进行知识图谱纠错。下一节将对知识推理进行介绍。(4)质量评估。对知识体系可信度进行量化，舍弃可信度低的知识用以保证知识图谱的质量。

（四）知识推理

推理能力是人类认知智能的重要特征。所谓知识推理，就是在已有知识的基础上，推断未知知识的过程。包括两种情况：一是从已知的知识出发推理出所蕴含的新的知识。二是从大量的个体知识归纳出一般性的知识。具体到知识图谱中，知识推理就是利用知识图谱中的三元组，得到实体关系或实体属性的新的三元组。如原来的知识图谱中有这样两个三元组，< 非煤矿山，属于，矿山 > 和 < 盐湖，属于，非煤矿山 >，通过知识推理，可以得到 < 盐湖，属于，矿山 >。

根据知识表达方式的特点，可将知识推理分为逻辑论证和图搜索。(1)逻辑论证。当知识表达采用谓词逻辑或其他形式逻辑方法时，问题求解的知识推理过程，相当于用数理逻辑方法进行定理证明的过程。(2)图搜索。基于图的知识表达，知识推理过程就是从图中初始状态的根节点到目标状态的终止节点的路线搜索过程，即搜索从初始状态有效地转移到目标状态，所经历的最优的或最经济的路线。

根据问题求解过程是否完备，可将知识推理分为推理算法和推理步骤。(1)推理算法。若问题求解的知识推理过程是完备的，则对于可解的问题，从任意初始状态出发，总可以找到一条求解路线，经过有限的、确定性的操作序列，转移到所要求的目标状态。这种推理过程具有完备性，而完备的推理过程称为推理算法。（2）推理步骤。若问题求解的推理过程是不完备的，则不能保证其推理过程的收敛性，从任意初始状态转移到目标状态，不一定能求得问题的解答。这种推理过程是不完备的、非算法的，称为推理步骤。

根据在问题求解过程中是否运用启发性知识，可将知识推理分为启发推理和非启发推理。（1）启发推理。在推理过程中，运用与问题有关的启发性知识，以加快推理过程，提高搜索效率。（2）非启发推理。在问题求解的推理过程中，不运用启发性知识，只进行通用性的推理。

根据求解过程中所用知识因果关系的确定程度不同，可将知识推理分为精确推理和不精确推理。（1）精确推理。当领域知识能用必然的因果关系表示，则推理得出的结论要么是肯定的，要么是否定的。（2）不精确推理。领域知识或用户给出的原始证据是不确定性的，推理的结论也只能用一种不确定性来度量。

知识推理的具体算法主要包括基于规则的推理、基于概率的推理、基于图结构的推理、基于向量变换的推理、基于神经网络的推理几种方法。

1. 基于规则的推理

基于规则的推理即将推理规则应用于知识图谱。这种方法简单、直观，推理结果精准，并且具有可解释性，因此在学术界和工业界都有广泛的应用。基于规则的推理方法又分为演绎推理和归纳推理。（1）演绎推理。是从一般到个别的推理，这是一种自上而下的逻辑，在给定一个或者多个前提的条件下，推断出一个必然成立的结果。（2）归纳推理。与演绎推理相反，归纳推理是一种自下而上的过程，即从个体到一般的过程。通过已有的一部分知识，可以归纳总结出这种知识的一般性原则。比较典型的归纳推理的方法有溯因推理和类比推理。

基于规则的逻辑推理的优点是准确性高，推理速度快。缺点是能够处理知识有限，特别是在大规模的网络知识图谱中，如果存在不准确的知识和事实，那么基于确定规则的逻辑推理便无法进行。

2. 基于概率的推理

现有技术还很难准确地将自然语言表达成确定性的推理需求，而且现实世界本身也具有不确定性，所以，很多问题无法进行确定性的推理。基于概率的推理并不是严格地按照规则进行推理，而是根据以往的经验和分析，结合专家先验知识构建概率模型，并利用统计学手段对推理假设进行验证或者推测。

基于概率的推理方法分为基于归纳逻辑编程的推理和基于关联规则挖掘的推理。(1)基于归纳逻辑编程的推理。使用机器学习和逻辑编程技术，在知识图谱上自动归纳出抽象的规则集，以完成推理。其优点是摒弃了人工定义规则的模式，在小规模的知识图谱上具有较好的推理能力。(2)基于关联规则挖掘的推理。从知识图谱中自动挖掘出高置信度的规则，并利用这些规则在知识图谱上推理以得到新的知识。其优点是可以处理更复杂、更庞大的知识图谱，且规则挖掘速度更快。

3. 基于图结构的推理

知识图谱是一种图结构，当进行推理的时候，可以从图的一个点出发，沿着边到达其他节点。从而形成一条推理路径。(1)基于全局结构的推理。基于全局结构的推理是指对整个知识图谱进行路径提取，然后将实体之间的路径作为特征用于判断实体间是否存在目标关系。(2)引入局部结构的推理。基于局部结构的推理是指利用与推理高度相关的局部图谱结构作为特征进行计算，以实现知识推理。基于图结构的推理是利用图谱的结构作为特征完成推理任务，其优点是推理效率高且可解释。

4. 基于向量变换的推理

基于向量变换的推理，即将复杂的数据结构变换为向量化的表示，将离散符号映射到向量空间，以更方便地捕捉实体和关系之间的关联，从而可以在映射后的向量空间中进行推理。（1）张量分解方法。通过特定技术将关系张量分解为多个矩阵，利用这些矩阵可以构造出知识图谱的一个低维表示。（2）平移模型方法。将知识图谱中每个关系看作从主体向量到客体向量的一个平移变换，通过最小化平移转化的误差，将知识图谱中的实体和关系映射到低维空间。（3）语义匹配模型方法。一般来说，有关系的三元组应该具有较高的相似度，没有关系的三元组具有较低的相似度。所以，可以通过设计基于相似度的目标函数，在低维向量空间匹配不同实体和关系类型的潜在语义。

5. 基于神经网络的推理

基于神经网络的推理，是充分利用神经网络对非线性复杂关系的建模能力，深入学习知识图谱的结构特征和语义特征，实现对图谱缺失关系的有效预测。（1）卷积神经网络方法（CNN）。通过卷积操作提取知识局部特征，预测图谱中的缺失关系。（2）循环神经网络方法（RNN）。基于循环结构提取知识序列特征，预测图谱中的缺失关系。（3）图神经网络方法。基于图神经网络提取出图谱拓扑结构特征，预测图谱中的缺失关系。（4）深度强化学习方法（DRL）。结合深度学习对图谱结构的感知能力和决策能力，将图谱上的推理模型转换为序列决策模型。

以上介绍的是推理方法。其实，知识推理包括两个基本问题：一是推理方法，二是推理的控制策略。推理方法指的是前提与结论之间的逻辑关系及其传递规律等。而控制策略的采用是为了限制和缩小搜索空间，使推理的指数型困难问题得以简化。

下面介绍推理的控制策略。

推理的控制策略分为推理策略和搜索策略两大类。（1）推理策略。主要包括正向推理、反向推理和混合推理。正向推理又称为事实驱动或数据驱动推理，其主要优点是比较直观，允许用户提供有用的事实信息。反向推理又称目标驱动或假设驱动推理，其主要优点是不必使用与总目标无关的规则，且有利于向用户提供解释。混合推理如基于神经网络的知识推理，既可以实现正向推理，又可以实现反向推理。(2) 搜索策略。搜索策略主要包括盲目搜索和启发式搜索，前者包括深度优先搜索和宽度优先搜索等搜索策略；后者包括局部择优搜索法（如盲人爬山法）和最好优先搜索法（如有序搜索法）等搜索策略。

目前知识推理已经应用于故障诊断、军事辅助决策、智能医学诊疗等领域，但在智慧盐湖、智慧矿山领域的应用较少。智慧盐湖可以借鉴其他领域的应用成果，以从根本上提高生产运营效能。

总结：发挥数据新生产要素的价值

生产力由生产要素构成。传统经济中，生产要素主要指土地、劳动力、资本和技术。随着科学技术不断发展，数据成为新的生产要素。同时，原有的土地、劳动力、资本和技术等要素也有了新内涵。

生产要素是一个历史范畴，随着经济社会的发展而不断演进，在不同的经济形态下，有着不同的构成和不同的作用机理。

数据成为生产要素是一个渐进的过程，任何一种生产要素真正发挥作用都不是一蹴而就的，而是在生产实践中不断融合培育出来的。在农业时代，生产要素只有土地和劳动；第一次工业革命引发了资本和技术成为推动长期经济增长的关键要素；到第三次工业革命时，数据越来越成为经济运转的新动力。随着互联网的大规模商用，人类掌握数据、处理数据的能力有了质的跃升，数据才真正成为生产要素。这时的数据已经能够在信息世界里被处理和分析。从长期趋势来看，数据要素终将大规模渗透进生产、分配、交换和消费的各个环节，提升全要素生产率和推动全球经济的新一轮增长。

数据这个新生产要素的价值不在于数据本身，它只有跟基于商业实践的算法、模型聚合在一起才能创造价值。数据创造价值的本质是用数据驱动的决策替代经验决策，重建人类对客观世界的理解、预测、控制。具体表现在投入替代和资源优化：(1) 投入替代。数据要素可以用更少的资源和成本创造更多的财富和服务，对传统的生产要素产生替代效应。如移动支付会替代传统 ATM 机和营业场所，电子商务会减少传统商业基础设施大规模投入，企业信息系统建设能减少人力和资源消耗。(2) 资源优化。数据对提高生产效率具有乘数作用，比如数控设备的生产效率就比传统设备要高出数量级。

数据要素能够提高劳动、土地、资本、技术要素之间的资源配置效率。数据本身生产不了汽车，生产不了盐湖化工产品，但是数据可以低成本、高效率、高质量地使这些产品得以生产。数据要素将使传统生产要素发生革命性聚变和裂变，成为驱动经济持续增长的关键因素。

智慧盐湖数据处理的根本目的是把数据新生产要素的价值最大程度地发挥出来，进行数据和知识的多尺度应用。业务实践，是数据处理的出发点，也是数据处理的落脚点。数据要素的根本价值在于将分析洞察引入生产运营，基于数据驱动模型和知识模型实现盐湖化工生产的自动化和不断优化，在此基础上实现商业模式创新、生产模式创新、运营模式创新和科学决策能力创新。

反映这种数据价值的一个实例就是中国科学院青海盐湖研究所、中国科学院武汉文献情报中心申请的专利。该专利公开了一种基于大数据的盐湖科技产业数据综合分析系统，具体涉及盐湖科技产业数据综合分析技术领域，包括数据采集模块，所述数据采集模块输出端设有数据处理模块。专利通过数据处理模块、数据分类模块和数据标签化模块的设置，将产业信息采集单元经过数据清洗、分类、标引，形成逻辑一致、时空基准统一的盐湖科技和产业综合数据库群，建立了以交换和共享系统为核心的系统体系，形成对各种类型的盐湖数据的汇聚、集成以及共享服务，通过数据检索模块、行为分析模块和数据推送模块的设置，与数据库模块形成回路，以政府、科研院所、企业等机构对数据服务的需求为导向，实现了从海量的数据信息中抽取有价值信息的过程，有利于辅助决策。

智慧盐湖的数据价值将从以下三个层次体现。在数据处理过程中，不同阶段的数据处理结果在不同层次上被应用。

（一）数据驱动的执行操作

执行操作，是指驱动设备或者辅助操作人员进行相应的生产操作过程。执行操作是根据实时数据或加工后的数据驱动的。生产单元自动下载产品数据，驱动生产单元进行生产。

这一层次的数据驱动主要依靠工业自动化控制设备与系统。目前应用较多的工业自动化控制设备和系统主要有伺服系统、传感器、仪器仪表、人机界面、数据采集与监视控制系统、分布式控制系统、可编程逻辑控制器等。工业自动化控制的关键技术主要有数据采集技术、数据通信技术、实时性技术、数据传输技术等。在盐湖化工生产各个环节，通过收集现场设备数据、进度数据和故障信息等，可实时、精准掌握设备运行状态。

（二）数据驱动的生产运营

生产过程、计划执行和生产辅助等生产运营数据，有助于驱动生产信息流、物料流、资源流贯通和综合集成，实现生产过程准确的生产流程、准确的物料供应、准确的资源保障。通过生产运营数据的监控，实现整个企业制造过程的透明化，管理者可以得到正确的信息进而对生产资源进行全局性的有效评估。

1. 生产计划下达

盐湖化工生产过程复杂，涉及的知识非常多，包括能源管理、资源配置、工艺指标、运行安全、设备状况、产品质量等方方面面。企业级调度部门制定生产计划，主要是根据工艺技术、资源分配、市场环境等经营管理知识以及生产执行的反馈信息来制定。生产计划下达到车间、能源、采购等各个部门，各部门进行综合决策，提出具体生产方案，实质上是把产品产量、质量、能耗等生产目标与各部门相关知识进行关联、融合、重组、求解的过程，是一个知识深度融合和交互的过程。各相关环节消除有歧义的生产数据和指令，将生产数据进行集成和关联，实现生产过程高效运行和精益控制。

2. 动态配置和自适应优化

资源节点之间往往存在复杂的耦合关系，导致运行过程存在着较强的不确定性。在实际生产过程中，各种随机扰动，如设备故障等，都可能造成工序流程的动态变化。通过遗传算法等启发式优化方法，利用结果进行数据驱动，可以自动适应内外部条件变化，进行生产调度优化，动态地进行资源调配，使生产系统变得更加动态和灵活。

3. 供应链流转

物料清单（Bill of Material，BOM）定义工序级物料的准确信息，驱动物料在供应商、仓库、工艺流程之间的流转，按照工艺路线经过生产各环节，实现由卤水原料向盐湖化工产成品的转变。如：进行物料品质监控和良品率监控，减少因物料问题或故障造成的直接产能冲击和质量不稳定。

4. 工艺过程的改进

通过对数据的加工，发现生产过程、工艺、设备等方面深层次的规律，促进生产系统的持续改进。对生产相关数据按照特征进行组织，通过数据挖掘和分析，揭示工艺参数、质量性能的相互作用规律，实现工艺参数对产品性能影响的精确映射，进而支撑工艺优化设计决策。

5. 提升工艺水平和产品质量

根据数据分析结果，及时发现产品设计的缺陷，及时修正，提高工艺研发的质量和效率。一是产品质量合格判读。盐湖化工产品如氯化钾、硫酸钾镁肥、复混肥、工业碳酸钠、碳酸锂等均有关键质量数据，在采集到量化的实测结果后，即可由系统自动进行判读比对，自动生成“合格”或“超差”的结论。二是产品数据包络分析。在智慧盐湖系统中录入或导入以往产品质量数据后，即可自动生成“包络上限”和“包络下限”，当采集到当前产品的量化实测结果后，即可由系统自动进行判读比对，自动生成“包络”或“不包络”的结论。三是产品质量稳定性分析。在采集到量化的实测结果后，可由系统自动进行稳定性分析，绘制出数据变化趋势，给出预警信息。

（三）数据驱动的分析决策

智慧盐湖数据驱动主要用于态势评估、趋势预测、商务智能。以海量数据为资源形成全方位运营知识来源，依托机理模型、数理模型和人机交互数据工作台，对数据进行多维度分析和算法应用，为应用端的决策支持提供支撑。

盐湖化工生产质量管控过程复杂、生产数据繁多，数据驱动可以对生产开展综合运行态势分析，根据从数据挖掘中所获得的信息、知识和关键绩效指标，支撑管理者进行生产决策，从根本上提高生产线的效益和管理水平。如：综合分析企业的功能、结构和环境，做出全局性、整体性的评价。传统企业的业务分析能力主要体现在业务流程分析、业务数据分析和工作流分析，由于智慧盐湖化工企业实现了业务的数字化，其对于业务分析能力的要求更高。业务分析结果应具有自动化特征，能根据业务分析结果提供企业的各类规划，能提升销售运营计划，积极监控销售和运营过程，调整生产、运营、销售和财务流程。

趋势预测结果应能在生产、运营和行业趋势的三个层面发挥作用。在生产方面，根据自动化生产过程中的数据预测产品的趋势，根据产品生产趋势制定物料需求计划，及时自动调配生产线物料供应；在运营方面，根据产品的销量、价格和外部环境等数据预测企业主营业务的发展趋势，根据趋势预测结果调整企业的主营业务计划；在产业链方面。通过预测行业的发展趋势，帮助企业更好地设计和生产产品，分布销售渠道，了解市场价格反馈。根据企业内部数据和接入的外部竞争对手数据与产品环境数据判断行业发展趋势，可以看出区域性需求占比和变化、产品品类的市场受欢迎程度等，以此来调整产品和生产策略，节省营销费用。

数据分析可作为相应的决策依据，甚至实现自主决策。大数据支持的商务智能将为企业决策提供更好的支持。通过挖掘和分析大数据，企业能够更深入、更广泛地洞察业务模式和发展趋势，帮助企业在制造、安全、营销方面提高运营效率和竞争优势。

第四章　智慧盐湖关键技术

智慧盐湖关键技术并不是多项单一技术的简单堆砌，而是在统一规划下，各项技术融合创新的技术体系，不仅为智慧盐湖建设提供支撑，更为智慧盐湖发展引领方向。

本章主要介绍工控网络技术、网络互联技术、云边架构技术、生产运营管控技术、建模和仿真技术、人工智能技术、安全防护技术等七大方面的技术。CPS 技术、大数据技术和数据库技术已在前面章节有所介绍，本章不再赘述。

一、网络互联技术：建立广泛连接的数据通路

智慧盐湖对网络的要求不仅要实现工业控制，而且要在更大范围内实现网络互联。网络互联是指将两个以上的通信网络通过网络互联技术连接起来。网络互联技术用于在物理和逻辑上实现不同网络中的用户进行相互通信、共享软件和数据。

网络互联技术在盐湖的应用优势可以从盐湖资源生产物联网智能综合服务平台窥见一斑。盐湖资源生产物联网智能综合服务平台，是基于云服务思路的，用来无缝衔接业务应用系统和运维系统的，处理包括业务、数据以及服务的协作和分享的操作平台。平台将盐湖资源井采生产涉及的所有组织机构、应用系统、感知设备及实时数据集于可视化平台统一展示；根据业务需求对物联网感知信息进行加工处理，为管理决策、相关部门业务协同、企业经营生产、技术人员作业等提供盐湖资源综合利用一体化信息服务。平台于2016 年 4 月在青海中信国安西台场区实施，其中的基于物联网的西台吉乃尔盐湖智能采卤系统，实现了对井采生产设备运行信息的实时在线智能检测，设备运行异常报警与预警，通过无线传感网、互联网、通信网等信息传输通道，以计算机、手机、平板电脑等网络终端，充分实现了生产管理人员和专业技术人员的协同、调整与控制，确保生产有序运转。

（一）工控网络技术

工控网络是智慧盐湖数据流通的物理基础。不同于一般的计算机网络，工控网络对数据传输效率的要求更高，且要求在恶劣工况环境中保持数据传输的稳定性。工业以太网、工业现场总线、无线局域网通信技术是目前工控

网络的三大主流技术，令牌环网和 FDDI 技术在智慧盐湖建设中也有应用。

1. 工业以太网技术

工业以太网是应用于工业领域的以太网。在技术上，工业以太网与普通商用以太网兼容，但是在实际产品和应用上却有很大不同。如工业以太网在链路层和网络层增加了相应功能模块以满足工业控制实时性、高可靠性以及多样化的功能和性能需求。另外，为支持恶劣环境下的高可靠数据交换需求，以太网在物理层也增加了电磁兼容性设计，以解决网络安全性和抗电磁干扰等问题。

许多工程师对以太网的了解，大多来自对商业以太网的认识。按照商业以太网的实施经验进行设计，往往导致工业控制系统的简单化和商业化，不能真正理解工业以太网在工业现场的意义，也无法真正利用工业以太网的特殊功能，给工业控制系统留下不稳定因素。

目前，因为工业以太网技术的诸多优点，在国内外逐步得到了迅速普及，并开发有大量配套产品，广泛应用于电力、交通、冶金、煤炭、石油化工等工业领域。随着工业自动化系统向分布式和智能化发展，工业以太网体现出兼容性好、通信速率高的优势。

工业以太网技术已经非常成熟，有多种软件开发环境和硬件设备可供用户选择，大大降低了软硬件成本。几乎所有的编程语言如 VisualC++、Java、VisualBasic 等都支持工业以太网的应用开发。在进行工业以太网规划时，要从网络规模、网络节点数量、业务流对实时性的要求、设备的地理分布情况、安全防护需求等几个方面统筹考虑。

通信就是将信息从一个点传送到另一个点，工业通信系统也是如此，也需要发送器、接收器和通信链路。通信链路类型包括双绞线、同轴电缆、光纤、无线和微波等，而其中的通信规则称为协议。无论以什么方式实现通信，都离不开相关的协议标准。工业以太网与以太网兼容，遵循 IEEE 802.3 局域网标准。

目前，万兆以太网目前已经有成功应用案例，使用单位都是高等学府、研究机构等。另据资料，2021 年 6 月，全球第一款 160 万兆的以太网解决方案也公布于世，使用了先进的 5nm 制造工艺，可以在以太网骨干网上实现每秒 200GB 的超高速传输。

2. 工业现场总线技术

与工业以太网不同，工业现场总线没有统一的协议标准。目前国际上总共有 40 多种现场总线技术，具有一定影响和已占有一定市场份额的有 Profibus（Process Field Bus，程序总线网络）、FF（Fundation Fieldbus，基金会现场总线）、Lonworks（Local Operating Network，局部操作网络）、CAN（Control Area Network，现场总结结构）等现场总线。

工业现场总线是一种工业数据总线，工业现场总线技术是自动化领域中的底层数据通信技术，主要用于解决工业现场的智能化仪器仪表、控制器、执行机构等现场设备间的数字通信以及这些现场控制设备和高级控制系统之间的数据传输问题。由于现场总线简单、可靠、实用、经济等突出优点，因而受到了许多标准团体和计算机厂商的重视。

工业现场总线遵循 ISO / OSI 开放系统互联参考模型的全部或部分通信协议，但在实际应用中，ISO 模型只是一个参考，不同种类的现场总线协议栈有较大区别,通常会将 ISO / OSI 的七层模型简化,以实现更低的通信延迟、更快的速度、更有利于实现现场总线的实时特性。

在工业控制领域,确实有通过以太网访问现场仪表的实例,人们不禁要问:工业以太网会不会最终延伸到现场，取代现场总线？本书认为工业以太网技术有能力延伸到现场，现场总线技术也会不断地融入工业以太网技术，但是工业以太网技术不会取代现场总线，因为现场总线与一般计算机通信在功能、要求和结构上有所不同。

网络技术日新月异，发展十分迅猛，一些网络新技术必将融合到现场总线技术之中，这些具有发展前景的现场总线技术有：智能仪表与网络设备开发的软硬件技术；组态技术，包括网络拓扑结构、网络设备、网络互连等；网络管理技术，包括网络管理软件、网络数据操作与传输技术；人机接口、软件技术；现场总线系统集成技术等。

3. 无线局域网技术

无线局域网（Wireless Local Area Networks，WLAN）是利用无线技术进行数据传输的系统，能够弥补有线局域网络的不足，达到网络延伸之目的。通俗地说，无线局域网就是在不采用网线的情况下，提供以太网互联功能。

无线局域网发明之前，要想进行联络和通信，必须用物理线缆组建一个通路。当网络发展到一定规模后，人们又发现，有线网络无论组建、拆装、改建，都非常困难，且成本也非常高，于是无线局域网应运而生。

无线局域网的标准主要有IEEE 802.11标准、WiFi标准、蓝牙(Bluetooth)标准、Zig-Bee标准和家庭网络（HomeRF）标准，不同的标准有不同的应用。(1) IEEE 802.11标准。IEEE 802.11无线局域网标准，使得无线局域网在各种有移动要求的环境中被广泛接受，成为无线局域网目前最常用的传输协议。不过由于802.11速率最高只能达到2Mbps，在传输速率上不能满足人们的需要，因此，IEEE 802工作组又相继推出了802.11b和802.11a两个新标准。802.11b标准采用一种新的调制技术，使得传输速率能根据环境变化，速度最大可达到11 M bps，满足了日常的传输要求。而802.11a标准的传输速度可达25 M bps，完全能满足语音、数据、图像等业务的需要。因为无线局域网的“无线”特点，给网络带来了不安全因素，为此还专门制定了802.11z标准，以加强用户身份认证，并对传输的数据进行加密。(2) WiFi标准。WiFi属于无线局域网技术，应用较为广泛。据估计，目前市场上有超过30亿台电子设备使用WiFi技术。WiFi（Wireless Fidelity），是英文的缩写，中文翻译为“无线保真”。与后面将介绍的蓝牙技术一样，WiFi也属于在办公室和家庭中使用的短距离无线技术，但比蓝牙技术具备更高的传输速率，更远的传播距离。WiFi目前已经发展到第六代，其标准是由WiFi联盟制定的。WiFi 联盟成立于 1999 年，2002 年 10 月，正式改名为 WiFi 联盟。2018 年底，WiFi 联盟宣布改变 WiFi 标准的命名方式，不再采用 802.11 电子工程专业名词，取而代之的是将最新的 802.11ax 标准简化命名为 WiFi6。WiFi7 也被提上日程。WiFi7 以 WiFi6 为基础，引进了许多新技术，预计能支持高达 30Gbps 的吞吐量，约为 WiFi6 的 3 倍。（3）蓝牙（Bluetooth）标准。蓝牙标准由蓝牙技术联盟（SIG）管理，IEEE 将蓝牙技术列为 IEEE 802.15.1，但如今已不再维持该标准。蓝牙技术的目的是实现短距离无线语音和数据通信，可实现固定设备、移动终端和楼宇局域网之间的短距离数据交换。最新的蓝牙 4.2 数据传输速率可达 1Mbps，隐私功能更强大，支持 IPV6 网络。蓝牙传输距离为 0.1—10m，通过增加发射功率可达到 100m。蓝牙比 802.11 更具移动性，可以把移动终端连接到局域网和广域网，甚至支持全球漫游。蓝牙成本低、体积小，可用于更多的设备。蓝牙还有一个优势是成本低，如果搭配蓝牙进行架构，成本要比铺设线缆低很多。蓝牙技术速率快、低功耗、安全性高，但网络节点少，不适合多点布控。（4）Zig-Bee 标准。Zig-Bee 是基于 IEEE 802.15.4 标准而建立的一种短距离、低功耗的无线通信技术。Zig-Bee 的命名来源于蜜蜂的通信方式，由于蜜蜂（Bee）是靠“嗡嗡”（Zig）地抖动翅膀与同伴交流。Zig-Bee 的特点是距离近，其通常传输距离是 10—100m；低功耗，在低耗电待机模式下，2 节 5 号电池可支持终端工作 6—24 个月；Zig—Bee 成本低，没有协议费，芯片价格便宜；低速率，Zig—Bee 的传输速度在 20—250kbps。所以，Zig—Bee 主要用于距离短、功耗低且传输速率不高的场景，如家庭和楼宇控制、工业现场自动化控制、信息收集与控制、公共场所信息检测与控制、智能型标签等领域，并可以嵌入各种设备。（5）家庭网络（HomeRF）标准。HomeRF 标准主要为家庭网络设计，是 IEEE 802.11 与 DECT（数字无绳电话）标准的结合，目的在于降低语音数据成本。该协议主要针对家庭无线局域网，其数据通信采用简化的 IEEE 802.11 协议标准。HomeRF 标准采用扩频技术，工作在 2.4GHz 频段，可同步支持 4 条高质量语音信道，并且具有低功耗的优点，适合用于笔记本计算机。HomeRF 和蓝牙都工作在 2.4GHz 频段，并且都采用跳频扩频（FHSS）技术。蓝牙技术适用于松散型的网络，允许设备单独建立一个连接，而 HomeRF 技术则不像蓝牙技术那样随意，但比蓝牙技术更安全，因为它要求每个网络成员必须事先确定一个唯一的识别代码。

4. 令牌环网和 FDDI 技术

令牌环网，顾名思义，节点要发信息必须取得一个令牌（Token），为保证不发生碰撞，只有令牌持有者才能控制环线，才有发送信息的权力。具体地，令牌环网中有一个令牌沿着环形总线各节点间依次传递。令牌实际上是一个特殊格式的帧，本身并不包含信息，仅控制信道的使用，确保在同一时刻只能有一个节点独占信道。当环上节点都空闲时，令牌绕环行进。令牌有“闲”和“忙”两种状态。“闲”表示令牌没有被占用，即网中没有计算机在传送信息；“忙”表示令牌已被占用。希望传送数据的计算机必须首先检测到“闲”令牌，将它置为“忙”的状态，然后在该令牌后面传送数据。在发送完一帧后，将令牌置为“闲”的状态。

令牌环网的优点是它能提供优先权服务，有很强的实时性，在重负载环路中，以循环方式工作，效率较高，即使负载很重，仍具有确定的响应时间。其缺点是控制电路较复杂，令牌容易丢失，但经过改进，目前令牌环网的实用性已大大增强。令牌环网曾经比以太网流行，但现在的情况发生了变化，支持厂家较少，可扩展性受到限制，其网卡比以太网网卡价格高很多。

FDDI（Fiber Distributed Data Interface，光纤分布式数据接口），是由美国国家标准化组织（ANSI）制定的在光缆上发送数字信号的一组协议。FDDI 是目前成熟的局域网技术中传输速率最高的一种，支持多种拓扑结构。由于使用光纤作为传输媒体，所以容量大、传输距离长、抗干扰能力强，常用于主干网，一些千兆交换机上也可以使用这种接口。FDDI 使用两条环路，当其中一条出现故障时，数据可以选择走另一条环路。连接到 FDDI 的节点有两类，即 A 类和 B 类。A 类节点与两个环路都有连接，由网络设备如集线器等组成，具备在网络崩溃时重新配置环路结构的能力；B 类节点通过 A 类节点连接到网络，包括服务器、工作站等。

CCDI 是 FDDI 的一种变型，采用双绞铜缆为传输介质，数据传输速率通常为 100Mbps。FDDI-2 是 FDDI 的扩展协议，是 FDDI 的另一个变种，采用与 FDDI 相同的网络结构，但传输速率可以达到 200Mbps。

（二）工业互联网技术

首先需要说明的是，工业互联网概念的范畴有越来越广的趋势，致力于物理世界与信息世界的融合，通过数据流动和分析，形成智能化产业变革。但本书仍然取其原本之义，把它定位于网络互联的一种方式。

看到工业互联网这个词，大家往往会误认为是工业的互联网，或者是“工业 + 互联网”，其实它更准确的含义是工业互联的网。

工业互联网不同于我们平时接触的互联网，也不是互联网在工业的简单应用，而与一般互联网有着本质的不同。(1) 连接对象不同。与互联网主要实现人与人的连接不同，工业互联网要连接人、机、物、系统等诸多主体，连接数量和复杂度远超互联网，场景也更为复杂。(2) 用户属性不同。互联网面向大众用户，用户共性需求强，但专业化程度相对较低。工业互联网面向千行百业，必须与各行业的技术、知识、经验、痛点紧密结合。(3) 技术要求不同。工业互联网直接涉及工业生产，要求传输网络的可靠性更高、安全性更强、时延更低。

工业互联网概念来源于工业物联网。工业物联网，可以理解为工业领域的万物互联，它全方位采集底层基础数据，强调“物与物”的连接。而工业互联网是要实现“人、机、物”的全面互联，通过更大范围、更深层次的连接实现对工业系统的全面感知。可见，工业互联网涵盖了工业物联网，同时进一步延伸到企业的信息系统、业务流程和人员。所以，本书以工业互联网的提法代替工业物联网。

现在很多企业购置了大量的工业自动化设备，生产车间实现了自动化控制，但设备与设备之间缺少关联，很多工业设备孤立作业，工序衔接和信息传递效率较低，现场调度人员往往需要记录每道工序的完成情况，然后再手工录入生产执行系统等平台中，难以实现每道工序完工情况的自动反馈和物料的实时追踪。另外，支撑工业互联网的各类信息系统独立建设，尚未进行集成和资源共享，缺少互联互通条件，网络协同能力不足。

工业互联网正是解决上述问题的技术框架，目的是推动形成全新的生产制造和服务体系，优化资源要素配置效率，充分发挥生产制造装备、工艺和材料的潜能，提高企业生产效率，创造差异化的产品并提供增值服务。

工业互联网技术超出了单一学科和工程的范围，深度融合了的全新工业生态、关键基础设施和新型应用模式，实现了全要素、全产业链、全价值链的连接，将许多独立技术联系起来构建成相互关联、各有侧重的新技术体系。工业互联网是一个动态体系，人工智能、5G、时间敏感网络（TSN）、边缘计算、数字孪生、区块链、虚拟现实等新技术，正在与工业互联网加速融合，不断拓展工业互联网的能力内涵和作用边界。

工业互联网的技术体系由生产制造技术、信息技术以及两大技术交织形成的融合性技术组成。其中，生产制造技术贯穿于设备、边缘计算、企业等各层工业互联网系统的实施落地，是工业数字化应用优化闭环的起点和终点。以 5G、TSN、边缘计算为代表的信息技术，可直接作用于工业领域，支撑工业互联网的通信、计算、安全基础设施。以人工智能、数据孪生、区块链、VR/AR 等为代表的融合性技术，强化了工业互联网的赋能作用，构建符合工业特点的数据采集、处理、分析体系，并重新定义工业知识积累和使用方式，以提升制造技术优化发展的效率和效能。

《工业互联网体系架构 2.0》把工业互联网的网络体系分为网络互联、数据互通和标识解析三个部分。网络互联实现要素之间的数据传输，数据互通实现要素之间传输信息的相互理解，标识解析实现要素的标记、管理和定位。

1. 网络互联。即通过有线、无线方式，将工业互联网体系相关的生产要素和企业上下游、智能产品、用户等要素连接，支撑业务发展的多要求数据转发，实现端到端数据传输。网络互联根据协议层次自底向上可以分为多方式接入、网络层转发和传输层传送。多方式接入包括有线接入和无线接入，通过现场总线、工业以太网等有线方式，以及5G/4G、WiFi/WiFi6等无线方式，将工厂内的各种要素接入内网和外网。

2. 数据互通。实现数据和信息在各要素间、各系统间的无缝传递，使得异构系统在数据层面能相互“理解”，从而实现数据互操作与信息集成。数据互通包括应用层通信、信息模型和语义互操作等功能。（1）应用层通信实现数据信息传输安全通道的建立、维持、关闭，以及对支持工业数据资源模型的装备、传感器、远程终端单元、服务器等设备节点进行管理。（2）信息模型提供完备、统一的数据对象表达、描述和操作模型。（3）语义互操作实现工业数据信息的发现、采集、查询、存储、交互等功能，以及对工业数据信息的请求、相应、发布、订阅等功能。

3. 标识解析。提供标识数据采集、标签管理、标识注册等功能。（1）标识数据采集，主要定义标识数据的采集和处理手段，包含标识读写和数据传输两个功能，负责标识的识读和数据预处理。（2）标签管理，主要定义标识的载体形式和标识编码的存储形式，负责完成载体数据信息的存储、管理和控制，针对不同行业、企业需要，提供符合要求的标识编码形式。（3）标识注册，是在信息系统中创建对象的标识注册数据，包括标识责任主体信息、解析服务寻址信息、对象应用数据信息等，并存储、管理、维护该注册数据。

在智慧盐湖建设中，如果盐湖化工企业已经具备一定的网络基础，在建设开始之前，需要盘点现存内外网络情况，整体规划部署盐湖控制网、生产网、办公网、监控网等网络，对工业互联网内网进行改造，有条件的盐湖化工企业可以开展IPv6、5G等新技术的规模化试验和应用部署，采用无线Mesh网络、

Ad-hoc 网络等技术实现全部移动装备和作业人员的无缝信息交互。为保障生产，需优先保障控制网的通信畅通与冗余安全，实现主要办公区、主要盐区、装备作业区等重点区域的网络全覆盖。在此基础上，进一步提升网络的布点和覆盖范围，满足大批量移动终端精确定位、设备实时控制、大批量实时工业数据的采集与传输要求。鼓励盐湖化工企业配备高容量系统、高传输速率、多容错机制、低延时的网络设备，采用分布式工业控制网络，实现网络资源的优化配置。

工业互联网的发展趋势主要有:(1)与其他新技术广泛融合。与人工智能、大数据、云计算、边缘计算、AR/VR 等技术的融合，将进一步促进工业互联网的发展，如工业互联网带宽的增长、传感技术的发展、计算和存储能力的提升、IT 架构的组件化等。(2)重构工业应用的部署模式。如将机理模型和数学模型相结合，构建微服务组件库，将各种微服务固化为工业 APP，以面向更加细分的场景，并可被灵活集成和调用。(3)构建新的网络体系。如：5G+TSN、5G+ 工业以太网、SDN 等不同的网络技术组合，可以满足差异化的通信需求，形成多种应用场景。

（三）5G 通信技术

在智慧盐湖建设中，5G 虽然可以单独组网，但主要是作为一种无线通信技术配合工业互联网部署和应用。一方面，工业互联网的发展离不开 5G 的支持。5G 能够与工业互联网进行深度融合,助力工业互联网实现数字化、网络化、智能化。另一方面,工业互联网是未来 5G 通信技术落地的重要应用场景之一,应用于工业互联网才能更好地体现 5G 的价值。

移动通信延续着每十年一代技术的发展规律。从 1G 到 2G，实现了模拟通信到数字通信的转变，移动通信开始普及；从 2G 到 3G、4G，实现了语音业务到数据业务的过渡，移动互联网已成为经济社会发展的重要基础设施，用户数、连接设备数、数据量均持续呈指数级增长。随着移动互联网快速发展，新服务、新业务不断涌现，4G 移动通信难以满足未来移动数据流量暴涨的需求，亟须研发 5G 通信技术。

5G 的全称为第五代移动通信技术，而不是指 5Gb/s 的传输速率，其实，5G 已经能实现 10Gb/s 的峰值速率。

5G 采用了一系列新技术，主要有以下 8 大关键技术。

1. 大规模天线技术。大规模天线技术能够提高无线通信系统的容量、可靠性和频谱效率。大规模天线技术在传统多天线技术的基础上将天线数量扩展若干倍。大规模天线阵列通过波束成形将信号能量聚集到某一个方向，因此基站能够通过空分多址技术同时为同频终端提供通信服务而不会产生干扰，并且在相同的发射功率下可以覆盖更广阔的通信范围。

2. 异构超密集组网技术。异构超密集组网技术能够扩大无线网络的覆盖范围，提高系统的吞吐量和通信质量。在异构网络中，设备可以支持多种无线接入方式，包括基站接入、中继站接入、家庭基站接入、端到端直接通信等。异构网络可以有效降低移动性调度开销和提升移动用户通信体验。

3. 全频谱接入技术。该技术涉及 6GHz 以下低频段和 6GHz 以上高频段，其中低频段是 5G 的核心频段，用于无缝覆盖；高频段作为辅助频段，用于提升热点区域速率。全频谱接入采用低频和高频混合组网，充分挖掘低频和高频的组合优势，共同满足无缝覆盖、高速率、大容量等业务需求。

4. 新型多址技术。新型多址技术通过发送信号的叠加传输来提升系统的接入能力，可使 5G 网络每平方千米连接千亿设备，还可以提升系统频谱效率并降低延时。

5. 新型多载波技术。为了更好地支撑 5G 的各种应用场景，业界已提出了多种新型多载波技术，例如，滤波正交频分复用技术、通用过滤多载波技术和过滤宽带载波技术等，能更好地支持新业务，具有良好的可扩展性和兼容性。

6. 先进编码调制技术。该技术是在不降低系统有效传输速率的前提下进行有效的编码和调制，是未来宽带移动通信系统中的关键技术之一。5G 包括多种应用场景，性能指标要求差异很大。例如，热点高容量场景对单用户链路的速率要求极高，这就需要在大带宽和信道好的条件下支持很高的频谱效率和码长。

7. 虚拟化技术。利用网络虚拟化技术，可以在同一基站平台上同时承载多个不同类型的无线接入方案，实现无线接入网内部各功能实体动态无缝连接，便于配置用户所需的边缘业务模式。

8. 网络切片技术。采用端到端网络切片技术，将网络分割成多个逻辑上相互独立的切片，以实现各特定业务或场景下的用户体验。

5G 和 WiFi 都是网络互联广泛采用的技术，现在有一个问题：5G 时代到来是不是意味着 WiFi 将被终结？并不会。5G 网络全面深度覆盖还需要相当长时间。WiFi 的独特思路和成本优势仍会使它进一步在各个领域发展，比如，在飞机、高铁上为乘客提供安全高速的 WiFi 上网服务等。所以，WiFi 网络仍然有相当大的生存发展空间，在未来很长一段时间内，WiFi 将与 4G、5G 互为补充。实际上 WiFi6 的理论传输速度也能达到 9.6Gb/s，与 5G 旗鼓相当。另外，第三代合作伙伴计划 3GPP 组织也在讨论 5G 和 WiFi 的融合问题，3GPP 组织希望通过两种网络无缝融合来提升用户体验，当用户从室外来到室内时，可以平滑无感知地从 5G 网络切换到 WiFi 网络。有可能两者会相向而行，全面融合。

有的企业曾经在某矿井进行过 5G 与 WiFi6 比较分析，盐湖化工企业可以借鉴。综合对比情况，主要有：（1）5G 上行峰值传输速率 10Gbit/s，下行峰值传输速率达 20Gbit/s。WiFi6 在 80MHz 带宽下，单条空间流的峰值速率为 600Mbit/s，在带宽为 160MHz，8 条空间流的情况下，峰值速率达 9.6Gbit/s。一般来说，矿井下上行传输数据量远大于下行。因此，在煤矿数据传输方面，5G 与 WiFi6 相当。（2）5G 在 eMBB 场景下，时延小于 4ms，在 uRLLC 场景下时延小于 1ms。WiFi6 平均时延为 20ms，远高于 5G 的时延。因此，在时延方面，5G 优于 WiFi6。（3）5G 移动性强，跨区连接速度快，可实现跨区网络无缝切换。WiFi6 跨区建立连接慢。（4）5G 系统复杂、成本高，WiFi6 系统简单、成本低。因此，在系统建设投入方面，WiFi6 优于 5G。

5G 有三类典型应用场景。一是增强型移动宽带（eMBB），主要用于提升 VR、超高清视频等移动大宽带业务的用户体验。二是大连接物联网（mMTC），主要用于智能电表等大规模物联网应用。三是低时延、高可靠通信（uRLLC），用于支撑无人汽车、工业互联网等对网络时延和可靠性要求极高的业务。如图 4-1 所示：

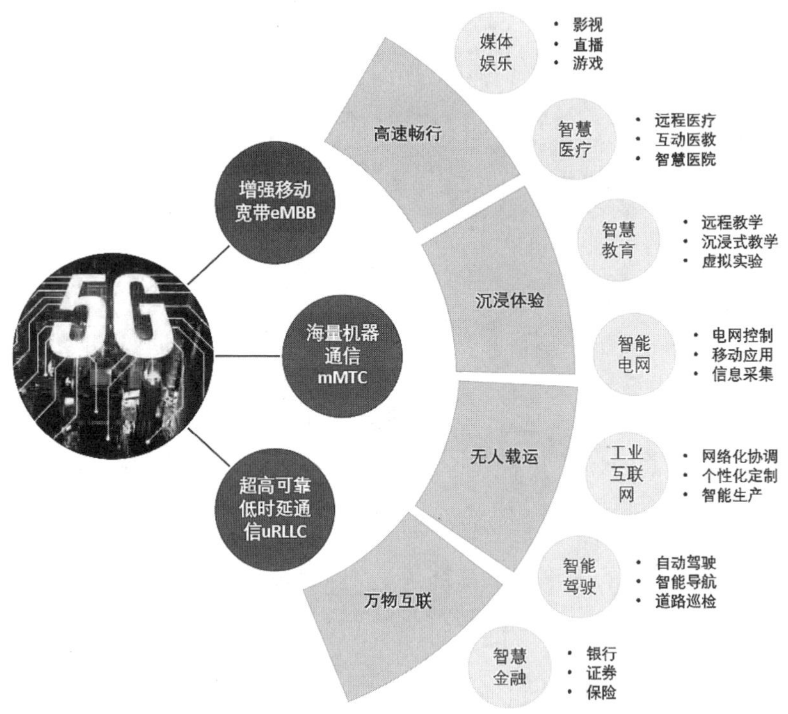

图 4-1　5G 三类典型应用场景

利用 5G 的移动性、高带宽、高可靠、低延时优势，在智慧盐湖建设中有广泛的应用前景。（1）对于数字化，5G 的 mMTC 场景能够承载数字化改造带来的海量连接。（2）对于网络化，5G 的 uRLLC 场景能够为工业网络提供高可靠、低时延的支撑。5G 接入边缘计算能力，能够有效降低核心网络的负载，提高了网络的运营质量和效率。（3）对于智能化，5G 的 eMBB 场景能够承载大规模数据传输和计算，从而支撑智慧盐湖的模拟和仿真，提升数据可视化水平。

具体地，有以下典型应用场景：

1. 远程实时控制

盐湖化工生产有许多高精度的生产制造、化学危险品生产环节，控制系统中传感器获取到的信息需要通过极低时延的网络进行传递，最终数据需要传递到执行器件完成高精度控制，在整个过程需要网络具有高可靠性。5G 网络能为企业提供毫秒级的端到端时延和接近 100% 的业务可靠性保证，并大幅度提高远程操控的精准度。如 5G 网络可以将云端机器人连接到云端处理器，其低延迟特性满足云端处理和网络传输时间之和不超过 100ms 的要求，10Gbit/s 的高速率也能为机器人提供足够的反应速度。

2. 矿区安防系统

基于 5G 高速数据传输优势，5G 通信技术有助于实现盐湖生产的高效巡检和安防。通过实时定位盐湖采输卤设备和作业人员，实时传输和共享作业过程中的安全信息，实现可视化、精准化管控。智能终端的主动推送功能可以自动识别其他移动终端设备并按需推送相关信息，实现信息的泛在感知和共享。5G 通信技术的理论峰值最高可达到 10Gbps，这就意味着可以通过搭建 5G 网络平台进行高清影像的实时传输，全面覆盖整个盐区。高清影像还能够实现视频技术与人脸识别、行为预判等智能技术的有效融合，促进盐湖化工企业现场监控水平的提升。

3. 模拟和仿真

VR（虚拟现实）技术和 AR（增强现实）技术在盐湖化工领域的应用已经有较多研究成果，其中运用在三维建模、互动模拟等方面居多，可是，如果要运用该项技术数字孪生模拟和仿真、融合实际操控则需要能提供

100Mbps—10Gbps 带宽。5G 可以满足这样的带宽和时延要求。

4. 无人机应用

近年来，无人机技术得到非常迅速的发展，在多个领域中获得了良好的应用效果。盐湖化工企业生产管理过程需要面临复杂的地理环境，通过无人机和视频监控技术，能够进行空地一体化立体安全巡检。如果在大面积的盐田生产中发现故障，可以通过无人机对故障盐田区域进行有效探测，并结合人工智能和大数据分析技术，促进监管水平进一步提升。

2021 年 5 月 21 日，青海移动与盐湖股份合作打造青海省首个“5G+ 智能盐湖”示范项目——“5G+ 采盐船自动控制项目”在察尔汗盐湖正式运营。此次联合实验室的成立将 5G、物联网、云计算、大数据以及边缘计算等技术与盐湖产业相融合，打造产、学、研、用相结合的智慧盐湖发展示范基地，将为青海建设世界级盐湖产业基地提供有力支撑。2022 年 9 月 8 日举办的第五届“绽放杯”5G 应用征集大赛内蒙古呼和浩特决赛中，中国移动青海公司联合青海盐湖股份、中兴通讯、中移（上海）信息通信科技等参赛项目《青海盐湖 5G+ 安全生产融合创新项目》脱颖而出，荣获一等奖。《青海盐湖 5G+ 安全生产融合创新项目》的落地，成为青海省规模最大的 5G 垂直行业应用项目，许多成功经验可平滑复制到全国 1500 多个大小盐湖，必将实现数字化技术沉淀和智慧化采盐，为下一代智能化盐湖建设提供技术基础平台，打造无限可生长的盐湖数字生态，为世界级盐湖产业基地建设贡献数智力量。

（四）二维码、RFID 和 NFC 技术

1. 二维码技术

二维码，又称二维条码，是指在一维条码基础上扩展的可读性条码，使用黑白矩形图案表示二进制数据，被扫描后可以获取其中所包含的信息。二维条码的长度、宽度均记载着数据，存储的数据量更大；可以包含数字、字符和中文混合内容；有一定的容错机制，可保证在没有扫描到全部的条码、

或是条码被部分污损时，也有可能获取完整的信息。

二维码的种类很多，不同的机构开发的二维码具有不同的结构和编写、读取方法。目前最流行二维码是 QR Code 码，它的编码过程包括数据分析、数据编码、纠错编码、构造数据信息、构造矩阵五个步骤。

二维码可以通过图像输入设备或光电扫描设备自动读取并识别，识别过程就是编码的逆处理。

二维码在智慧盐湖中适用于表单、安全保密、追踪、证照、存货盘点等方面：（1）表单应用。公文表单、商业表单、保密资料、物料资料之间的传送交换等。（2）追踪应用。生产线零件和物料追踪、客户服务自动追踪、维修记录自动追踪、危险物品自动追踪、环境保护自动追踪等。（3）证照应用。身份证、驾照、资格证等证照的登记和自动输入。（4）盘点应用。物流中心、仓库货品、固定资产的自动盘点。

2. RFID 技术

无线射频识别（Radio Frequency Identification，RFID）技术，俗称电子标签，通过无线电信号识别特定目标并读写相关数据，而无须与特定目标建立机械接触。RFID 技术应用很广泛，如门禁系统、交通收费、食品安全溯源等，在智慧盐湖的感知、识别、定位等领域也有许多应用场景，用来为工业互联网中的物品建立唯一的身份标识。

RFID 产品结构简单，只有应答器和读写器两个基本器件组成。一般来说都是用电子标签作为应答器，每个电子标签具有唯一的电子编码，附着在物体上标识目标对象；读写器负责读取（有时还可以写入）标签信息，有固定式和手持式。当然，还有一套应用软件系统，负责把收集的数据进一步处理。

RFID 技术的原理是，当电子标签进入读写器发出的磁场区域后，凭借感应电流所获得的能量发送存储在电子标签芯片中的产品信息。读写器读取信息并解码后，送至应用软件系统进行数据处理。大部分电子标签在识别时从电磁场中就可以得到能量，并不需要电池，也有的标签本身拥有电源，并可以主动发出无线电波。可见，电子标签不需要处在读写器可见光视线之内，可以嵌入被识别的物体内。

RFID 按照应用频率可以分为低频、高频、超高频、微波，相对应的代表性频率分别为：低频从 120—134.2KHz、高频 13.56MHz、超高频 860M—960MHz、微波 2.4G、5.8GHz。

RFID 系统主要有以下几个方面优势：(1) 使用方便快捷。数据的读取无须光源，识别距离较远，一般在几米左右，有的超高频的识别距离可以更远。(2) 识别速度快。电子标签一进入磁场，读写器就可以即时识别，并且可同时识别多个电子标签。(3) 应用范围广。RFID 不受尺寸和形状限制，可往小型化与多样化方向发展，以应用于不同产品。可以应用于粉尘、油污等高污染环境和放射性环境，能够穿透物品包装进行通信。(4) 使用寿命长，封闭式包装可使其使用寿命进一步延长。(5) 可重复使用。条形码印刷之后就无法更改，电子标签则可以重复地新增、修改、删除储存的数据，方便信息更新。(6) 数据容量大。二维码最多可以储存约 3000 个字节，RFID 最大的容量可达到二维码的十倍。(7) 安全性好。电子标签存储的数据可以进行密码保护。

3. NFC 通信技术

近距离无线通信（Near Field Communication，NFC）技术，与 RFID 技术有相似之处，两者都是通过电磁感应耦合方式进行通信，使用方式也相似，仅仅距离不同，但两者是分属两个领域的技术，存在许多不同之处：(1) RFID 仅通过射频对标签进行识别，虽然可读写数据，但仅仅是单向的读取。而 NFC 的通信方式是交互的，其芯片具有相互通信能力，并有计算能力。(2) NFC 仅使用 13.56MHz 频段进行通信，而 RFID 除了这个频段之外，还有其他几个频段。(3) 由于 NFC 采取了独特的信号衰减技术，所以工作的有效距离约 10 厘米，理论上在 20 厘米以内。虽然传输范围小，但也带来更好的安全性、更高的带宽和更低的能耗。(4) RFID 更多地应用于生产、物流、跟踪、资产管理上，而 NFC 则更多地应用于门禁、公交、手机支付等领域。

NFC 设备可以在主动或被动模式下交换数据。在被动模式下，NFC 发起设备负责提供射频场，选择 106kbps、212kbps 或 424kbps 的传输速度，将数据发送到 NFC 目标设备。目标设备不必产生射频场，仅使用负载调制技术即可以相同的速度将数据传给发起设备。在主动模式下，两台 NFC 设备都要产生自己的射频场，以便进行对等模式通信。

NFC 和蓝牙同为非接触传输方式，它们具有各自不同的技术特征。NFC 作为一种新兴技术，克服了蓝牙技术协同能力差的弱点。但 NFC 的数据传输速率较低，不适合传输音视视频数据。NFC 的最大数据传输量 424kbit/s，远小于蓝牙的 2.1Mbit/s；NFC 的传输距离也比蓝牙要短，但可以减少通信中的干扰。可见，NFC 和蓝牙可以在不同网络互联场景中起到相互补充的作用，其技术本身没有优劣差别。

需要关注的是，近年来，无线技术的发展和应用更加广泛，在盐湖工业中也广泛应用于采矿的作业过程，例如采卤设备故障会严重影响盐湖化工的生产力，可以用无线传感器网络和模糊逻辑，开发出采卤设备的监测和控制系统，及时对设备进行评估监测。

（五）传感器网络和泛在网技术

可靠、稳定、高质量的数据传输，是智慧盐湖建设的基础。传感器网络及其智能化是人工智能技术应用的一个重要领域。

传感器网络是由传感器通过自组织方式构成的计算机网络，这些传感器具有无线通信和计算能力。传感器网络节点之间一般采用多跳（multi-hop）的无线通信方式进行通信。

最早的传感器网络是 20 世纪 70 年代美军在越南战争中使用的“热带树”传感器网络。为了遏制北越在胡志明小道的后勤补给，美军在小道沿途投放了上万个传感器，这是一种能感觉振动和发出声音的传感器，当探测到北越车队的振动和声响后，即向指挥中心发送感知信号，美军收到信号后即组织轰炸。据资料显示，美军依靠“热带树”传感器网络总共炸毁了 4 万多辆北越运输车。

传感器网络可以在独立的环境下相互通信，也可以通过网关连接到网络，使用户可以远程访问。传感器网络综合了传感器技术、嵌入式计算技术、网络及无线通信技术、分布式信息处理技术等，可以作为一个整体监控一定区域的物理或环境状况，如温度、声音、振动、压力、运动或污染物等，并通过嵌入式系统对信息进行处理，然后通过多跳中继方式将所感知信息进行传输。

一个典型的传感器网络的组成包括分布式传感器节点、基站节点、互联网和用户界面等。传感器节点之间可以相互通信，自己组织成网并连接至基站节点，基站节点收到数据后，通过网关完成和以太网的连接。任务管理器负责管理和控制整个传感器网络。

每个传感器节点都装备一个无线电收发器（由无线通信模块组成）、一个微控制器（由嵌入式系统构成，包括 CPU、存储器、嵌入式操作系统等）、一个传感单元（由传感器和模数转换功能模块组成）和一个能源（通常为电池）。此外，还可以装备其他功能单元，如卫星定位系统、运动系统、发电装置、机械系统等。这些节点可以通过各种方式大量部署在被感知对象内部或者附近，通过自组织方式构成无线网络，以协作的方式感知、采集和处理网络覆盖区域中特定的信息。

传感器网络技术主要涉及数据采集、数据通信和数据分析三大关键技术：（1）在数据采集方面，目前常用的数据采集方式有：手工采集、半自动化采集和自动化采集等。其中手工采集方法有电子表格、纸质文档、数控面板录入、触摸屏录入等;半自动化采集方法有二维码、条形码、刷卡、手持终端设备等;自动化采集方式有：芯片卡、蓝牙、射频识别等。（2）在数据通信方面，主要研究解决通信的混合机制、冗余机制、协作机制和重传机制等方面的问题。（3）在数据分析方面，主要研究解决传感器节点数量、存储容量、通信带宽和处理计算能力等问题，目前主要解决措施是采用数据融合技术。

传感器网络是融合物理世界和信息世界的重要一环，具有非常广泛的应用前景，被应用于很多民用领域。在智慧盐湖中也有应用场景，如环境与生态监测、生产数据采集和传输、工艺流程自动化等。

其发展方向也值得关注：(1) 发展用于完成特殊任务的无线传感器网络。如无线多媒体传感器网络，借助多媒体传感单元将音频、视频、图像等多媒体信息传送到管理节点，实现对复杂多变环境的监测。(2) 设计用于特殊应用环境的无线传感器网络。采用水声无线通信技术实现水下传感器节点之间的通信连接，能够完成水下（如卤水）采样、环境监测、水下开采等任务。(3) 发展无线传感执行网络。加入执行节点，根据收集到的监测信息执行相关操作，可对盐湖环境监测的基础上进一步实现对环境的干预和控制。

以上介绍的是智能传感器网络技术，本节也已经介绍过工业互联网技术，下面介绍泛在网技术。传感器网络、工业互联网和泛在网是三个外延不断扩大的概念。

泛在网来源于拉丁语 Ubiquitous，所以也称 U 网络。从字面上看就是无所不在、无所不包的网络，帮助人类实现“4A”化通信，即在任何时间（Anytime）、任何地点（Anywhere）、任何人（Anyone）、任何物（Anything）都能顺畅地相互通信。

网络可以抽象地看作是由传感模块和组网模块构成的。一般来说，传感器网络仅仅感知信号，并不强调对物体进行标识。比如，电压传感器可以感知到某电解槽的电压，但并不一定需要标识出是哪个电解槽；工业互联网的概念的外延比传感器网络要大，除涵盖传感器网络之外，还包括二维码、一维码、RFID 等，这些手段可以对物体进行标识，并对这些标识进行解析；泛在网是一个外延进一步延伸的“大通信”的概念，是面向经济、社会、企业和家庭全面网络化的概括。从网络技术来看，泛在网将实现多行业、多应用、异构多技术的融合与协同。

当前三网融合、两化融合正在加速展开，调整产业结构，转变经济增长方式等都为泛在网的发展提供了良好机遇。目前，ITU-T、3GPP、ETSI 等国际标准化组织都已启动了泛在网相关的标准化研究，中国通信标准化协会也成立了泛在网技术工作委员会，先后启动了一系列相关标准的研究与制定工作。泛在网将成为信息通信网络演进的方向，除了继续发展现有的通信技术之外，还要研究 LiFi（Light Fidelity，可见光无线通信）、UWB（Ultra-Wideband，超宽带）、EUHT（Enhanced Ultra High Throughput，超高速无线通信系统）、WiFi-Mesh 等下一代网络技术。

二、云边架构技术：更有效率地使用计算和存储资源

云边架构技术用于对网络互联的再组织，通过将硬件、软件、平台统一起来，实现计算、存储资源的逻辑共享和重构。云边架构或云边端架构在本质上都是云架构。单独的云计算并不适合低时延、实时操作和高 QoS 应用，所以需要边缘侧的智能终端一起参与计算协同。

（一）云计算技术

如果企业生产运营规模不大，买上几台服务器，建个局域网，就可以管理和维护一个小型工业网络。但如果有几十个工厂、几百个车间、几万个生产设备时，可能需要购置多台服务器，还需建设一个数据中心，甚至需要组建一个完整的运维团队来支持这些设备和软件的正常运作，如安装、配置、测试、运行、升级、安全防护等，这些开销会非常巨大，于是云计算应运而生。

云计算能够使企业具备足够的运算能力、存储能力和网络带宽；能够让更多的用户接入、使用网络和资源；能够让管理者和开发者有更多的自由去规划、设计更好的应用。云计算还可以为企业与企业之间、工厂与供应链之间、工厂与经销商之间提供接口，进行数据共享。企业“上云”是解决现阶段我国工业企业信息基础参差不齐、信息化水平严重不足、企业利润率较低、缺乏足够的资金推动自身信息化、数字化基础设施建设等问题的最优方案。

我们对云盘比较熟悉，当把文档存储到“云”上的时候，实际上并不知道文档具体存到了哪里，而不像存在本地知道在哪个硬盘哪个文件夹。对于企业也是一样，当把应用部署到云端后，企业便可以不再关注那些令人头疼的硬件和软件问题，云服务提供商会解决，企业只需要支付相应的费用。

云计算（Cloud Computing）是分布式计算的一种，指通过网络“云”将巨大的数据计算处理程序分解成无数个小程序，然后，通过多部服务器组成的系统进行处理和分析，然后将得到的结果返回给用户。云计算更是一种全新的网络应用概念，它以互联网为中心，提供快速且安全的计算服务和数据存储，让用户可以像使用自己计算机一样使用网络上的庞大计算资源。

在选用企业云存储服务时，一般有公有云、私有云两种模式。

公有云通常指第三方提供商提供的共享云，比如阿里云，允许来自多个企业客户端的数据可以共享同一台服务器。公有云可通过因特网使用，价格低廉。

私有云是为一个用户单独使用而构建的，因而在数据安全性和服务质量上可以有效地管控。私有云可以部署在企业数据中心的防火墙内。

简单地说，私有云就是自己的家，只有自己或者经允许的用户才能进入，而公有云就是收费景点，只要买了门票就可以进。公有云易于实施，并且由于硬件、应用程序和带宽的成本由服务商承担，因此用户只需为使用的内容付费。公共云提供了较低的前期成本和良好的可扩展性，受到中小型企业的喜欢。私有云提供高安全性、高等级的可用性和可控性，可以根据用户的需求进行定制，比较适合大型企业。

与传统的网络应用模式相比，云计算具有如下优势与特点：

1. 虚拟化。虚拟化突破了时间、空间限制，是云计算最为显著的特点。通过虚拟化，物理平台与应用部署的环境便可以没有必然联系，而只是通过虚拟平台对相应终端操作完成数据备份、迁移和扩展。用户不再需要关注具体的硬件实体，只需要选择一家云服务提供商，去购买和配置需要的服务（比如云服务器、云存储、CDN，等等），这比传统的在数据中心部署一套应用要简单方便得多。用户可以随时随地通过计算机或移动终端来控制所购买的资源。

2. 动态可扩展。云的规模可以动态伸缩，以满足应用和用户规模增长的需要。即便供应商的云计算系统中出现设备故障，也可以利用其动态扩展功能来补充其他的设备，对虚拟化资源进行动态扩展，以保证服务的持续。

3. 按需部署。云计算平台能够根据用户的需求快速配备计算能力及资源。用户也可以根据自己的需要来购买服务，甚至按使用量来进行精确计费。这能大大节省 IT 成本，而资源的整体利用率也将得到明显改善。

4. 灵活性高。目前市场上大多数软、硬件资源都支持虚拟化，比如存储网络、操作系统等。云计算的兼容性强，可以向下兼容低配置机器、不同厂商的硬件产品。

5. 大规模、分布式。“云”一般具有相当的规模，一些知名的云供应商往往拥有上百万级的服务器规模，一般来说，依靠这些服务器所构建起来的“云”能够为用户提供足够充裕的计算能力。

6. 可靠性高。如果单点服务器出现故障，可以通过虚拟化技术将分布在其他物理服务器的资源动态调配过来，所以，单点服务器故障不影响计算与应用的正常运行。网络安全是几乎所有企业或个人必须面对的问题，企业的 IT 团队或个人往往很难应对那些来自网络的恶意攻击，而使用云服务则可以借助更专业的安全团队来有效降低安全风险。

云计算的服务类型分为三类，这三种服务类型也称为云计算堆栈，因为它们位于三个层次，分别是：基础设施即服务（Infrastructure as a Service，IaaS），提供虚拟化计算资源，如虚拟机、存储、网络和操作系统；平台即服务（Platform as a Service，PaaS），为开发、测试提供按需开发环境、应用程序和服务平台；软件即服务（Software as a Service，SaaS），通过网络提供应用程序，允许用户连接和访问。

智慧盐湖的云服务通常基于以上三个层次进行部署：

1. 基础设施服务层。提供海量工业数据接入、转换和边缘分析应用等功能。（1）工业数据接入。包括传感器、仪器、监控等工业设备数据的接入，以及

ERP、MES、DCS 等信息系统数据接入，实现对工业数据的大范围、深层次采集和连接。（2）协议解析与数据预处理。将采集连接的各类多源异构数据进行格式统一和语义解析，并进行数据剔除、压缩、缓存等操作后传输至云端。（3）边缘分析应用。面向高实时应用场景，在边缘侧开展实时分析与反馈控制，并提供资源调度、运行维护、开发调试等功能。

2. 平台服务层。提供资源管理、工业数据与模型管理、工业建模分析和工业应用创新等功能。（1）资源管理。对系统资源进行调度和运维管理，并集成大数据、人工智能、微服务等，为上层业务功能实现提供支撑。（2）工业数据与模型管理。主要针对智慧盐湖建设中涉及的主数据、基础数据、多媒体数据、元数据等不同类型数据，进行与各系统业务逻辑相关的数据操作和管理。（3）工业建模分析。融合应用仿真分析、业务流程等工业机理建模方法，实现工业数据的深度挖掘和分析。（4）工业应用创新。集成研发设计、生产管理、运营管理已有成熟工具，采用低代码开发、图形化编程等技术降低开发门槛，支撑业务人员开展高效灵活的工业应用创新。

3. 软件服务层。主要实现智慧盐湖的应用服务功能。其中，在应用前台，主要实现四类业务（生产运行、安全管控、调度协同、经营管理）场景下不同软件系统的功能，并以统一接口的形式对不同具体功能模块进行封装和管理。在此基础上，通过对外统一的软件服务接口，针对具体不同的业务场景和应用需求，提供核心软件服务。此外，分别针对不同类型的传统规模数据和大数据，进行数据存储、访问、读写和保护等具体服务。

云计算未来趋势主要体现在以下几方面：

1. 混合云。随着 IT 解决方案寻求更多的灵活性和选择，混合云正在成为趋势。单一的云服务已经无法满足企业上云的需求，云计算服务厂商也应根据用户需求改变解决方案，将公有云服务与专用于特定组织的私有云相结合。混合云之所以受欢迎，是因为在这种模式下，应用程序可以在本地环境下运行，可以保证数据，能够做到灾难恢复和风险缓解，同时，也可以保证可扩展性和灵活性。

2. 云空间的智能化。云已经不仅仅是架构和存储设施，还要能通过机器学习和人工智能从可用数据中提取知识。如基于云的人工智能技术，正在帮助企业从不断增加的数据中获取更多价值。再如，还可以帮助企业自动化许多内部过程，因为企业的数据和系统集中在云上，云平台可以代为挖掘这些数据之间的关联，以更好地管理企业不断扩大的云足迹。

3. 云安全和灾难恢复。随着访问服务和数据量的激增，需要重新考虑云平台的安全性和风险管理方法，以允许快速启动新的云服务并确保其系统安全。基于云的灾难恢复，主要应对网络攻击、信息中断和宕机故障，这是维持业务正常运营的重要组成部分。

（二）虚拟存储和云存储技术

记忆是人类产生智能的基础，同样，存储是进行计算并进而产生人工智能的前提。

以前人类将数据保存在石板、竹简上，后来将数据保存在纸上，使得信息可以大范围长久保存和传播，但纸质存储体积大，不利于检索和维护，具有很大的局限性。1928 年，可存储模拟信号的录音磁带问世，每段磁带随着音频信号电流的强弱不同而被不同程度的磁化，从而使得声音被记录到磁带上。1946 年，第一台计算机问世，但早期的计算机系统没有磁带，而是利用在纸带上打孔来存储数据并输入计算机系统。1951 年，磁带开始应用于计算机。最早的磁带机可以每秒传输 7200 个字符，但与纸打孔相比，读写速度已经快很多了。现在，磁带存储逐渐势微，据统计，2021 年仅有不到 4% 的组织和个人使用磁带作为备份方式，但仍有 15% 的用户保留磁带作为备份的方式之一。

1956 年，世界上第一个硬盘驱动器出现，标志着磁盘存储时代的开始。1967 年，IBM 公司推出世界上第一张软盘。随后 30 年，软盘盛极一时，成为个人计算机中最早使用的可移动存储介质。到 1996 年，全球有多达 50 亿张软盘被使用。直到 CD-ROM、USB 存储设备出现后，软盘销量才开始下滑。

进入 21 世纪，信息爆炸导致数据量成倍增长，硬盘容量也在飙升，单盘容量已经可以达到 TB 级别。即便如此，单块磁盘所能提供的存储容量和速度仍然无法满足实际业务的需求，磁盘阵列应运而生。磁盘阵列使用独立磁盘冗余阵列技术（RAID）把相同的数据存储在多个硬盘。在 RAID 技术基础上，人类进一步发明了分布式存储。分布式存储，采用可扩展的系统结构，使用多个存储服务器共享存储负载，利用位置服务器定位存储信息，不仅提高了系统的可靠性，可用性和访问效率，而且易于扩展。

从技术上说，分布式存储是一种很大的技术革新，但是仍有很多不尽如人意的地方，并没有实现真正的透明存储，存储管理用户仍然需要掌握不同存储设备的物理特性，才能对存储池进行有效的管理。虚拟存储技术终于走到前台。

虚拟存储允许屏蔽具体存储设备的物理细节，为用户提供统一集中的存储管理手段，具有如下几个特点：

1. 存储设备进行逻辑映射。在虚拟存储环境下，无论后台是什么物理设备，服务器和应用系统看到的都是物理设备的逻辑映像。用户只需专注于管理存储空间，以及所有的存储管理操作，不必关心存储设备的功能差别、容量大小、设备类型和生产厂商，所有的设备都被统一管理，避免了由于存储设备扩充所带来的管理方面的麻烦。例如，在增加新的存储设备时，只需要网络管理员对存储系统进行较为简单的系统配置更改，客户端无须任何操作，感觉上只是存储系统的容量增大了，而不必像传统的存储系统那样重新进行烦琐的硬件配置。

2. 降低存储设备投资。虚拟存储技术使存储资源管理更加灵活，可以将不同类型的存储设备集中管理使用，保障了用户以往购买的存储设备的投资。

3. 提高存储系统整体访问带宽。虚拟存储系统可以很好地进行负载平衡，把每一次数据访问所需的带宽合理地分配到各个存储模块上，这样系统的整体访问带宽就增大了。例如，一个存储系统中有 5 个存储模块，每一个存储模块的访问带宽为 100MBps，则这个存储系统的总访问带宽就可以接近各存储模块带宽之和，即 500MBps。

4. 超大容量数据的有效管理。如流媒体、科学计算、数字影像、电子商务、远程医疗等网络应用导致了对存储容量的极大需求，也包括智慧盐湖各类结构化、非结构化数据的存储需求，其他网络存储结构与技术很难满足用户对数据存储有效管理的需求，而虚拟存储却能很好地解决这一问题。

人们感觉虚拟存储已经做到了极限，但云存储概念又诞生了。

云存储是从虚拟存储和云计算衍生出来的一种新技术，可以将网络中各类存储设备通过应用软件集合起来协同工作，对外提供数据存储和业务访问功能。简单地说，云存储就是虚拟存储加上存储自动化。虚拟存储是云存储的核心，再提供自动化管理和访问功能就可以实现云存储。可见，没有虚拟存储，也就无从实现云存储。

云存储一般由存储层、基础管理层、应用接口层、访问层四个层次组成。和云计算一样，云存储也有公有云、私有云两种形式。云存储最大的好处是可以为中小企业减少成本。如果中小企业想要购买存储设备，就会增加很多成本，还要聘请专业的 IT 人员进行管理和维护。通过云存储，这些工作都可以交给厂商来做，从而节省存储成本。这是云存储兴起的最大的驱动力。

另外，云存储从云计算移植过来的优势，可以更好地备份和异地处理数据。在以往的存储系统管理中，在硬盘或是存储服务器损坏时，可能会造成数据丢失，而通过云存储，数据会自动迁移到别的存储设备。即使发生自然灾害，用户仍然可以通过网络访问到存储在云端的数据。

（三）边缘计算技术

边缘计算（Edge computing）在网络边缘侧、靠近物或数据源头提供边缘智能服务，以满足在实时业务、数据优化、应用智能、安全与隐私保护等方面的计算需求。

边缘计算是相对于云计算而言的。云计算是一个统筹者，它负责长周期数据的分析，主要用于周期性维护、业务决策等领域。而边缘计算着眼于实时、短周期数据的分析，重点支撑本地业务的及时处理和执行。边缘计算更靠近设备端，支撑云端应用的大数据分析；云计算也可以通过把业务规则下发到边缘处执行和优化处理。这意味着许多控制可以通过本地设备实现而无须交由云端，减轻云端的负荷，从而大大提升处理效率。边缘计算由于更加靠近用户，可为用户提供更快的响应，据一项实验研究资料，在人脸识别领域，云边协同计算的响应时间可由 900ms 减少为 169ms，在数据整合、迁移等方面更是可以减少到原来时间的 5%。

如果说云计算是集中式大数据处理，那么边缘计算可以理解为边缘式数据处理。在新一轮工业革命背景下，随着终端与连接规模的快速扩展，传统集中式信息处理模式难以适用，将逐步演进为集中式与分布式自治相结合的模式，应运而生的边缘计算或雾计算（边缘计算和雾计算概念具有很大的相似性，本书不加以区分），使边缘设备成为数据消费者和生产者。

关于边缘的界定，一般认为，在数据源和云计算中心之间的区域都属于边缘计算的范围，包括在此范围内的所有具有计算资源和网络资源的节点。比如，手机就可以看作人与云计算中心之间的边缘节点，网关也可以看作传感器和云平台之间的边缘节点。

边缘计算具有连接性、约束性、分布性和实时性等特点：

1. 连接性。连接性是边缘计算的基础。连接物理对象的多样性和应用场景的多样性，需要边缘计算具备丰富的连接功能。连接性需要在工业互联网大框架下，充分借鉴其他网络互联的经验，并考虑与现有各种工业总线的互联、互通、互操作。

2. 实时性。边缘计算作为物理世界到数字世界的桥梁，是数据的第一入口，拥有大量实时数据，应基于数据全生命周期进行管理与价值发现，更好地支撑数据创新应用。

3. 分布性。边缘计算应该支持分布式计算与存储，实现分布式资源的动态调度与统一管理，具有分布式智能和安全等能力。

4. 约束性。边缘计算产品需要能够适配工业现场恶劣的工作条件和运行环境，边缘计算设备要满足防水、防尘、防高温和空间方面的较高要求。边缘计算产品需要满足多种约束条件，支撑多样化场景。

边缘计算设计的初衷是为了让数据能够更接近数据源，因此边缘计算在智慧盐湖建设中有以下几方面优势：

1. 降低工业现场的复杂性。工业设备之间的连接需要边缘计算提供现场级的计算能力，实现多标准的网络通信协议转换和互联互通，同时又能够应对异构网络部署与配置、网络管理与维护等方面的挑战。

2. 海量数据处理。盐湖化工生产流程无时无刻不在产生大量数据，而这些数据如果全部交由云计算中心来处理，那么将会导致网络负担巨大、资源浪费严重。如果能够就近就地处理，那么网络负载就会大幅度降低，数据的处理能力也会有进一步提升。

3. 低时延。在实时工业控制场景中，计算处理的时延要求都在秒级以下，如果数据分析和控制逻辑全部在云端实现，将难以满足业务的实时性要求。另外，在数据传输过程中容易受到网络带宽负载，甚至断网的影响。边缘计算在服务实时性和可靠性方面能够满足低时延的要求。

在边缘计算技术实际应用过程中，还需要注意几下几点：

1. 异构行为统一建模与编程。边缘设备资源的动态调整对软件的动态性和可伸缩性要求提升，传统集中式应用程序的开发模式难以满足边缘计算场景的需求。如何为边缘设备的异构行为统一建模，实现统一编程与开发环境，提升编程系统在部署、调试和运行时的资源利用率，是边缘计算实际应用时需要面对的一个挑战。

2. 边缘计算的确定性。边缘计算的特点之一就是实时性，但是边缘计算环境存在计算资源分布式、零散化，网络动态性和存在测量噪声等不利因素，并且边缘计算任务常存在高并发的特点。这些特征导致边缘计算任务时序复杂难以同步，计算结果确定性难以保证。如何在这些不利条件下部署支持分布式混杂系统和高并发任务，保证高水准的 QoS，在部署边缘计算时需要加以考虑。

3. 边缘节点的计算能力。理论上，可以在位于边缘设备和云平台之间的某几个节点上完成边缘计算，包括接入点、基站、网关、业务节点、路由器、交换机等，但是在实践中，这些节点可能并不适合处理分析工作，需要首先对这些节点进行升级以支持额外的计算任务。

4. 边缘计算资源的整合。盐湖化工企业往往地理位置广大且分散，部署边缘计算很大的难点在于如何动态、大规模地部署，如何与云端高效协同、无缝对接。为充分利用网络的边缘设备，需要建立某种发现机制，找到可以分散式部署的节点。发现机制必须在不增加等待时间或损害用户体验的前提下，实现不同层次和等级的无缝集成。

5. 边缘节点的安全使用。安全横跨云计算和边缘计算，尤其是边缘侧访问控制与威胁防护的广度和难度大幅提升，需要实施端到端的防护。边缘侧安全主要包含设备安全、网络安全、数据安全与应用安全各方面，其中，关键数据的完整性、保密性是安全领域需要重点关注的内容。

三、生产管控技术：对生产运营进行感知和控制

智慧盐湖分为过程控制层、生产执行层、经营管理层。DCS、MES、ERP 技术从三个层次上实现信息互通、数据共享和管控一体，提高企业的自动化水平和管理效率。

（一）DCS、FCS 和 CIPS 技术

DCS（Distributed Control System，分布式控制系统）技术综合了计算机（Computer）、通讯（Communication）、显示（CRT）和控制（Control）等 4C 技术，其基本思想是分散控制、集中操作、分级管理、配置灵活、组态方便。DCS 技术主要面向生产作业现场，对现场设备进行控制并提供最直接的生产实时数据，从而实现对生产过程的控制、监视、管理和决策。

目前，盐湖化工生产流程的执行系统仍然以 DCS 系统为主，DCS 技术的优势较多，主要包括：（1）DCS 技术能对多个操控对象进行控制，可靠性高，可有效降低设备运行的故障率。（2）DCS 技术能在多种设备和系统中应用，能实现各系统间的信息交互，能显著提高系统运行的稳定性和可扩展性。（3）DCS 技术的适用性、专业性好。DCS 供应商提供的产品更适合一个或数个行业，而不是全部，因此会非常专业。（4）DCS 技术具有分布性，如果 DCS 系统某一个节点出现问题，操作者能快速定位问题所在，并及时进行维护。

尽管 DCS 技术存在较多优势，但也有一些不足，具体表现在三个方面：（1）工业现场使用的阀门、变送器、仪表大部分是模拟仪表，不具备数字信息传输功能，因此在进行网络管理时，有可能会出现问题。（2）不同厂家生产的 DCS 系统运行模式、组态软件、运行参数有很大差异，有可能导致盐湖

化工企业 DCS 系统无法组网、系统应用受限。（3）DCS 系统开放性有限，在数据信息交互转换时，可能需要通过其他仪器设备进行，从而导致故障点增多、运行成本增加。

尽管目前 DCS 技术的应用非常广泛，但现场总线控制系统（Fieldbus Control System，FCS）技术、计算机集成过程系统（Computer Integrated Process System，CIPS）技术也日渐兴起。

现场总线控制系统（FCS）是在 DCS/PLC 基础上发展起来的新技术，主要特点是采用总线标准。

FCS 是 DCS 继承发展的结果，就像是 DCS 的升级版，具有以下特点：

1. 分散控制。能够将原先 DCS 系统中处于控制室的控制功能置入现场设备，直接在现场完成，实现就地采集、就地处理、就地控制。上位机主要对其进行总体监督、协调、优化和管理，实现了彻底的分散控制。

2. 组态灵活。FCS 引入了功能块概念，使得组态十分方便、灵活，不同现场设备中的功能块可以构成完整的控制回路；可以在上位机上进行组态，完成之后再下装至现场设备；用户根据标识符来指定某一设备，不需考虑设备地址、存储地址等。

3. 便于系统集成。现场总线的最大特点是采用统一的协议标准，使之具有开放性和互操作性，不同厂家的现场设备可方便地接入同一网络中，实现相互访问，简化了系统的集成。

4. 布设成本低。FCS 是基于现场总线的全数字化、串行、双向、多站的通信模式，系统可靠性高。而且，用数字信号替代模拟信号传输，在一对双绞线或一条电缆上可挂接多个现场设备，节省硬件数量与投资，节省安装费用，总成本明显降低。

可见，FCS 在许多方面都要优于 DCS。FCS 最深刻的改变是现场设备的数字化、智能化和网络化。DCS 多为模拟数字混合系统，FCS 是分步式网络自动化系统。DCS 采用独家封闭的通信协议，FCS 采用标准的通信协议。所以，

FCS 比传统 DCS 性能好，准确度高，误码率低。另外，FCS 相对于 DCS 组态简单，结构、性能实现了标准化，便于安装、运行、维护。

但是，由于 DCS 应用广泛、技术成熟，在现有的技术条件和市场条件下，FCS 还不能完全取代 DCS。

尽管 FCS 技术的进步提高了控制水平，但是控制系统与企业的其他业务系统仍然是分离的，实时优化能力和智能化水平依然不够高，于是，信号处理技术、数据库技术、通信技术、计算机网络技术有机融入 FCS 技术，发展出计算机集成过程系统（CIPS）。

CIPS 是自动化发展的高级阶段，集控制、优化、调度、管理于一体，往往采用多级递阶控制体系结构。通常大型 CIPS 网含有 4 层网络：最上层采用广域网（WAN）、上层采用办公自动化局域网（TOP），中间层采用制造自动化协议 MAP 主干网，下层采用现场控制网。这 4 层网络可通过网桥、路由器和网关互联。

CIPS 系统具有以下特点：

1. 实时控制。CIPS 实时接收并综合生产过程和管理决策的相关信息，按一定的最优化模型制定控制策略，并发出控制指令。

2. 程序型控制。CIPS 系统中的任何一种计算和控制逻辑，包括模型辨识、数据处理与传输、控制性能的监控、控制规律的计算、整体系统的监视等，都由计算机执行程序而不是传统的气动控制或仪表控制。

3. 综合处理和控制。CIPS 系统能够集成实时控制数据、计划调度数据、质量数据等，提升复杂逻辑分析能力，能够实现多回路、多对象、多工况的综合业务处理。

4. 优化控制。为满足工业生产大型化、协同化和复杂化的方向发展，CIPS 能满足苛刻的约束条件和高质量的控制要求，是一种优化控制系统。优化控制策略包括解耦控制、推理控制、自适应控制、鲁棒控制、模糊控制、预测控制等。

关于 DCS 、FCS、CIPS 三种技术的关系，FCS 技术可视为 DCS 技术向下扩展的结果，CIPS 技术可视为 DCS 技术向上扩展的产物。FCS 和 DCS 技术侧重于过程的监控与管理，CIPS 技术侧重于企业内信息集成、综合管理与决策。今后相当长一段时期内，三种技术将共同发展，并逐渐融合。

（二）MES 技术

制造执行系统（Manufacturing Execution Systems，MES）技术是位于执行层面的面向企业生产管理和调度的信息化管理技术。之所以被称为制造执行系统技术，是因为它最早在制造业提出，并在美国生产与库存管理协会（APICS）大力宣传和推动下得到了迅速普及和广泛应用，现在各行业的信息系统都有 MES 技术的应用。

MES 系统可分为两大类：一类是专用的 MES，主要针对某个特定的领域问题而开发，如车间维护、生产监控等；另一类是集成 MES，在功能上与上层事务处理和下层实时控制系统进行了集成。一般来说，智慧盐湖的 MES 系统属于第二类，可以包括制造数据管理、排程管理、生产调度管理、库存管理、质量管理、人力资源管理、生产过程控制、设备管理、采购管理、成本管理等模块。企业通过 MES 系统提供的信息可以做出更好的决策，了解如何优化生产。

MES 系统在智慧盐湖中承上启下，是生产活动与管理活动信息沟通的桥梁。MES 系统采用双向直接的通讯，即可以向生产流程传达企业计划，又可以提供产品生产过程状态的信息反馈。MES 系统可对企业生产计划进行“再计划”，使生产设备协同动作，对产品生产过程进行及时响应、调整、更改或干预。总之，MES 系统是围绕企业生产过程进行的，强调控制和协调。

MES 可以帮助盐湖化工企业实现降本增效，主要价值体现在以下几个方面：（1）提高执行效率。采用 MES 系统可以帮助企业将所有的纸质单据数字化并实现无纸化生产，使各环节间的信息流也更加通畅，如生产部门可以更快获取最新的标准作业程序（SOP）、管理部门实时了解生产情况，财务部门可以高效获取绩效数据。（2）数据采集和整合。MES 可以获取并集成诸多系统的数据，实现高效协同。（3）提高设备利用率。MES 可以收集设备数据，以帮助企业了解实际利用率。通过选择合适的设备和资源，并相应地设置、运行和维护，来提高设备利用率。（4）减少操作失误。MES 可以通过提供标准作业程序（SOP）、标准作业指南等，帮助减少整个生产过程中的人为失误。（5）生产可视化。MES 可以提供实时的可视化生产数据，支持做出更好的决策。

企业 MES 系统建设应分步实施。（1）明确实施目标。对企业整体需求进行分析，明确 MES 系统的需求范围、应用范围和实施范围，这就需要根据企业的诸多实际情况，比如信息化水平、生产稳定性、订单数量、人员素质、生产制造频度、生产现场环境、物流管理现状等来进行明确。（2）规范生产业务。要借助 MES 系统实现业务的简化、优化、精益化，需要配合规范的业务要求，其中主要包括对设备的性能、工艺的流程、物料的种类等业务数据进行整理，形成标准的规范化的文本，在此基础上建立的相应的数据库。通过对这些生产业务进行规范和调整，才能够利用 MES 系统实现生产效益的不断优化和提升。（3）选好功能模块。生产运营管理模块是 MES 系统的核心。生产运营的基础是设备的运行，因此设备管理模块和数据采集存储也应该是 MES 的基本模块。另外还有产品质量管理、成本管理模块等。可以先从这些基本模块做起，然后再增加其他功能模块。（4）做好模块集成。包括 MES 各模块的集成，MES 和 DCS、ERP 层面的集成，企业内外部系统的集成三个方面。MES 和 DCS、ERP 系统的界限是模糊的，有些功能有重叠，在划分模块边界时尤其需要注意。（5）实现知识转移。MES 系统不能单纯地考虑现场的管理控制，不能仅仅停留在平台、工具的使用，还要不断融入行业知识，不断的将行业和企业积累的经验、知识融入 MES 系统的设计和开发中去，从而实现知识的转移。（6）进行整体部署。在设备、能源、人力、时间、合同等多种约束条件下，利用优化的技术，实现资源的平衡和优化配置，实现制造时间和成本的最优化，达到整体预期实施目标。

MES 系统的发展趋势必然是主要体现在以下几个方面：

1. 知识管理将融入 MES 系统。在 MES 系统中固化成熟的生产管理流程、生产技术诀窍，完善生产工艺规范，提高生产工艺水平。（1）建立专家经验知识库，如浮选工艺专家库、萃取工艺专家库等。（2）建立工艺流程模型库，使工艺规程模型化，自动进行工艺规范设计。（3）采用机器人等智慧使能装备，实现感知、决策、控制、学习整个过程的智慧生产。

2. 实现生产过程智能优化。（1）采用智能优化算法，进行生产工艺的综合能力平衡，编制复杂工序生产运营计划。（2）开发生产模拟和仿真系统，提高生产全生命周期的智能生产水平。通过与仿真系统的联动，建立虚拟生产的环境，对生产全过程进行动态仿真，并提出优化方案。（3）与智慧监控系统设备实时采集的信息贯通，自动调整控制和操作指令。

3. 更加精细化的管理。（1）建立产品全生产周期的综合指标体系，包括财务类指标、业务类指标、环境类指标、生产控制类指标等，通过指标分解使得生产管理形成管控闭环。（2）通过过程控制和统计分析，将生产实绩与控制指标进行实时比对，及时发现生产过程中质量、工艺、能耗、环保、工序成本等的差异波动。

4. 与 ERP 系统相互融合。大数据驱动的人工智能技术使智能决策和生产管理彼此交叉融合，MES 与 ERP 融合是大势所趋。ERP 是位于企业计划层，整合企业生产资源，编制生产计划。MES 系统起着中间层的作用，在 ERP 系统计划的指导下，根据底层控制系统采集的实时数据，对短期生产作业的计划调度、监控、资源配置和生产过程进行优化。形象地说，就是 ERP 知道“为什么”，MES 系统知道“怎么做”，前者进行策略制定，后者负责操作执行。从智慧盐湖系统集成的角度来看，ERP 系统功能往往需要扩展到生产管理，而 MES 系统也在功能上与 ERP 功能相重叠。把 MES 系统与 ERP 集成起来，能充分发挥各自优势。

（三）ERP 技术

企业资源计划（Enterprise Resource Planning，ERP）是以管理会计为核心提供跨地区、跨部门、跨公司整合信息的管理系统，以协调企业围绕市场导向，柔性地开展业务活动，及时响应市场需求，使企业在激烈的市场竞争中取得竞争优势。

ERP 于 1990 年在 MRP（企业制造资源计划）基础上提出和发展的，除了 MRP 已有的生产资源计划、制造、财务、销售、采购等功能外，还有质量管理、业务流程管理、产品数据管理、存货分销与运输管理、人力资源管理等功能。后来，ERP 的外延进一步扩大，用于企业管理的各类高层软件几乎全部被纳入 ERP 范畴。ERP 的提出与信息技术的高度发展是分不开的，ERP 除了扩大管理功能外，还采用了信息技术的最新成就，如扩大用户自定义范围、面向对象技术、C/S 体系结构、数据库技术、图形用户界面、人工智能、仿真技术等。

ERP 更是一种先进的企业管理理念，将企业所有资源进行整合，简单地说，就是将企业的三大流：物流、资金流、信息流进行全面一体化管理。这三大流模块之间有相应的接口，能够进行很好的整合。

1. 物流。（1）销售管理。销售管理从产品的销售计划开始，对其销售产品、销售地区、销售客户各种信息进行管理和统计，并可对销售数量、金额、利润、绩效、客户服务做出全面的分析。（2）库存管理。控制存储物料的数量，以保证稳定的物流支持正常生产，但又最小限度的占用资本，并能够结合、满足相关部门的需求，随时间变化动态地调整库存。（3）采购管理。确定合理的供应商和订货量，随时提供定购、验收信息，跟踪和催促外购或委外加工的物料，保证货物及时到达。（4）质量追溯。在物资流转过程中，进行产品批次的跟踪管理，一旦产品出现质量问题时，可以通过产品批次追溯。这样可以清楚地知道哪些原材料或是哪道工序的工艺出现问题，以快速将存在同样问题的产品进行隔离。

2. 资金流。将生产活动、采购活动信息自动导入财务模块生成总账、会计报表等,取消了输入凭证烦琐的过程,替代传统的手工操作。(1)会计核算。会计核算主要是记录、核算、反映和分析资金在企业经济活动中的变动过程及其结果，由总账、应收账、应付账、现金、固定资产等部分构成。(2)财务管理。财务管理的功能主要是基于会计核算的数据加以分析，从而进行相应的预测、管理和控制活动。

3. 信息流。ERP 系统确定总生产计划，再经过系统层层细分后，下达到各生产部门去执行。生产部门以此为依据进行生产，采购部门以此为依据进行采购。这是 ERP 系统的核心所在，它将企业的整个生产过程有机结合在一起，使得企业能够有效提高生产运营效率，同时各个生产流程自动连接，而不会出现生产脱节、耽误交货的情况。

目前国际上普遍被采用的 ERP 系统有 SAP、Baan、JDE、Oracle、QAD 等，国内的 ERP 系统有泛普、用友、金蝶、浪潮、金算盘等，但国外 ERP 厂商不太了解我国企业的实际需求和定制过程，国内 ERP 厂商大都基于自己的理解，往往又不能具体地了解企业的生产特点。所以，在智慧盐湖建设中，不是有钱买来软件就可以的，需要根据企业实际进行研发或二次研发。研发是一个庞大的系统工程，涉及面广，投入大，实施周期长，难度大，存在一定的风险，需要采取科学的方法来保证项目实施的成功。一般在实施中需要注意以下问题：

1. 决策者和员工共同参与。ERP 的实施关系到企业内部管理模式的调整，业务流程的变化和大量的人员变动，没有企业领导的参与将难于付诸实践。同时,ERP 是企业级的信息集成,没有全体员工的参与也是不可能成功的。在企业领导的控制下，各个部门积极参与，全体员工的积极配合，ERP 系统研发才能可取得成功。

2. 前期咨询与调研。通过管理咨询专家对企业当前发展和管理中的薄弱环节进行诊断与分析，重新设计业务流程，调整组织分配。调研要做到知彼知己，搞清企业生产与业务构成、服务需求、供应商或自身开发能力、成功案例、未来发展方向等。

3. ERP 软件的选型。在选择 ERP 软件的时候，应该着重从企业需求、软件功能的兼容性、二次开发工具及其易用性、售后服务和技术支持、系统的稳定性、供应商的实力与信誉、价格等方面进行综合考虑，同时也要做投资效益分析，包括资金利润率、投资回收期、实施周期和难度，以避免造成实施时间过长而影响效益的兑现。

4. 知识更新和培训。ERP 是信息技术和先进管理技术的结合，无论是决策者、管理者还是普通员工都要掌握一定的计算机技术、通信技术。要切实做好员工的培训工作。

5. 数据规范化。数据规范化是实现信息集成的前提，在此基础上才谈得上信息的准确、完整和及时。所以，实施 ERP 必须要确保基础数据的准确性、时效性、可靠性和前后、上下数据间的一致性，为科学决策与管理提供参考依据，比如产品数据信息、客户信息、供应商信息等。

6. 业务流程重组。ERP 是面向工作流的，目标是实现信息的最小冗余和最大共享。为此，需要对现行的管理业务进行分析，发现企业现存的管理方式的弊端，摒弃那些不合时宜的甚至是错误的业务流程，重新设计新的企业业务流程。在业务流程的再设计中，要以核心业务为主导，实现对各个业务环节的有效控制和管理，使企业的业绩有一个显著的增长和巨大的飞跃。

（四）智能控制技术

智能控制把人工智能和自动控制结合起来，具有智能信息处理、智能信息反馈和智能控制决策的控制方式，是控制理论发展的高级阶段，主要用来解决用一般传统方法难以解决的复杂系统的控制问题。

智能控制的思想出现于 20 世纪 60 年代。美国教授首先把 AI 的启发式推理规则用于学习控制系统，后有学者首先主张将 AI 用于飞船控制系统的设计，1967 年，美国莱昂德斯等人首次正式使用“智能控制”一词。1971 年，自动控制与 AI 交叉的智能控制理论正式得以创立。

智能控制与一般控制有密切的关系，不是相互排斥的。常规控制往往包含在智能控制之中，智能控制也力图扩充常规控制方法并建立一系列新的理论与方法来解决更具有挑战性的复杂控制问题。与传统控制相比，智能控制具有以下基本特点：(1) 控制对象的不确定性。传统的自动控制是建立在确定的模型基础上的，而智能控制的研究对象的模型具有严重的不确定性，需要对复杂系统（如非线性、快时变、复杂多变量、环境扰动等）进行有效的全局控制，并具有较强的容错能力。(2) 控制界面的多样性。传统的自动控制系统的输入或输出较为简单，而智能控制希望接受印刷体、图形甚至手写体和口头命令等形式的信息输入，同时还要扩大输出装置的能力，能够用文字、图纸、立体形象、语言等形式输出信息。(3) 控制的自适应性。智能控制系统具有自适应、自组织、自学习和自协调能力，如自动躲避障碍物位移到某一预定位置。(4) 知识自动运用能力。与一般控制系统相比，智能控制系统具有一定的控制策略、被控对象及环境的有关知识以及运用这些知识的能力。

近年来，神经网络、模糊数学、专家系统、计算智能等各门学科的发展给智能控制注入了巨大的活力，由此产生了各种智能控制方法。其中主要的有如下几种：

1. 分级递阶智能控制

分级递阶智能控制是智能控制最早的理论之一，主要由三个控制级组成，按智能控制的高低分为组织级、协调级、执行级，这三级遵循“伴随智能递降精度递增”原则，利用熵函数衡量每一级的执行代价和效果，用熵进行最优决策。目前，分级递阶智能控制仍然是进行多级自寻优控制、多级模糊控制、多级专家控制、多目标预测控制以及大型空间运动结构系统控制的有效方法。

2. 模糊控制

模糊控制理论主要将模糊推理规则转换为控制决策，适用于难以建模的被控对象。模糊控制用模糊语言描述控制逻辑，既可以描述应用系统的定量模型，也可以描述其定性模型，但在实际应用中模糊逻辑实现简单的应用控制比较容易。简单控制是指单输入单输出系统（SISO）或多输入单输出系统（MISO）的控制。随着输入输出变量的增加，应用控制变得越来越复杂，模糊逻辑的推理将变得非常复杂。

3. 神经网络控制

将神经网络引入控制领域就形成了神经网络控制。神经网络是模拟大量的神经元，按一定的拓扑结构进行学习和调整的自适应控制方法，具有并行计算、分布存储、非线性运算、可变结构、高度容错、自我组织、学习或自学习等优点。

4. 基于遗传算法的参数优化控制

遗传算法已被广泛应用于组合优化、机器学习、信号处理、自适应控制和人工生命等领域。遗传算法可用于模糊控制规则的优化和神经网络参数的学习，在智能控制领域有广泛的应用。遗传算法具有并行计算、快速寻找全局最优解等特点，可以和其他技术混合使用，用于智能控制的参数、结构或环境的最优控制。

5. 基于知识工程的专家控制系统

将专家系统作为控制器应用于控制系统，使控制系统具有良好的动态和稳态性能、良好的鲁棒性和适应性。专家控制一般具有模糊专家智能的功能，采用专家系统技术与控制理论相结合的方法设计控制系统。专家系统将专门领域中的问题求解思路、经验、方式与传统控制理论结合，表现出一种拟人的智能性。专家系统在解决复杂的高级推理中获得了较成功的应用，但其相对工程费用较高、自动获取知识困难、无自学能力、知识面窄。

为了发挥各种不同智能控制方法的优点，克服它们各自的缺点和不足，各种组合相互交叉渗透的智能控制方法不断被提出和研究，如模糊神经网络控制、模糊学习控制、模糊进化控制、自适应神经网络控制、神经网络变结构控制等。

四、建模和仿真技术：利用软件重新定义生产运营

模型是连接信息世界和物理世界的桥梁，建模和仿真是智慧盐湖建设的关键。建模是仿真的基础，仿真是建模的延续，是对模型进行研究和分析。建模仿真技术用于进行生产过程定义和算法模型构建，描述产品的工艺流程、物料需求和工序之间数据流向和逻辑关系，形成对生产过程的抽象数学描述。

（一）建模和仿真

为理解和处理复杂系统，常常需要使用模型对复杂系统进行简化和抽象描述，即从系统的属性中，选择出主要的、当前关注的若干属性，形成对于系统的简化的版本，这就是所谓的模型。建立模型的方法和过程称为建模。

模型可以形象、直观地揭示事物的本质特征，使人们能对事物有一个更加全面、深入的认识，从而可以帮助人们更好地解决问题。开发模型的目的是用模型作为替代来帮助人们对原物进行假设、定义、探究、理解、预测、设计，或者与原物一部分进行通信。因此，模型不是原型的重复，而是根据不同的使用目的，选取原型的若干侧面进行抽象和简化，在这些侧面，模型具有与原型相似的、数学的逻辑关系或物理形态。也就是说，模型是对物理对象和系统及其关联特性的抽象，是对物理系统某些方面的抽象。模型一般可以分为物理模型、数学模型和概念模型。

具体到智慧盐湖，建模是指针对采卤、选别或盐湖化工生产的载体（如采卤船、浮选机、反应釜等）、制造过程（如加工过程中的力、热、液等）和被加工对象（如卤水、原材料等），甚至是生产车间、调度过程中一切需要研究的对象（包括实体对象或非实体化的生产过程），应用机械、物理、力学、

计算机和数学等学科知识，对研究对象进行的一种近似表达。

模型和建模是人类认识世界和改造世界的重要方法。在科学研究和工程实践中，先构建一个模型，利用它在计算机、模型构成的信息世界中，进行设计、仿真验证等迭代，逐步完善产品或流程方案之后，再回到物理世界中进行生产或试验，往往是安全和低成本的方案。模型可使人们明晰思路，透过复杂系统看到事物的本质。构造模型是为了研究、认识原型的性质和演变规律。

仿真一词来自拉丁语 simulare，对应的英文单词是 simulation，意思是“假装”。仿真也可译为模拟，为了与模拟计算机 analog computer 中的 analog 加以区别，1979 年我国学者建议将 simulation 译为“仿真”，并一直沿用至今。

仿真是对现实系统的某一层次抽象属性的模仿。人们利用模型进行试验，从中得到所需的信息，然后帮助人们对物理世界的某一层次的问题做出决策。仿真包含三项基本活动：建立研究对象的模型、构造与运行仿真系统、分析与评估仿真结果。

仿真技术是进行系统分析、设计、运行、评估和培训教育的重要手段。仿真技术由于可以替代费时、费力、费钱的真实试验，已成为各种系统分析、战略研究、运筹规划和预测、决策的强有力工具，而且越来越广泛地应用于航空、航天、通信、船舶、交通运输、军事、化工、生物、医学、社会、经济等各个领域。

仿真技术的发展可用“点、线、面、体”四个字来归纳。仿真技术发展初期，主要应用于单一器件的单功能仿真，这时仿真空间的特性表现为仿真“点”；随着计算机和仿真技术的进一步发展，多个单一功能的单器件仿真互联，实现群件仿真，这时仿真空间的特性表现为仿真“线”；再后来，随着网络技术、分布交互技术、各种仿真支撑平台的大量应用，各种不同领域的异构仿真实现跨领域、跨平台组网，在共同的协议标准下完成复杂的一体化协同仿真，这时仿真空间的特性表现为仿真“面”；目前，仿真技术已发展到广域、大信息环境，多节点群的互联，其仿真空间的特性表现为仿真“体”。

建模与仿真技术具有以下特点：(1) 数值化。数值化是建模与仿真技术的必要特点，是仿真、计算、优化的前提。(2) 虚拟化。虚拟化是建模与仿真技术的本质特点，利用建模和仿真技术可得到被研究对象的虚拟镜像。(3) 可控化。可控化是建模与仿真技术达到目标的必要手段。建模与仿真技术的目的是对被研究对象进行分析和优化。只有做到可控化，才可以进行科学化的对照试验、优化试验等。(4)可视化。可视化是建模与仿真技术的直观特点，是建模与仿真技术人机交互与友好性的体现。

随着新技术的发展和应用，建模与仿真技术又表现出一些新的趋势：(1) 集成化。依托 5G、物联网、云计算、云存储等技术，实现了人、机、物的有机融合，建模与仿真技术从原来的单一化过渡到多机协同的集成化模式，实现了模型交互与模型共享，仿真数据共享。(2) 虚实结合化。典型的如 VR、AR 等技术，能让人参与虚拟化的建模与仿真，与实体对象进行交互，增强仿真过程中的真实体验。(3) 计算高速化。依托高速计算机、大型服务器、高速总线技术、网络化技术和并行计算模式，建模与仿真也表现出计算高速化的特点。计算高速化的建模仿真，也是虚拟化模型与盐湖化工企业生产过程进行实时协作的关键技术。(4) 人工智能化。智慧盐湖是一个高度复杂和强耦合的体系，传统的模型在一些要求较高的条件下，往往并不能满足需求。而通过借助人工智能、数字孪生、深度学习等技术，对非线性强耦合的加工过程和加工对象进行建模，能够得到传统建模方法达不到的效果。

仿真对于速度的要求较高，系统仿真的时间量级一般为微秒和毫秒级，但三维虚拟仿真的时间量级一般为小时级或日级。将系统仿真与三维仿真直接连接进行耦合计算时，会造成整体计算时间很长，难以匹配工程上的需求。瓶颈在于三维仿真上，因此需要采用模型降阶技术对三维仿真模型进行处理。模型降阶可以提高计算速度，尤其在大自由度的情况下，计算速度可以得到显著的提高。但也必然导致损失部分精度，误差增大。因此，在智慧盐湖仿真过程中，需要在降阶和精度之间取得平衡，在保证精度的情况下，尽量减少仿真时间。

降阶技术主要分为静态降阶和动态降阶两种。目前静态降阶技术较为成熟，但只能对无时间相关性的物理现象进行降阶处理；动态降阶技术则是利用机器学习的方法对三维仿真模型在指定工况参数空间内的全部工作特性进行拟合，生成降阶模型。

（二）虚拟现实和增强现实技术

虚拟现实（Virtual Reality，VR）和增强现实（Augmented Reality，AR），都是信息世界对物理世界的模拟和仿真，是根据物理世界通过科学技术手段形成的模拟现实的世界。也就是说，信息世界是基于物理世界来进行模拟的。信息世界是独立于物理世界的，但又与物理世界密切联系。

虚拟现实和增强现实都是仿真技术的重要方向，它们都集合计算机图形学、人机接口技术、多媒体技术、传感技术等多种技术，生成多源信息融合的、交互式的三维动态视景和实体行为的系统仿真环境，从而使得在视觉上产生一种沉浸于其中的感觉，可以直接观察、操作周围环境有事物，并能与之发生交互作用，给人一种身临其境的感觉。但是，虚拟现实和增强现实毕竟是两个概念，两者还存在一些区别。

虚拟现实是利用三维建模等技术，建立一个虚拟的空间，再利用虚拟现实设备，提供视觉、听觉，甚至触觉、嗅觉的感官模拟，能够使用户身临其境地沉浸在这样的虚拟的合成环境中，虚拟眼镜可以使用户在此环境中观察虚拟空间中的事物，穿戴设备还会给身体以不同方位的振动反馈。

增强现实也是一种计算机建模技术，它通过捕获摄像机的位置，计算出影像物体的角度和位置来进行建模，当完成建模后，在此位置上增加一些虚拟的图像、视频或者更立体的 3D 模型，这些虚拟的对象和摄像机捕捉到的真实对象融合在一起，让用户可以通过摄像头就看到真实和虚拟两种影像。

虚拟和增强现实都具有多感知性、存在感、交互性和自主性四个重要特征。

（1）多感知性。理想的虚拟现实和增强现实，应该具有人体所具有的一切感知功能。（2）沉浸感。用户应该能沉浸其中，甚至达到难以分辨真假的程度。（3）交互性。用户对模拟环境可以操作，并从环境得到反馈，这种操作和反馈都是实时的。（4）自主性。用户在虚拟现实和增强现实中处于主导地位。

虚拟现实和增强现实都是多种技术的综合，主要包括以下技术：

1. 建模技术

3D 建模和全景技术是建模技术的两个分支。（1）3D 建模。三维模型是物体的多边形呈现，通常用三维软件制作出物体的模型，然后在计算机中模拟显示出真实的三维物体。显示的物体可以是现实世界的实体，也可以是虚构的物体。多边形建模技术的原理就是用小平面来模拟曲面，这是最基本的几何模型的方法，也是最流行的建模方法之一。建模工具主要有 3dsMax、Maya、Cinema4D、Blender 等。（2）全景技术。全景技术的原理是利用实景照片建立虚拟环境，按照照片拍摄、数字化、图像拼接、生成场景的模式来完成创建。以上两种建模技术各有利弊，基于 3D 建模技术能提供良好的沉浸体验和深度交互能力，基于全景技术的沉浸感不强且无法进行深度交互。

2. 显示技术

在虚拟现实和增强现实中，双目立体视觉起了很大作用。用户的两只眼睛看到的不同图像是分别产生的，并在同一个显示器上显示出来。当用户带上特殊的眼镜后，一只眼睛只能看到奇数帧图像，另一只眼睛只能看到偶数帧图像，奇、偶帧之间的视差在大脑融合起来，就形成了具有立体感的整体景象。

3. 交互技术

在传统的计算机图形技术中，视场的改变是通过鼠标或键盘来实现的，用户的视觉系统和运动感知系统是分离的，每个物体相对于系统的坐标系都有一个位置与姿态。用户看到的景象是由用户的位置和头、眼的方向来确定的，这需要由跟踪头部运动的头套来完成。利用头部运动跟踪来改变图像的视角，用户的视觉系统和运动感知系统之间就可以联系起来。

4. 三维虚拟声音技术

三维虚拟声音技术有三个主要特征，分别是全向三维定位、三维实时跟踪、沉浸感与交互感。其中，全向三维定位是指在三维虚拟空间中定位声音信号的精确位置，从而符合人们的真实听觉方式；三维实时跟踪图像是指实时跟踪虚拟声音的位置变化；三维虚拟声音的沉浸感是指加入三维虚拟声音后能使用户产生身临其境的感觉，有助于增强临场效果；三维声音的交互感是指随着用户位置的移动而产生的实时响应。

5. 感觉反馈技术

在虚拟现实和增强现实系统中让用户能够直接操作虚拟物体并感觉到虚拟物体的反作用力，从而产生身临其境的感觉。如用户可以看到一个虚拟开关，可以设法去按压它，手应该有真正按压开关的感觉，否则手就会穿过虚拟开关。解决这一问题必须配备感觉手套等装备，常用装置是在手套内层安装一些可以振动的触点来模拟触觉。

6. 系统集成技术

由于虚拟现实系统中包括大量的感知信息和模型，因此系统的集成技术为重中之重。这些技术包括信息同步技术、模型标定技术、数据变换技术、识别和合成技术等。

VR/AR 技术在智慧盐湖中的应用场景有以下几种：

1. 虚拟生产

利用虚拟现实和增强现实技术生成一种模拟生产线环境，通过多种传感设备使用户置身于该生产环境中，实现用户与产线环境直接进行自然交互。目的是可以在系统环境中仿真生产线的特性。虚拟生产可以替代生产线的测试，使操作者以一种自然的方式从事生产、操作和设计等活动。

2. 虚拟远程运维

增强现实技术的引入，有助于减少维修的盲目性。通过网络传递现场实际的数据，结合虚拟现实和增强现实技术在计算机上再现故障现场，对实况进行模拟，专家在本地真实的体验中进行交互，从而对问题进行分析、诊断，提出维修方案指导问题解决。例如，增强现实技术可以让石油工人查看待处理管道的信息，或者用来获取电子档手册。与之配套的手套允许工人在空中写数字，或者使用各种不同的手势来确认项目的细节，确认的信息随即发回后台。

3. 虚拟培训

正式上岗前的培训对于盐湖化工企业来说非常重要，但传统的培训方式并不适合高危盐湖化工生产的培训需求，虚拟现实和增强现实技术的可以使虚拟培训成为现实。结合动作捕捉交互设备和 3D 立体显示技术，为参训者提供一个和真实环境一致的虚拟环境，参训者可以在这个具有沉浸感和交互性的虚拟环境中，通过人机交互设备和场景里的物件进行交互，体验实时的感觉反馈，进行多种培训操作。如虚拟维修，可以突破空间和时间上的限制，进行逼真的设备拆装、故障维修等操作。虚拟培训，可以具有较强的针对性，可以方便地模拟多种培训科目，受训者可以将自身置于各种复杂、突发环境中去，从而进行针对性训练，提高自身的应变能力与相关处理技能。

虚拟现实和增强现实技术有以下几个发展趋势：(1) 动态环境建模技术。动态环境建模是获取实际环境的三维数据，在不降低三维模型的质量和复杂程度的前提下，实时建立相应的虚拟环境模型。该技术强调实时的数据传感、超高清显示技术，以及提高刷新频率、提升系统性能、减少晕眩和提高真实感。(2) 分布式技术。将分散的虚拟系统或仿真器通过网络联结起来，采用协调一致的结构、标准、协议和数据库，形成在时间和空间上相互耦合的虚拟环境。(3) 近眼显示技术。近眼显示技术将以沉浸感提升与眩晕控制为主要发展趋势。提升沉浸感的主攻方向是高角分辨率与广视场角显示；眩晕控制的发展重点是非固定焦深的多焦点显示、可变焦显示与光场显示。(4) 感知交互技术。感知交互技术聚焦于追踪定位、环境理解与多通道交互等热点领域。(5) 软件技术。研发通用化、易用性高的软件，使虚拟现实和增强现实技术更容易与移动终端相结合。

（三）数字孪生技术

数字孪生（DT，Digital Twin）代表了最新的建模和仿真技术，作为在实践中的重要使能技术与手段，能够有效解决智慧盐湖的信息物理融合难题，在智慧盐湖建模和仿真领域具有广阔的应用前景。

数字孪生，也被称为数字映射、数字镜像，是指集成多学科、多物理量、多尺度的仿真过程，在虚拟空间中完成映射，类似实体系统在信息化平台中的“双胞胎”，从而反映相对应的实体装备的全生命周期过程。借助数字孪生，可以在信息化平台上了解物理实体的状态，甚至可以对物理实体进行控制，从而帮助组织监控运营、执行预测性维护和改进流程。

数字孪生与虚拟现实、增强现实的共同点是都具有数字化世界，且都具有交互性，但数字孪生更侧重于与现实之间的映射关系，不强调沉浸感与想象性。

数字孪生的思想最早源于 2002 年针对产品全生命周期管理提出的“镜像空间”概念。虽然这个概念在当时并没有称为数字孪生，但却具备了数字孪生的基本组成要素，因此可以被认为是数字孪生的雏形。在数字孪生概念提出的随后 15 年时间里，与其理论和应用相关的研究层出不穷，使得数字孪生的概念不断完善。2017 年以来，数字孪生的研究和应用越来越热，并开始在很多生产生活场景中得以应用。

盐湖化工生产与智能制造有许多相通之处，可以借鉴数字孪生技术在制造业的应用经验；盐湖化工生产又具有特殊性，因此数字孪生技术在盐湖化工行业的应用又必须顾及自身作业环境的特点。数字孪生技术尚处于发展初期，但其价值已经突显，其应用于智慧盐湖，能够全面变革设计、生产、运营、服务全流程的数据集成和分析方式，极大扩展数据洞察的深度和广度，驱动生产方式和生产模式的变革。

数字孪生模型可以通过接收来自物理对象的数据而实时演化，从而与物理对象在全生命周期保持一致。数字孪生可支撑分析、预测、决策等仿真相关应用，并将仿真结果反馈给物理对象，从而帮助对物理对象进行优化和决策。数字孪生理念为信息世界和物理世界之间的交融提供了重要参考。随着传感器技术、网络通信技术等相关技术的进步，可以较容易地获取来自真实系统的实时观测数据。这使得动态数据驱动仿真成为一种新的仿真范式。在这种范式中，虚拟仿真系统将受到来自于真实系统实时观测数据的持续影响。

工业生产过程是一个非常复杂的系统工程，数字孪生技术能够将物理世界中的实体设备与信息世界中的虚拟设备连接在一起，虚拟设备可以实时反映实体设备的生产情况并对实际生产过程进行控制，从而增加生产系统的灵活性，提高生产效率和产品质量、降低能耗和物耗。

在智慧盐湖建设中，利用数字孪生技术建模可以采用常用的五维模型，即物理实体、虚拟模型、服务、数据、连接等 5 个方面。

1. 物理实体。智慧盐湖的物理实体指人员、装备、环境等实体，以及生产作业的各种场景和生产过程。将实体按照结构和功能划分成几个等级，如流量控制器、反应釜等作为部件级的孪生实体，某反应单元智能操作系统作为单元级孪生实体，可以由多个部件实体构成。

2. 虚拟模型。虚拟模型与物理模型相对应，是物理世界的数字化表达。虚拟模型不仅要求能够对物理模型的结构、参数、属性进行描述，还需要能够加载物理实体的发展和演化规律，实现虚实映射、融合演进。通过设计规则模型，可以实现对虚拟模型评估、推理、预测等功能。

3. 孪生数据。包括物理实体的各类属性值，例如反应釜的机械结构参数、容量参数、电气控制参数等。本体和孪生体之间的数据流动可以是双向的，不只本体向孪生体输出数据，孪生体也可以向本体输出信息，从而对本体采取进一步的干预和控制，并且这种干预和控制信息是实时或准实时的。

4. 服务。服务能力是数字孪生对物理客体赋能的体现，在传统物理客体基础上，因为具有了数字孪生的支持，可以具备传统客体不具备的新的特性和能力，导致物理客体自身伴随数字孪生发生实质性变化，为人类再设计再优化客体提供支持。同时，物理客体通过配备内置传感、工业互联网和控制器件，可以实现对数字孪生中计算、分析的结果传递和信息的接收，使客体在数字感知、反馈、分析、自主决策水平方面得以提升。

5. 连接。用于建立智慧盐湖数字孪生物理实体、虚拟模型、服务、数据之间的关联，为各部分提供协作交互的途径，保证数字孪生系统物理实体和虚拟模型的一致性，使得各部分能够不断的交互、更新、优化、迭代。

数字孪生和仿真一样，都需要从建立虚拟模型做起，于是许多建模和仿真厂商都纷纷投身于数字孪生这一技术。从某种程度上讲，数字孪生代表了最新的建模和仿真技术。目前，数字孪生主要应用于如图 4-2 所示的 11 个工业领域：

数字孪生工业应用

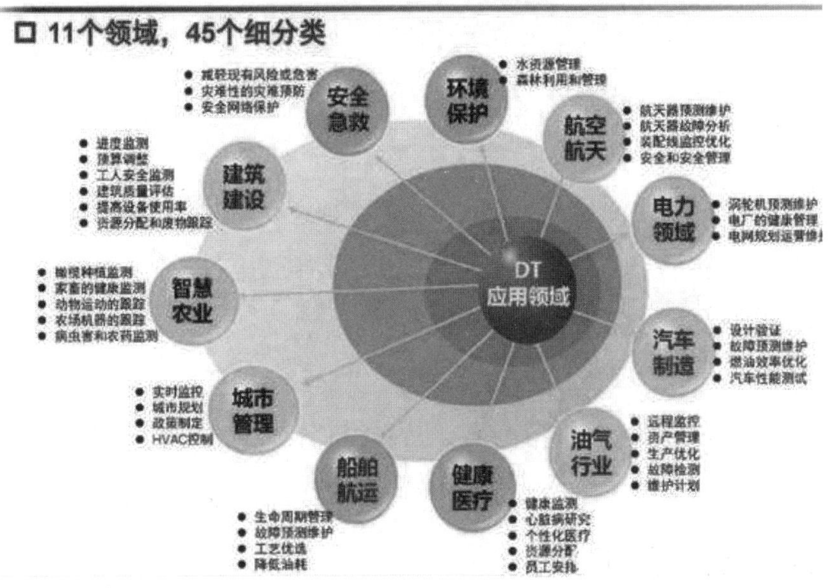

图 4-2　数字孪生工业应用领域

具体地，数字孪生技术在智慧盐湖的应用场景有以下几种：

1. 远程遥控和自动化采矿。形成感知分析、交互反馈、智能控制、智能决策的智能系统，实现智慧盐湖物理实体与孪生体之间的虚实映射、实时交互，以及无人化开采全息感知、全过程智能化运行、拟人化作业与虚拟场景展现。实现盐湖化工生产过程的远程遥控操作和自动化采矿，从单个工序到整体盐湖，使盐湖生产实现数字化、办公室化。

2. 实时远程监控。为克服目前盐湖监控视频数据分离、系统承载受限、可视化效果欠佳等不足，建立基于数字孪生的智能监控系统，通过数字孪生对生产场景实时监控和虚拟映射，利用三维可视化平台获取生产实时运行数据和精确信息，对事故进行预警。通过数字孪生、数据融合、深度学习与迭代优化，实现盐湖开采和生产运营的远程可视化实时监控，便于技术人员和专家为盐湖提供更好的远程服务，对采集到数据进行智能分析，优化盐湖化工企业运营，保证盐湖化工企业生产高效、安全地进行。

3. 预测性维护。通过工业互联网和大数据平台，基于数字孪生技术实现盐湖物理实体在虚拟场景的对象孪生、过程孪生和性能孪生，实现三维可视化智能运维。利用盐湖运维数据的多源融合、深度学习、迭代优化和自主决策，实现盐湖化工生产运维全生命周期的智能化，以便在它们发生故障之前安排维护，从而提高生产效率。

智慧盐湖迫切需要利用信息技术提升物理空间和信息空间的融合，而数字孪生的出现为此提供了新的思路和方法。数字孪生面向全生命周期，发挥连接物理世界和信息世界的桥梁和纽带作用。然而，目前对数字孪生的构建和应用仍处于初步阶段，如何得到逐层递进的数字模型，以及从单个模型到聚类/组合协作的汇聚模型的关联，从而实现多维、多层次的信息物理融合是今后进一步研究的方向。

（四）数字主线技术

随着数字孪生技术越来越广泛的应用，数字主线技术开始进入人们的视野。

数字主线（Digital Thread）概念最早是美军在研发 F-35 战斗机时提出的，目的是为了打通设计数据和制造数据，提升战斗机制造的自动化程度。通过运用数字主线，工程数据得以与制造数据的直接连接，工程设计中的三维模型直接被制造端采用，进行加工模拟、测量和设计，也直接用于后续培训和运维系统的开发。

随着数据和业务复杂度的增加，越来越多的企业也面临同样的问题，数据量急剧增加，种类繁多，格式复杂，而且散落在各个独立的信息系统中，数据断层和瓶颈现象严重。因此，迫切需要将这些数据集成和打通，以更好地加以利用。数字主线就是打通产品全生命周期（研发、制造、营销、服务等）、全价值链（用户、供应链、物流等）的数据通路，以业务为核心对这些数据进行解耦，重构和复用。

可见，数字主线是一个可拓展、可配置、组件化的通信框架。基于该框架可以实现在正确的时间、正确的地点，把正确的数据传递给正确的人，避免了信息的失真、不正确、不及时等问题发生，从而有效提高协作效率。具体措施如下：（1）统一数据源。产品有关的数字化模型采用标准描述，可以逐级向下传递不失真，并可以回溯。（2）流程一体化。集成并驱动现代化的产品设计、制造和保障流程，以缩短研发周期并实现研制一次成功。（3）数据实时同步。在整个生命周期内，各环节的模型都能及时进行关键数据的双向同步和沟通，形成状态统一、数据一致的模型，从而可动态、实时评估系统当前和未来的功能及性能。

在数字主线中，统一的全数字化模型贯穿始终，把物流、信息流、资金流各要素组合在一起，并且将企业的供应链整合成为一个有机整体。打个比喻，如果说盐田采收、生产管控、生产安全、综合管理、资源和生态环境保护、集成分析和应用类系统的相关信息像一个一个的“珍珠”，那么数字主线就是贯穿这些珍珠的“丝线”。如果说数据总线是物理世界基于数据的联通，那么数字主线就是基于业务的联通。

因为数字主线是基于业务的联通，所以与一般的数据总线不同，连接业务的数字主线的数据需要进行重新转换和集成，这种转换和集成必须是基于模型的，这是解决信息孤岛问题的唯一可能的方法。在数字主线中，统一的全数字化模型贯穿始终。所有的环节都具备信息完整丰富，按照统一的开放标准，建立的规范和语义化的数字化模型，并且可被机器或系统稳定无歧义地读取。如在洛克希德·马丁公司在研发 F-35 战斗机时，数字主线就是将数据源存在于一个通用模型中，无缝地被全球的合作伙伴和供应商直接使用，极大地提高了产品设计、制造以及运维协同的效率和准确性，加速了产品的开发和部署，同时也降低了风险。

可见，为使数字主线能够识别各环节的沟通需求和相关的信息内容，需要将数据源描述模型化，并需要开发能够支持这些信息转换和集成的标准和工具。当然，难点并非标准和工具本身，而是各种设计、工艺、生产资源的数字化问题，核心是知识发现和知识转化等问题，尤其是隐性知识的转化。

数字孪生体反映了物理实体不同侧面的模型视图，具备与物理实体交互、决策的能力；数字主线能够实现数字孪生各制造环节模型之间的联通、耦合、叠加，以形成更大的孪生系统，直至形成整个智慧盐湖孪生系统。数字孪生的开发和应用有赖于数字主线的支持，可以说，没有数字主线，就不可能有数字孪生的高效应用。数字主线是数字孪生体之间的沟通桥梁，两者之间的关系如图 4-3 所示：

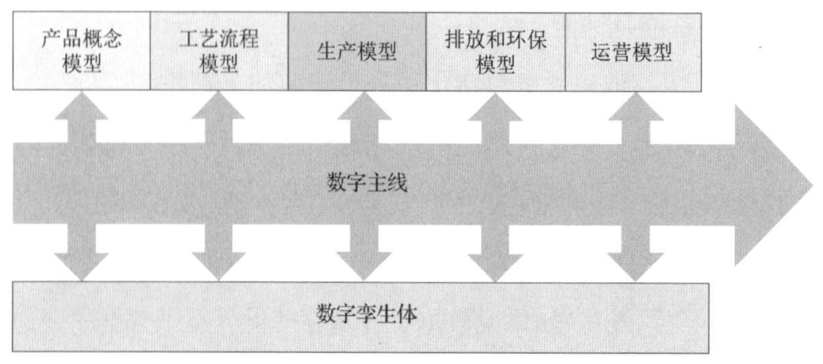

图 4-3　数字主线和数字孪生体

数字主线和数字孪生的联合运作，尚没有成熟的实施路线，本书借鉴产品数据平台建设方法，提出一个大概框架供参考。大体上，这个框架分为四个步骤：

1. 构建数字主线。数字主线通过本体技术、语义映射等技术，以主题仓库为服务载体，实现产品全生命周期过程涉及的异构全要素数据资源进行关联融合。

2. 搭建数字孪生框架。利用语义、映射、本体、形式化描述、多图谱关联等技术，定义数字孪生架构，规范数字孪生接口与互操作规范，实现对多类型数字孪生的识别、配置与管理。

3. 构建多尺度数字孪生体。根据数字孪生框架，定义多个数字孪生体的分布和交互关系，进行统一建模，构建高精度的数字孪生体。多个数字孪生体互联协同，形成更复杂更高级别的数字孪生体。

4. 虚实同步建模。完成产品数字孪生体与实体之间的联动，在物理空间和信息空间之间建立准实时联系，实现互联互通互操作，通过智能控制技术，在信息空间中对物理空间实体进行管控。

数字主线的开发和实施，是对智慧盐湖建设的巨大技术挑战，涉及的组织和业务面广，缺乏成熟的解决方案和典型案例，缺乏有指导性的实施方法，但数字主线技术在智慧盐湖建设中具有重要意义，可以作为中长期目标进行规划。

五、人工智能技术：使知识自动化应用成为可能

人工智能正在以超乎想象的方式和速度影响着工业生产，各个领域对于人工智能的使用和应用也愈发重视。盐湖化工企业也正在经历了前所未有的转型，人工智能技术的进步和应用不仅推动了智慧化进程，更为将来的发展打开了广阔的空间。

（一）人工智能技术及其应用

工业人工智能与一般意义的人工智能没有大的差别，仅在于应用领域不同。本书不再区分人工智能和工业人工智能。

人工智能（Artificial Intelligence，AI）是研究、开发用于模拟、延伸和扩展人的智能的理论、方法、技术的一门学科，其任务是使计算机模拟人类的智能活动，使之具有应用知识、逻辑推理、解决实际问题的能力。

人工智能技术自诞生以来，理论和技术日益发展，应用领域不断扩大，可以想见，未来的人工智能将会是人类智慧的翻版，而且必将超过人类的智慧。

人工智能技术是一个综合技术群，主要包括以下几大方面：

1. 机器学习。机器学习重点研究计算机怎样模拟或实现人类的学习行为，以获取新的知识或技能，并重新组织已有的知识结构使之不断改善自身的性能。根据学习模式，机器学习分为监督学习、无监督学习和强化学习等；根据学习方法，机器学习分为传统机器学习和深度学习。

2. 知识图谱。生产过程中积累了海量数据，知识图谱技术提供了一种便捷的知识表达、积累和沉淀方式。知识图谱本质上是结构化的语义知识库，主要应用于知识赋能，使知识自动分析、检索、处理，并将知识赋予装备进

行执行。

3．自然语言处理。重点研究能实现人与计算机之间用自然语言进行有效通信的各种理论和方法，涉及的领域较多，主要包括机器翻译、语义理解和问答系统等。

4．人机交互。主要研究人与计算机之间的信息交换，与认知心理学、人机工程学、多媒体技术、虚拟现实技术等密切相关。人机交互技术除了传统的基本交互和图形交互外，还包括语音交互、情感交互、体感交互及脑机交互等技术。

5．计算机视觉。计算机视觉是使用计算机模仿人类视觉系统的科学，让计算机拥有类似人类提取、处理、理解和分析图像的能力。自动驾驶、机器人、智能医疗等领域均需要通过计算机视觉技术从视觉信号中提取并处理信息。计算机视觉可分为计算成像学、图像理解、三维视觉、动态视觉和视频编解码五大类。

6．生物特征识别。是指通过个体生理特征或行为特征对身份进行识别认证的技术。生物特征识别技术涉及的内容十分广泛，包括指纹、掌纹、人脸、虹膜、指静脉、声纹、步态等多种生物特征。

人工智能技术是智慧盐湖的核心技术，将在以下几个方面提高企业的生产、运营和管理水平：

1．提高生产效率。一是提高智能化水平。使用更多的自动化装备和智能机器人意味着企业可以实现更长的作业时间，不需要负担多余的加班费用，并能提高生产设备的智能化生产水平。二是提升质检水平。人工智能在生产线各个环节全面实时监控，大幅度提高对产品质量的监管和控制能力，提高产品质量。

2．进行智能生产调度。人工智能技术可以从历史数据中发现生产装置的运转规律，在进行生产调度时，可充分考虑产能约束、人员技能约束、物料约束和生产装置状态等条件，使生产调度更加优化。在生产执行过程中，人工智能技术还可在线监控现场实绩与计划之间的偏差，以动态进行操控优化和调整。

3. 改进生产工艺流程。在工业大数据基础上可以建立动态的数字化生产模型，用以分析和评价生产工艺流程，人工智能算法有助于快速发现其中的问题和瓶颈，改进生产过程控制。例如青海盐湖镁业有限公司根据镁锭浇铸工艺特点及浇铸过程工艺参数控制指标进行浇铸作业的人工智能化研究；根据镁锭浇铸过程中镁液的氧化机理进行保护气体的组份、保护气体自动化保护及对镁锭浇铸质量实时自动检测的研究；根据镁锭浇铸工艺特点及浇铸模具的工艺要求进行模具预热、冷却、清洗的结构及程序的设计对模具温度、表面质量的状态检测实现模具处理及其状态检测的人工智能化研究；根据相关标准对镁锭质量的要求进行镁锭的重量、形状及表面质量的自动检测的人工智能化研究；根据镁锭的包装指标进行镁锭堆垛—包装的现代智能化机械作业的人工智能化研究；研究最终目标是实现盐湖电解金属镁铸造生产线的人工智能化控制。

4. 改善供应链供需平衡。人工智能技术可用于建立供应链的供求模型，整合资金、装备、人才、技术、材料等有形的资源要素，和经济环境、企业文化、管理能力、创新能力等无形竞争力要素，实现供应链整体效益的最大化。尤其在产品需求分析、风险预测等方面，可以依靠大量数据的推理作为决策支持。

5. 设备巡检和运维。对采集的设备信息、巡检问题等数据进行多维度分析，提供设备状态数据参考。在设备运维方面，可以根据设备使用需求优化设备维护策略。

6. 提升环境保护效能。对重点区域、重点装置的污染物排放数据、环境气象数据和水文数据进行采集，利用人工智能技术对这些数据进行分析和挖掘，可更快捷、精准地检测和分析污染物的成分，协助提出具有针对性的治理方案，提升环境治理效能。

目前，人工智能技术还处于弱人工智能阶段，仅具备数据处理、自主学习、快速改进，但无法进行推理和通用学习。强人工智能需要结合情感、认知和推理等人脑高阶智能，并能被通用到各种场景中，是未来人工智能的主要发展方向。

经过 60 多年的发展，人工智能技术正处于从“不能用”到“可以用”的技术拐点，但是距离“很好用”还有诸多瓶颈。有学者认为，当前人类正在进入人工智能 3.0 时代，将有望解决“很好用”的问题。随着信息技术快速发展和互联网快速普及，以 2006 年深度学习模型的提出为标志，人工智能迎来第三次高速成长，进入了人工智能发展的新阶段。随着互联网的普及、传感器的泛在、大数据的涌现、电子商务的发展、信息社区的兴起，数据和知识在人类社会、物理空间和信息空间之间交叉融合、相互作用，人工智能发展所处信息环境和数据基础发生了巨大而深刻的变化，这些变化构成了驱动人工智能走向新阶段的外在动力。

在智慧盐湖等智慧化领域，人工智能技术的发展将主要围绕以下几个方面展开：

1. 算法理论。算法理论将继续按照深度学习和新型算法的两条主线发展。（1）深度学习。深度学习在提升可靠性、可解释性等方面的研究以及零数据学习、无监督学习、迁移学习等模型的研究将成为热点方向，这不仅仅是深度学习算法本身发展的需要，也是产业发展的需要。（2）新型算法。学术界将继续开展新型算法的探索，包括对传统机器学习算法的改进、传统机器学习算法与深度学习的结合以及与深度学习迥异的新型算法等。

2. 人机协同机制。在人机协同机制方面，“人在回路”将成为智能系统设计的必备能力。目前，机器智能并没有实现人们所希望的“以人为中心”，仍然还是以机器为中心。因此，将人类认知模型引入到机器智能中，使之能够在推理、决策、记忆等方面达到类人智能水平，将成为学术界和产业界共同追求的目标，并有望在一定的时间内取得较好的阶段性成果。

3. 智能控制。控制系统向智能控制系统发展已成为一种趋势，对于盐湖化工企业来说具有重要意义。目前来看，对许多复杂的系统，难以建立有效的数学模型和用常规的控制理论去进行定量计算和分析，而必须采用定量方法与定性方法相结合的控制方式。定量方法与定性方法相结合的目的是，要由机器用类似于人的智慧和经验来引导求解过程。因此，在研究和设计智能系统时，主要注意力不放在数学公式的表达、计算和处理方面，而是放在对任务和现实模型的描述、符号和环境的识别以及知识库和推理机的开发上。

4. 多平台多系统协同。人工智能将呈现多平台多系统协同态势，以实现更为广泛的赋能。具体可分为两个路径，一是通用平台向行业平台分化。立足于传统产业各自的行业业务逻辑，实现融合行业基础应用，深耕行业应用场景。二是智能终端向协同系统发展。智能终端目前功能单一、能力固化，应用场景有限且缺乏系统协同，应用上无论是功能还是可扩展性都远远达不到实际的泛化应用需求。因此要实现通用平台、行业平台和智能终端应用的协同组合，以软硬一体的方式实现具体应用的功能定制和扩展。

5. 网络安全领域的人工智能。随着机器越来越多地占据人们的生活，黑客和网络犯罪不可避免地成为一个更大的问题，这正是人工智能可“大展拳脚”的地方。人工智能正在改变网络安全的游戏规则，通过分析网络流量、识别恶意应用，智能算法将在保护人类免受网络安全威胁方面发挥越来越大的作用。

近几年人工智能技术爆发式的发展主要得益于相关基础设施技术的不断完善，比如大型计算中心提供了更强的计算能力，传感器技术有了质的提高，且产品变得廉价，信息通信技术的发展为数据的流通提供了可能，网络巨量的数据为算法的应用提供了施展的空间，功能强大的芯片使得计算终端变得更加智能，等等，这些基础设施的不断完善正在使人工智能的使用成本大幅下降，使得人工智能能够以更低的门槛被更广泛的场景所接纳，从而为人工智能技术在智慧盐湖的应用创造了难得的机遇。

（二）机器学习和逻辑推理技术

推理是人工智能技术的重要组成部分，一直以来是人工智能研究的核心内容。推理主要有两条路径，一条是以符号主义为核心的逻辑推理，如 IBM 的深蓝；另一条是以大数据处理为核心的机器学习，如 AlphaGo。

目前大数据应用在现实生活中极其广泛，如人脸语音识别系统、导航系统、自动驾驶、医学诊断、DNA 序列测序等。大数据的蓬勃发展和成功应用，甚至改变了人工智能技术发展方向，该方法的特点是不再需要人为建立结构化的知识表示系统，经过海量信息训练后可以直接获取知识并融合在网络中，从而使得经典的知识表示和逻辑推理的作用逐步弱化。

然而,以大数据处理为核心的机器学习终究不能解决人工智能的所有问题。

机器学习只能在海量数据中不断地训练和学习，根据一定规则和模式，完成某个专业领域的任务，虽然具有强大的计算能力和快速的搜索能力，效果甚至可以超过人类的大脑，但是很难知识迁移，缺乏自我学习能力，甚至加深了“理解”与“推理”的鸿沟。而逻辑推理虽然目前应用不如大数据处理广泛，但在演绎或归纳推理中更接近人类智能的本来面目。逻辑推理类系统由于目前难以构建大规模的知识系统，限制了其表现水平，但其毕竟是最接近人类大脑思考机制的系统，所以仍是值得深入研究并可能取得进展的领域。

人类理解世界是通过探索世界的规律来进行的，只有复制人类思维模式的知识推理才能真正理解真正含义。深度学习像一个黑箱，最大的弊端是缺乏对其结果的解释能力。大数据的挖掘正逐渐表明，原理、规律不再那么重要，机器学习正在弱化理解和把握世界的规律。如 AlphaGo 对围棋一无所知，根本无法理解每一步棋的理由，只是从 13 万场棋局中分析出 6000 万步棋，基于数据之间一组复杂得难以形容的加权关系，击败了顶尖的人类棋手。对深度学习的信仰，使有些人渐渐被动接受，渐渐放弃了大脑对世界和世界上发生的事情的理解。难道人类真的能在不理解实质情况下，做得完美的决策、把握发展的方向吗？虽然现阶段的机器学习让人们认识到周围数据和信息的广泛性，如依赖数据控制 PLC 系统应该如何操作，告诉供应链系统如何才能更好地获取和服务客户，但是实际上，即使是经典的一阶逻辑、产生式系统等方法所具备的能力，深度学习目前仍然难以做到，这无疑是大数据的一个短板。

以大数据处理为核心的机器学习因为缺乏实际推理和思考，在将来未必能有大的进步。

人类推理是以小见大，也就是小数据、大任务，而机器学习则是大数据、小任务。人类面对大量数据和错综复杂的世界，仅仅通过理解少量信息并进行推理，就可以洞察世界，这应该是人工智能发展的大方向。但是机器学习只是表面上取得成功，仅仅是因为学习了足够多的实例，前景未必像期待的那样。而知识推理似乎更有感知，更有可能产生真正的智慧。与 AlphaGo 相比，深蓝的推理路径无疑在形式化演绎推理和模拟人类思维方面具有更重要的启发意义。人们有理由相信，虽然大数据在相当长的时间内还将进一步发展，并在智慧盐湖建设中发挥顶梁柱的作用，但从长远来看，知识推理在智慧盐湖中的应用也会越来越广泛。

大数据可以直接学习已有的模式，但解释性不强，以符号主义为核心的逻辑推理，类似人类的逻辑推理方式，解释性强，但是构建完备知识库的前景还不明朗。因此在智慧盐湖中需要把两种路径结合利用。以大数据驱动为核心的机器学习，是目前人工智能发展的现状，但是也应加强知识推理技术的研究和应用。

（三）知识自动化技术

知识自动化（Knowledge Automation）技术是利用机器实现知识自动处理的建模、控制、优化及调度决策的自动化技术，它除了包含传统的规则、推理和显性表达式之外，也对隐含知识、模式识别、群体经验等进行模型化，并通过与业务系统深度融合形成自动化系统与机制。目前，自动化技术和系统已经发展到一定水平，但是在复杂分析、精确判断和创新决策等方面还是要依赖人的知识型工作，目前人的智能型工作和自动控制系统只能依靠人机接口交互，还是一种非自动化的运行机制。知识自动化就是要使人的智能型工作向控制系统自动化延伸。

2009 年，美国 PaloAlto 研究中心指出知识型工作自动化将成为工业自动化革命后的又一次革命。2013 年，麦肯锡研究院发布《展望 2025：决定未来经济的 12 大颠覆技术》报告，将知识型工作自动化列为第 2 位的颠覆技术。2016 年，AlphaGo 以 5 ∶ 0 击败欧洲围棋冠军，以 4 ∶ 1 战胜世界围棋冠军李世石。AlphaGo 实际上实现了围棋这一知识型工作的自动化，而且说明知识自动化系统在一定程度上可以比人做得更加出色。

目前，越来越多知识可以封装到决策系统中。美国 Honeywell 公司在 2002 年推出了世界第一套的过程知识系统 E-PKS，该系统是一个基于知识驱动应用的、规模可变的制造平台。德国西门子公司开发的 SIMETALCIS VAIQ 计算机辅助质量控制系统包括生产系统、知识库系统、知识发现系统，利用灵活的知识库组件，为冶金专家提供了有关生产和产品质量预测的专门知识。

随着工业环境中数据种类和规模迅速增加，以往工业生产中的知识型工作者面对新环境下海量的信息以个人有限的知识已经感到力不从心；人工的知识决策方式严重依赖个别高水平知识型工作者，而人工的决策制定具有主观性和不一致性，因此工业生产过程中的知识型工作正面临新的挑战，只依赖知识型工作者是无法实现工业跨越式发展的。未来必须逐步摆脱对知识型工作者的传统依赖，探索知识自动化的解决之道。

知识自动化是智慧盐湖建设的重要途径，数据必然要转变为知识，并且自动发挥出实际作用和潜在价值，这才是智慧盐湖的最终目标。如果说盐湖自动化降低了人的重复性劳动，那么知识自动化便是降低了人的重复性的思考。

工业时代需要工业自动化，知识时代必须知识自动化。工业生产迫切需要实现知识自动化，以在各个决策点实现知识驱动的自动化决策。如在执行操作层面建立基于知识的模型，实现工艺参数智能选择和流程智能优化，自动给定控制指令；在生产运营层面实现知识自动获取和自动分析、关联与推理，摆脱调度与生产协调对人的依赖;在生产经营和决策层面实现自动化感知、处理和分析，实现自动化分析并判断决策。

经过自动化推理并验证之后的新知识，融入智慧盐湖各系统，包括规划、仿真、控制系统等，从而由装备自主完成原本由人完成的工作。这样的智慧盐湖是由知识自动驱动的，知识能被装备接收并且能自动转化为控制指令。从而实现 IT（Information Technology，信息技术）与 OT（Operation Technology，运营技术）的深度融合。

知识自动化技术作为人工智能技术的重要分支和发展方向，将为智慧盐湖提供真正的智慧。智慧盐湖根据输入的知识,借助智能算法实现知识自动化，通过对数据进行深度挖掘，实现知识的不断积累和继承，帮助企业实现可持续内生性发展，这本质上就是智慧。

人类在生产运营的同时，创造、积累了各种知识，并用这些知识来指导和优化各种生产运营系统。第三次工业革命之前，知识的传统载体是人脑生物记忆、纸介质和电子载体记录方式，即脑记、笔录、磁盘光盘等，这些传统载体的数据、信息和知识，无法克服时空障碍，难以全生命周期、全息、高速、顺畅地远距离传递。伴随着计算机和网络进入工业领域、信息系统崛起与发达，工业文明进化成为由信息系统、知识模型和生产运营交汇的三个世界，知识发生机制被重新改写，即从过去的两个世界作用产生知识，发展到全新的三个世界作用产生知识。那些原本记载于传统介质的数据、知识和信息，在比特流的作用下，消除了时空障碍，从而可以全生命周期、全息、高速、顺畅地流动。

但这还不够，知识必须实现自动化之后，才可以更好地指导人正确做事，指导机器正确做事，减少复杂系统的不确定性，实现资源的优化配置。这既是智慧的内涵，也是知识的价值。在这一时代背景下，知识的价值和作用超过资本的价值与作用，成为企业最重要的资源，企业间的竞争也从资本实力的竞争转向知识变革的竞争，知识的获取、创造、应用自然成为第四次工业革命的标志。

知识自动化是工业智慧化发展的新阶段，是知识经济的特征和智慧化趋势在工业领域的映射，是生产过程中工业化信息化深度融合的必然结果，有望为智慧盐湖带来革命性变化。

目前，智能型工作（如决策支持系统）只能依靠人机接口实现与信息系统的交互，还不是自动化的运行机制。未来的盐湖化工企业面对市场需求、工艺发展、环保和资源利用等诸多因素的综合挑战，工况变化更加复杂。同时，随着云计算、工业互联网、大数据的出现使得工业环境中数据种类和规模迅速增加，以往依赖于经验和少量关键指标进行决策分析的知识型工作面对海量信息已经感到力不从心。生产过程中的知识自动化应用将面临新的挑战。

在知识自动化中，难度最大、前景最不明确的要算是隐性知识的显性化。

智慧盐湖所需的知识分两种，一种是显性知识，就是已知或已约定的知识，另一种是隐性知识，就是未知或无法规定的知识，如商务知识，社会知识等；系统的行为越来越难以被精确地刻画，相应的建模方法也从解析式的数学模型到仿真模型，再到描述型的人工模型；实际行为与模型行为之间的差别也越来越大，以至形成“建模鸿沟”。因为，即使给定其当前状态与控制的条件下，理论上系统下一步的状态也无法通过求解而准确地获得，从而系统的行为也就难以被精确地预测，就连概率性描述也不可能，有的时候甚至没有统计性的描述，只有人为的假设或可能性描述。因为这类系统包含“自由意志”，本质上无法对其直接控制，只能间接地影响。

尽管一些学者认为隐性知识建模“恐怕永远也不会有结果”，但仍有一些学者在孜孜以求，目前可用的主要有隐性网络和概率图模型，但如何使其作用的方式动态化、自适应、反馈、闭环，却是一个难题。如果建模这条路走不通，那么还有一线曙光，就是寻找新的知识自动化范式。

这个范式就是从传统的“牛顿思维”转换到“默顿思维”。“牛顿思维”是指系统行为遵循牛顿定律，可以通过解析的方式精确地描述系统行为的各类物理、化学、生物等传统意义上的科学定律和公式；“默顿思维”是美国社会科学家默顿提出的自我实现定律，即由于信念和行为之间的反馈，预言直接或间接地促成了自己的实现。根据默顿思维，建模的首要任务变为根据希望的目标去描述并设计能够有效地影响或指导系统行为的默顿定律。即从现在的以解析方法为基础的建模、分析、控制，转到以数据驱动为核心的描述、预估、引导上。其理论基础是知识自动化绝对不是知识本身的自动产生，但可以诱发知识的传播、获取、分析、影响、产生等方面的重要变革。

六、安全防护技术：守住智慧盐湖的安全底线

智慧盐湖在使生产网、管理网、互联网互联互通、提升生产运营效率和智慧化水平的同时，网络威胁和安全风险也在不断增加。这主要体现在三个方面：一是工控系统并未过多地考虑网络安全问题，出于兼容性和效率考虑，轻易不敢打补丁或安装安全防护软件。二是智慧盐湖网络 IP 化和无线化较为普及，面对技术众多的 TCP/IP 协议网络攻击，存在“一点突破，全网皆失”的风险。三是核心软硬件以国外品牌为主,核心技术受制于人,存在“卡脖子”、后门利用等安全隐患。

智慧盐湖安全防护技术主要有密码技术、访问控制技术、防火墙技术、入侵检测技术、安全漏洞扫描技术、虚拟专用网技术等。

（一）密码技术

几乎所有的安全选项都少不了密码防护技术，其重要性不言而喻。

密码防护技术主要包括加密、字符校验、消息鉴别码、密码校验函数、散列函数、数字签名、动态口令、数字证书和可信时间戳等。密码防护技术具有以下几个主要特点：（1）保密性。这是信息安全一诞生就具有的特性，通俗地讲，就是说未授权的用户不能获取敏感数据。敏感数据包括存储数据、传输数据和流量信息，通过加密和解密数据，防止数据的未授权泄露。（2）真实性。通过标识鉴别活动主体的身份，防止身份的冒用和伪造，能对伪造来源的信息予以鉴别。（3）完整性。要求数据内容完整、没有被篡改，使信息保持原始状态，防止被改值/替换、插入、删除/丢失、重复/复制、变序/错位等。常见的保证完整性的技术手段是数字签名。（4）可用性。授权

主体在需要信息时能及时得到服务，这是在网络空间中必须满足的一项信息安全要求。（5）抗抵赖性。通过提供行为证据，防止信息交换的双方否认其在交换过程中发送信息或接收信息的行为。证据内容包括行为主体、行为方式、行为内容和行为时间等。

使用密码技术时应综合考虑以下因素：（1）保护能力。应能够达到安全防护的基本技术要求。（2）操作影响。应最小化对信息系统既定操作的影响，包括流程、性能等方面。（3）实施成本。应平衡建设、运行、维护成本和所获得的效益。（4）整体协调。应从安全防护系统的整体角度协调密码防护和其他安全技术和产品。（5）运行环境。应与所保护信息系统的运行环境相适应，包括基础设施、人员素质等方面。

（二）访问控制技术

访问控制通过设置软件和数据资源的属性和访问权限，进行网络监控、网络审计和跟踪。访问控制策略限定了可以访问和使用资源的用户，通过身份验证和授权，使用户拥有访问数据的相应权限。

访问控制主要有四种类型，企业可以根据其安全和合规性要求，选择行之有效的控制策略。（1）自主访问控制。受保护系统、数据或资源的所有者或管理员可以设置相关策略，规定可以访问的人员。（2）访问等级控制。根据不同的安全级别来管理访问权限。（3）基于角色的访问控制。为用户提供访问权限，使其只能够访问对其角色对应的数据。这种方法是基于角色分配、授权和权限的复杂组合，使用非常广泛。（4）基于属性的访问控制。基于一系列属性和环境条件（例如时间和位置）向用户和资源分配访问权限。

访问控制安全策略需要遵从如下原则：（1）最小特权原则。在用户执行操作时，按照其所需权利的最小化原则分配权限，这样可以最大限度地限制用户实施未授权行为，避免操作错误等危险。（2）最小泄露原则。用户访问资源时，按其所需最小信息分配权限。（3）多级安全策略。权限控制按照安全级别来划分，以避免敏感信息扩散。只有高于安全级别的用户才可访问相关信息资源。

访问控制的实现包括入网访问控制、网络权限限制、网络服务器安全控制、网络监测和锁定控制、网络端口和节点的安全控制、目录级安全控制、属性安全控制、防火墙控制等八个方面。

（三）防火墙技术

防火墙（Fire Wall）是一种部署在网络之间，防止外部网络用户以非法手段进入内部网络、访问内部资源、保护内部网络操作环境的设备及其相关技术。它对网络之间传输的数据包按照一定的安全策略来进行检查，以决定该数据包是否被允许，并监视其运行状态。因其屏障作用与古时候的防火墙有类似之处，因此把这个屏障就叫作“防火墙”。防火墙产品主要有堡垒主机、包过滤路由器、代理服务器、电路层网关、双宿主机等类型。

防火墙有多种部署方式，常见的有桥模式、网关模式和 NAT 模式。

1. 桥模式。客户端和服务器处于同一网段，为安全考虑，在客户端和服务器之间增加了防火墙设备，对经过的流量进行安全控制。正常的客户端请求通过防火墙送达服务器，服务器将响应返回给客户端，用户感觉不到中间设备的存在，因此，桥模式也称作透明模式。工作在桥模式下的防火墙没有 IP 地址，当对网络进行重新规划时无须调整网络地址。

2. 网关模式。网关模式适用于内外网不在同一网段的情况。防火墙设置网关地址实现路由器的功能，为不同网段进行路由转发。网关模式相比桥模式具备更高的安全性，在访问控制的同时实现了安全隔离。

3. NAT 模式。地址翻译技术（Network Address Translation，NAT）由防火墙对内部网络的 IP 地址进行地址翻译，使用防火墙的 IP 地址替换内部网络的源地址向外部网络发送数据。当外部网络的响应数据返回到防火墙后，防火墙再将目的地址替换为内部网络的源地址。NAT 模式下，外部网络不能看到内部网络的 IP 地址，进一步增强了内部网络的安全性。同时，还可以解决 IP 地址数量受限的问题。

防火墙应用于内网的设定位置比较固定，一般设置在服务器的入口处，通过对外部的访问者进行控制，从而达到保护内部网络的作用；针对外网布设防火墙时，必须保障全面性，确保外网的所有网络活动均处在防火墙的监视之下，如果发现非法入侵，防火墙则可拒绝为外网提供服务。防火墙成为外网进入内网的唯一途径,所以能够详细记录外网活动。防火墙通过分析日志，可以判断外网行为是否具有入侵行为。

虽然从理论上看，防火墙处于网络安全的最底层，负责网络间的安全认证与传输，但随着网络安全技术的发展和应用，现代防火墙技术已经逐步走向网络层之外的其他安全层次，不仅能完成传统防火墙的过滤任务，同时还能为各种网络应用提供相应的安全服务。比如，多级过滤技术就在防火墙中设置了多层过滤规则：在网络层，利用分组过滤技术拦截假冒的 IP 源地址和源路由分组；在传输层，拦截禁止出 / 入的协议和数据包；在应用层，利用 FTP、SMTP 等网关对各种网络服务进行监测和控制。另外，还有多种防火墙产品正朝着智能防火墙、分布式防火墙、数据安全与用户认证、防止病毒与黑客入侵等方向发展。

（四）入侵检测技术

仅仅利用防火墙技术，虽然能够在一定程度上降低网络安全风险，但是仍然存在一些风险隐患，如入侵者还可能找到并利用后门，入侵者可能就在防火墙内，防火墙通常不能提供实时的入侵检测能力。

入侵检测系统能够弥补防火墙的不足，发现入侵者的攻击行为和踪迹。一旦发现，立刻根据用户所定义的动作做出反应，如报警、记录、切断或拦截等。可见，入侵检测系统是防火墙之后的第二道安全防线，与防火墙相辅相成，构成比较完整的网络安全基础结构。

入侵检测系统分为基于主机的入侵检测系统和基于网络的入侵检测系统两类：(1) 基于主机的入侵检测系统用于保护关键应用的服务器，实时监视可疑的连接、非法访问的闯入、典型应用的监视等。(2) 基于网络的入侵检测系统用于实时监控网络关键路径的信息。

检测过程分为信息收集、信息分析和结果处理三个步骤：(1) 信息收集。由放置在不同网段的传感器或不同主机的代理来负责收集信息，内容包括系统和网络日志文件、网络流量、非正常的目录和文件改变、非正常的程序执行等。(2) 信息分析。收集到的有关信息，被送到检测引擎，检测引擎一般通过模式匹配、统计分析、完整性检查三种技术手段进行分析。在分析到异常情况后，会产生告警并发送给控制台。(3) 结果处理。控制台对告警信息进行响应并采取相应措施，措施包括重新配置路由器或防火墙、终止进程、切断连接、改变文件属性等。

入侵检测技术发展趋势如下：

1. 改进分析技术。当前的分析技术和模型，会产生大量的误报和漏报。将来的分析技术应该能明显提高检测效率和准确性。目前有两个研究方向：一是协议分析，通过对数据包进行结构化协议分析来识别入侵企图和行为，能对一些未知的攻击特征进行识别，并具有一定的免疫功能。二是行为分析，不仅简单分析单次攻击，还能根据前后发生的关联攻击确认攻击企图，这是入侵检测技术发展的一个趋势。

2. 处理大流量数据。随着网络流量的不断增长，对获得的数据进行实时分析的难度加大，经常导致来不及进行数据处理。入侵检测产品能否高效处理海量数据将成为未来入侵检测产品质量的一个重要依据。

3. 高度可集成。入侵检测系统将会进一步结合网络管理功能，形成入侵检测、网络管理、网络监控三位一体的集成工具。

（五）安全漏洞扫描技术

安全漏洞扫描技术源于黑客的入侵工具和技术，现在被应用进行主动扫描，寻找可被入侵者利用的安全漏洞和隐患，做到防患于未然。

安全漏洞扫描工具通常有服务器扫描器、网络扫描器、数据库扫描器三类。（1）服务器扫描器主要扫描服务器相关的安全漏洞，如口令、文件目录和权限、共享文件、敏感服务、软件和系统漏洞等。（2）网络扫描器主要扫描设定网络内的服务器、路由器、网桥、变换机、防火墙等。（3）数据库扫描器主要扫描数据库的 DBMS 漏洞、缺省配置、权限提升漏洞、缓冲区溢出、补丁升级等漏洞。安全漏洞扫描技术既可以对系统中不适当的系统设置、脆弱的口令和其他违反安全规则的对象进行检查，也可以通过执行一些脚本文件对系统进行非破坏性攻击，根据系统的反应来判断是否存在安全漏洞。

安全漏洞扫描一般应用于以下场景：（1）定期网络安全检测、评估。定期进行网络安全检测，最大可能地提前消除安全隐患并进行修补。（2）新软件、新服务检查。安装新软件、启动新服务都有可能暴露原来隐藏的漏洞，因此应该重新对系统进行扫描才能使安全得到保障。（3）重要任务前的安全性测试。网络承担重要任务前应该采取主动防护措施，从技术上和管理上加强安全防护，由被动修补变成主动的防范。（4）网络安全事故后的调查分析。一旦发生网络安全事故，可以通过安全漏洞扫描分析确定被攻击的漏洞方位，以尽快有针对性地进行弥补。（5）网络建设前后的安全规划评估和成效检验。网络建设前、建设完毕后分别进行漏洞扫描，以便进行安全规划评估和成效检验。

安全漏洞扫描技术发展趋势如下：

1. 使用插件技术。插件可以封装安全漏洞的测试手段，以扩充新功能。主扫描程序通过调用插件来扫描更多的安全漏洞。插件技术使扫描器的升级维护变得相对简单，并具有较强的可扩展性。

2. 使用专用脚本语言。这是一种更高级的插件技术。专用脚本语言比较简单易学，很容易就可以定制一个简单的扫描实例，为软件添加新的测试项。

3. 安全评估专家系统。当前较成熟的安全漏洞扫描系统缺乏对网络状况的整体评估。将来的安全漏洞扫描系统的发展趋势应该带有评估专家系统，协助评估网络安全状况，给出安全建议。

（六）虚拟专用网技术

虚拟专用网络（Virtual Private Network,VPN）技术,简称虚拟网技术，属于远程访问技术，简单地说，就是利用公用网络架设专用网络。网络任意两个节点之间没有实际的端到端的物理链路，而是通过互联网络搭建的一个虚拟通道来实现数据传输。

VPN 的功能主要是帮助不在内部局域网的人员通过数据加密的方式远程访问企业内部资源，但同时，它又带来了数据安全防护的好处：在 VPN 网络中传输的数据，都是经过安全处理的，可以保证数据的完整性、真实性和私有性。

VPN 的实现有多种方式,如专用的 VPN 服务器、硬件 VPN、软件 VPN 等。

VPN 技术包括以下几种：

1. 隧道技术。实现 VPN，最关键的是在公网上建立虚信道，而建立虚信道是利用隧道技术实现的。隧道的建立可以是在第二层链路层和第三层网络层。链路层隧道主要是 PPP 连接，其特点是协议简单，易于加密；网络层隧道的可靠性和扩展性要优于链路层隧道，但不如链路层简单直接。

2. 隧道协议。所谓隧道就是利用一种协议传输另一种协议。为创建隧道，隧道的客户端和服务器必须使用同样的隧道协议。主要有：(1) PPTP（点到点隧道协议）。能将 PPP（点到点协议）帧封装成 IP 数据包，以便能够在基于 IP 的互联网上进行传输，被封装后的 PPP 帧的有效载荷可以被加密、压缩或者同时被加密与压缩。(2)L2TP 协议。L2TP 是思科公司推出的一种技术，综合了 PPTP 和 L2F（第二层转发）两种协议。(3) IPSec 协议。是一个标准的网络层安全协议，它是在隧道外面再封装，保证了在传输过程中的安全。

3. 密匙管理和身份认证。密匙管理保证在公用网络上安全地传递密匙而不被窃取;使用者与设备认证最常用的是使用者名称、密码或卡片式认证方式。

VPN 技术在智慧盐湖可以有以下几种应用场景：

1. 企业与员工之间。利用 VPN 在内网架设一台 VPN 服务器，外地员工在当地连上互联网后，可以通过互联网连接 VPN 服务器，然后通过 VPN 服务器进入企业内网。为了保证数据安全，VPN 服务器和客户端之间的通信数据都需进行加密处理，同时在 VPN 服务器上架设防火墙。

2. 企业与分支机构之间。通过 VPN 技术，将各地分支机构通过虚拟局域网进行连接，这里的虚拟网络适用于跨区域的分支机构，也适用于跨国的。这种 VPN 连接具有很高的加密性，而且不容易发生损坏，可以在很大程度上保证企业信息的资源安全共享。

3. 企业与客户之间。客户与企业的合作中，企业可以把共享信息放到一个共享文件夹中，客户可以登录虚拟网络的客户端进行访问。而企业的内部数据位于防火墙之后，客户无法访问这些内部信息，从而避免了泄露风险。

VPN 在带来安全效果的同时，也带来了新的安全问题：虚拟网交换设备越来越复杂，也可能成为被攻击的对象。

（七）安全防护技术的综合应用

智慧盐湖的安全防护，任何单项技术都是不可能做到万无一失的。必须按照《网络安全法》《加强工业互联网安全工作的指导意见》等相关文件要求，以多层安全控制的纵深防御理念，统一进行规划设计，多种安全技术相互配合和协作，构建统筹规划下的多重安全防护保障体系。对于智慧盐湖而言，以下几个问题尤其需要引起重视：

1. 员工安全意识

堡垒是最容易从内部攻破的。要加强对员工的安全意识教育，经常组织安全知识学习和安全技能培训，将安全绩效与工资挂钩，建设正确的企业安全文化。比如内部员工、第三方人员要自觉使用机房钥匙、门禁卡、生物指纹等措施进入控制室、重要控制设备、网络区域的范围。

2. 应用系统安全

必须实现从角色到用户、从系统到功能访问权限的统一认证，实现数据层、网络层和服务层的编码、解码、滤波、校验和规范检查。对于监测监控系统、传感感知系统、工业自动化系统等专业平台系统，要做到既能相互访问、又要相互隔离。严禁使用缺省配置上线，必须关闭不用的网络端口，应用系统交付前必须进行安全评估，必须消除缓冲区溢出缺陷，尽可能具有防木马病毒设计，尽可能使用成熟稳定版本的软件工具，尽可能提供安全审计功能。

3. 网络通信安全

智慧盐湖网络层安全要从网络边界开始，根据不同的业务需求划分安全域。针对安全域，部署工控网络检测、隔离、防护系统，具体可用工业防火墙进行逻辑隔离，对数据进行合法合规审查，以此降低误操作、病毒攻击等行为；进行网络节点审查，实现对工业控制系统与其他应用系统的传输数据监测和检测分析；对于无线通信，部署实时监测控制器，以对抗无线干扰，控制合法连接，精确定位攻击源。

4. 数据安全

做好应用数据，特别是生产数据、操作指令、设备运行数据的及时备份；对控制系统所涉参数和操作指令做好认证和加密；重视数据仓库和元数据管理，保证数据仓库系统的可用性；加强数据安全分析工作，合理利用实时监控数据，做好运维工作，提高智慧盐湖网络安全水平。

5. 主机安全

对终端进行身份认证、日志审计、补丁更新、歹意代码防备等，移除不再使用的应用程序；对工控设备终端进行定期的安全检查，查找、修补漏洞，限制智能化串口、网口使用，防止外部和内部的非法操作。

6．备份与恢复

数据备份包括操作系统备份、数据库备份和应用系统备份等。操作系统备份包括操作系统和系统运行所产生的登录和操作日志文件，数据库备份包括数据文件、归档日志文件、告警日志文件和跟踪文件，应用系统备份包括程序文件、并发日志和并发输出文件等。应对备份结果进行检查，并进行记录和签字确认。对于关键的备份数据，应建立异地数据备份。

7. 大数据分析

查找历史数据及案例库，构建路径选择与攻击目标数学模型，运用人工智能算法，确定大概率攻击路径，做好有效防护，避免后续破坏行为；加强路径攻击监测，提供合理有效的监测数据用于路径评估；利用大数据分析挖掘技术，做好源头追溯，做好主动防御、预警和辅助决策，逐步达到智慧盐湖网络自感知、自分析、自决策、自干预。

8. 信息—物理界面安全防护

CPS 面临着物理攻击、感知组件攻击、控制设备攻击等威胁。物理攻击包含设备故障、线路故障、电磁泄漏等；感知组件面临的安全威胁有节点捕获攻击威胁、传感器侧信道攻击威胁、能耗攻击等；控制设备攻击主要有控制命令伪装攻击、控制协议攻击、控制网络攻击等。信息空间和物理世界的交叠区域面临的安全威胁，是一个较新的防护领域，应该统一纳入智慧盐湖安全防护体系中。

总结：打造智慧盐湖技术内核

智慧盐湖一定是多种先进技术的集大成者。例如，青海大学、中科院自动化所、青海盐湖工业股份有限公司的“智慧盐湖精准开采精细化作业 USV 平台集成技术”课题，采用仿生机器人技术等，积极开展无人船各项关键技术的研究，推进无人船的实用化进程；融合多传感器信息和智能控制方法实现无人船在“盐湖卤水层”水面自主巡航，实现水下地形测绘、矿量估算、全自动多点水样采集和贯穿采样、水质检测及引导采盐船航迹等多种功能，达成盐田生产实际需求。为能高效、准确地传输盐湖矿物元素在线检测实时数据，配套开发了高速稳定的无线传输子系统及基岸显示子系统，实现了烟花水质检测的集成化、信息传输的自动化。

在智慧盐湖关键技术中，传感技术负责从传感器等设备或者其他输入端获取多源异构的数据，这些数据类型不同，可分为结构化数据、半结构化数据和非结构化数据；工控网络技术、网络互联技术和云边架构技术主要负责数控的传输，并为数据整合提供必要支撑；生产运营管控技术负责运用数据驱动生产和运营各环节，并根据实际反馈的情况进行智能优化；人工智能技术、大数据技术和建模仿真技术是智慧的来源，向用户提供所需要的智能化应用；数据库技术负责对大数据进行分布式存储、统一管理和统一读写；安全防护技术负责智慧盐湖的安全稳定运行。

将智慧盐湖与人体做类比，智慧盐湖关键技术可以归纳为构建人体机能的方法。其中：

1. 传感技术用于构建感知系统的机能。如同人体通过五官感知周围世界一样，智慧盐湖的智能感知是知晓各种信息和走向智慧的前提。盐湖数据来源复杂，包括地质、采卤、生产、机器设备、人员、销售等方面，数据类型包括影像、图形、文字、表格等，而且在生产运营过程中数据是动态变化的。传感技术要保证在扩展网络、存储等设施的基础上，采用智能传感器、智能摄像头、三维激光扫描仪等设备和 RFID、二维码、ZigBee 和蓝牙等技术，进一步拓宽数据采集的来源，借助网络技术实现对盐湖各方面状态深度、动态感知，最终汇聚为海量数据。

2. 通信、网络互联和泛在网技术用于构建神经系统的机能。企业的活力，从前只能体现为人与人交互的能力，如今已然体现为人与人、人与物，甚至物与物交互的能力，网络互联技术就是提供这种交互能力的重要技术，可广泛应用于智慧盐湖的网络互联、标识解析和应用支撑等方面。目前，无论是基于盐湖化工企业内部环网网络拓扑结构，还是基于不同层级间的总线型拓扑结构，都可以通过多种通信技术实现各系统之间数据的无障碍传输。工业互联网标识解析技术主要包括标识注册、协议解析、标识搜索、标识查询、标识认证、报文格式响应和通信协议等内容，可用于数据的高效传递和共享。将来，利用 OPCUATSN 工业通信技术还可以有效解决语义互操作的问题，实现语义互操作的标准规范。5G 通信技术是促进我国盐湖化工企业向数字化、智慧化转型的关键助力。5G 具有的超高速率、超低时延、超大连接的技术特点，能够有效解决智慧盐湖建设面临的快速通信、高精度传感器、智能装备等一系列短板问题，加快 IT 和 OT 深度融合。

云边协同技术使智慧盐湖的神经机能更加优化。随着对盐湖精确泛在感知的发展，现场生成的数据量越来越大，将采集到的数据全部传输到云端不仅大幅增加了网络通信负担，且难以满足实时交互的要求。因此，应用云边协同技术是十分必要的。在云边协同中，云端负责盐湖大数据分析、模型训练、算法更新等任务，边缘端是云端的延伸，负责本地数据的计算、存储和传输。运用云边协同技术，边缘节点负责处理对时延或算力要求不高的数据，而云服务器负责处理时延或算力要求高的数据。在边缘端处理时间敏感型盐湖数据，有助于提升反馈控制指令的执行能力、生产监测等突发状况的响应速度。在云端处理时间不敏感型盐湖数据，有助于对海量信息进行深层次挖掘，进一步优化云端和边缘端之间的传输和服务能力。

3. 存储技术用于构建人体的记忆机能。如上文所说，记忆是人类产生智能的基础，本书把记忆从大脑机能中分列出来单独说明。目前对人类的记忆机理并不非常清楚，但已经知道的是大脑分为很多功能区，短期的记忆储存在大脑皮层，长期的记忆储存在海马体之中，海马体储存的长期记忆会因细胞大量死亡就会导致记忆丢失，如老年人容易出现健忘的情况。与人体记忆机能一样，智慧盐湖几乎所有的应用软件的后台都需要数据存储，并且要求数据所占用的空间尽量小、易保存、存储比较安全、易于维护和升级、确保数据高效使用。智慧盐湖数据量庞大，多种应用对共享数据集合的要求越来越强烈，数据库技术便应运而生。在数据库系统中所建立的数据结构，更充分地描述了数据间的内在联系，便于数据修改、更新与扩充，同时保证了数据的独立性、可靠、安全性与完整性，减少了数据冗余，提高了数据共享程度和数据管理效率。可以说，在存储方面，数据库存储比人类的记忆有过之而无不及，从集中存储，到分布式存储，再到虚拟存储，人类的记忆能力被一步步复制和放大。数据仓库是数据库应用发展的新概念，是为更高层次上的数据应用而提出的一种解决的方案，是决策支持系统（DSS）的基础。盐湖化工企业在发展过程中逐渐形成了各自独立的计算机应用系统，如CAD/CAM系统、生产计划管理、库存管理、质量管理、财务管理和人事管理等系统，这些系统有些是相互独立的，其中的数据源往往是异构的，而智慧盐湖常常需要建立企业范围内围绕某些主题的全局应用，数据仓库能够提供企业范围内的全局模式，其中存储的是经过集成的信息，来自各数据源的相关数据被转换成统一格式，方便了全局应用系统的开发。

4. 大数据和人工智能技术构建大脑的机能。数据要上升为大脑的智慧，必须依赖大数据技术，使各种传感器数据、监控视频流、音频流和人工产生的数据共同参与到大数据处理过程中。以 Hadoop 大数据处理平台为例，需要采用 HDFS 文件系统进行大数据的分布式存储；通过 Map Reduce 技术进行大数据的分布式处理；利用 Flume、Sqoop 等进行大数据的传输等。大数据分析与挖掘技术是实现智慧盐湖智能化的重要途径之一。

5. 智能控制技术用于构建人体运动系统的机能。类比于人体的运动机能控制器官完成动作，智能控制技术需要实现对生产运营的全方位自动化管控。智能控制技术的实现是以 PLC 可编程逻辑控制器和 DCS 控制系统为基础，利用软件完成 I/O 逻辑控制、信号处理和通信，进而通过人工智能理论和控制论等模型实现设备的智能控制。因为盐湖资源禀赋和生产条件的多变和复杂，各系统之间信息共享、协同配合对于盐湖化工企业一盘棋进行安全生产具有重要意义，设计优化、施工管理、生产调度、运输、设备维护、能耗监控、预测预警等系统有效融合并不断完善，形成高度集成的一体化管控平台，实现信息实时共享，协同管理。

6．安全防护技术构建人体的免疫系统机能。免疫系统保护人体不受外界病菌的入侵。虽然人体和智慧盐湖系统有许多不同，但免疫系统和安全防护系统所起的作用类似。安全防护技术对于智慧盐湖的重要性，怎么强调都不过分。入侵一般被定义为任何试图对资源的完整性、保密性和有效性产生危害的行为。安全防护包括智慧盐湖系统的部件、程序和数据的安全性，在信息的存储、传输和使用过程中保护程序、数据或者设备，使其免受非授权使用、访问或破坏，保证资源的完整性。网络安全是一门涉及计算机科学、网络技术、信息安全技术、通信技术、计算数学、密码技术和信息论等多学科的综合性交叉学科，是计算机与信息科学的重要组成部分，也是近 20 年发展起来的新兴学科，综合了信息安全、网络技术与管理、分布式计算、人工智能等多个领域的知识和研究成果，其概念、理论和技术正在不断发展完善之中。智慧盐湖安全防护更是个系统工程，涉及策略、规范、标准、机制、措施、管理和技术等多个方面。

人体是一个统一的整体，各系统相互联系、相互协调，以完成各种生命活动。同样，任何一种技术都不能单独支撑起智慧盐湖，智慧盐湖是新兴技术的集大成者，智慧盐湖建设必须靠各种技术相互协同、相互融合，缺一不可。但是，这些技术的重要程度是不一样的。其中，人工智能技术是技术群的领头羊，引领着其他技术的发展。人工智能技术是智慧盐湖的生产力形态，智慧盐湖是人工智能技术的生产关系表达。为保证人工智能技术的运用，需要其他相关技术保证，如 CPS 技术、数字孪生技术、数字主线技术。以上技术将统一构成了智慧盐湖的技术内核。如图 4-4 所示：

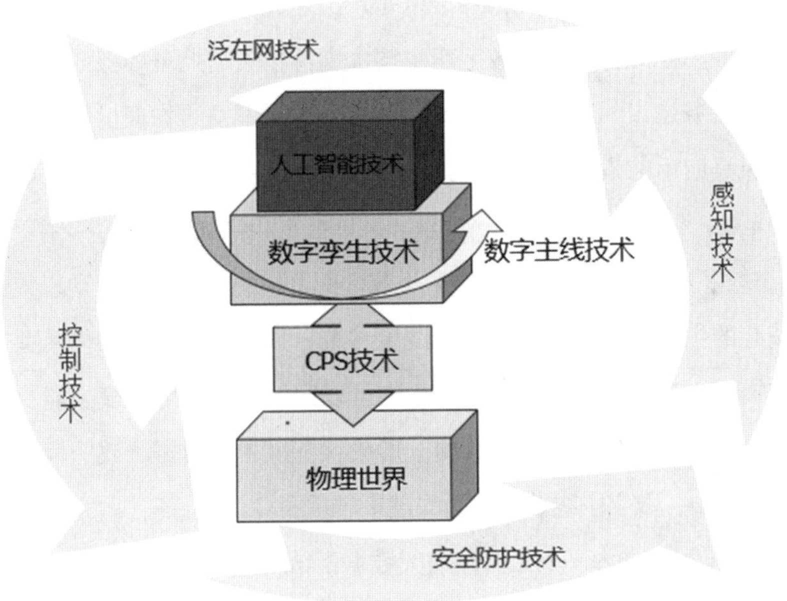

图 4-4　智慧盐湖技术内核

智慧盐湖的技术内核具体构成应该是这样的：CPS 技术使物理世界与信息世界相融合，数字孪生技术完成生产运营的软件定义，数字主线在数字孪生体之间横向贯通，人工智能技术尤其是知识自动化技术为各系统、模型赋予智慧。智慧盐湖的运转就是由技术内核带动的数据处理过程。

1. CPS 技术是信息和物理世界的桥梁，并成为互联与改造物理世界的思维。如同互联网改变了人与人、人与信息世界之间的互动一样，CPS 技术将改变人与物、物与物，乃至物理世界与信息世界的互动方式。CPS 技术还具有控制属性，能够承接数字孪生体的控制指令，与智能控制技术一起对盐湖化工生产进行精准操作。CPS 技术将助力智慧盐湖更好地认知和驾驭生产运营场景，改变信息世界与物理世界的相处方式。

2. 只在信息和物理世界完成映射，获取大量的数据是无法实现“智慧”的，需要将数据进行智能运用，从而推动智能决策。数字孪生技术在的基础上，对物理世界的数字化模型表达，实现实体和过程的在线克隆，并进行仿真和控制。在智慧盐湖中，物理世界可以是产品、过程、系统、员工、工厂，乃至整个企业。在此基础上，数字孪生技术支持相关的业务模拟或预测，形成下一步的业务建议、决策和行动，并以指令形式下发给物理世界。数字孪生技术是极具应用前景的建模仿真技术，其与数字主线配合使用，可以为盐湖化工安全生产过程的实时可测、可观、准确控制和精确管理提供支撑。

3. 数字主线技术往往与数字孪生技术配合使用，集成并驱动以统一的模型为核心的生产运营环节。数字主线能够统一数据源，使数字化模型采用统一标准描述，在传递过程中不失真，也可以回溯。各环节的模型能及时进行关键数据的双向同步和沟通，有助于形成状态统一、数据一致的模型。在智慧盐湖建设中，数字主线技术将显得越来越重要。

4. 人工智能技术。人工智能与大数据相结合赋予了计算机和网络强大的计算能力、推理能力、学习能力乃至创新能力。DSS 技术通过识别本体并抽取本体之间关系，构建盐湖化工领域知识图谱和企业安全、生产、设备维保、经营管理等专家知识库，为安全生产与管理提供强大支撑。知识自动化技术是实现智慧盐湖智能化的又一重要途径。知识自动化一方面是已知或已约定的知识的自动化，另一方面是未知或无法规定的模式的表示及处理，都间接或直接涉及生产运营行为的建模与分析。将来，除了自然科学中的“硬”定理之外，还必须依靠社会科学的一些“软”规律，如默顿定律等，间接地改变行为模式，从“知你为何”转化到以“望你为何”，诱发人脑智慧产生。

以上技术现在看来可能还较为生疏，但在不远的将来，这些技术将逐步成为智慧盐湖的主流技术，盐湖化工企业宜提前进行技术积累。

第五章　智慧盐湖建设要点

智慧盐湖建设是一项复杂、系统而艰巨的工作，既有人的观念影响，也有技术因素的影响，既有资金的影响，也需有标准的约束，必须把握好大方向，理清建设思路，加强顶层设计，有计划有步骤分阶段地稳步推进。

一、根据战略目标开展智慧盐湖顶层设计

凡事预则立，不预则废。对于智慧盐湖建设来说，同样如此。经常听到盐湖化工企业说，多年来在自动化和信息化建设方面投入很多，经常是你做你的系统、他做他的系统，从企业整体来说效果并不理想。不成功的重要原因往往在于建设之初没有进行科学、完整的顶层设计。

（一）从全局的角度对智慧盐湖进行统筹规划

顶层设计和规划是两个几乎相同的概念，都上承企业战略目标，下接具体实施，但规划侧重于过程和实施步骤，而顶层设计强调各要素之间的关联。因智慧盐湖系统的复杂程度高，重点在于对智慧盐湖进行解析，所以本书采用顶层设计的概念。

顶层设计的概念来源于工程学领域自顶向下的设计理念，即统筹考虑项目各层次和各要素，追根溯源、统揽全局，在最高层次上寻求问题的解决之道，以求集中有效资源，高效快捷地实现目标。第二次世界大战前后，顶层设计的概念被西方广泛应用于军事与社会管理领域，是统筹内外政策和制定发展战略的重要思维方法。其主要特征，一是顶层决定性，顶层设计是自高端向低端展开的设计方法，核心理念与目标都源自顶层，因此顶层决定底层，高端决定低端。二是整体关联性，顶层设计强调设计对象内部要素之间围绕核心理念和顶层目标进行关联、匹配与有机衔接。三是实际可操作性，按照分而治之的原则，将复杂问题逐步分成相对独立的子问题，每个子问题可以再进一步分解，直到问题简单到可以很容易地解决。进行智慧盐湖建设，也需要通过顶层设计实现理念一致、功能协调、结构统一、资源共享，从全局视

觉出发，对项目的各个层次、要素进行统筹考虑。

顶层设计可以起到以下几个方面的作用：（1）明确方向。相对于正确地做事，做正确的事更为重要。如果方向不对，错误地做事越有效率，就会错得越严重。顶层设计最大的作用就是指明未来智慧化发展和努力的方向，以免走错路。（2）总体设计。任何事物都是有其架构的，对架构的认识水平决定建设水平。智慧盐湖架构是对盐湖化工企业智慧化的组成要素和关系进行的抽象和建模，有助于从总体上厘清错综复杂的各种系统、技术和数据流，将整个智慧盐湖视为一个有机整体，规划全局性的、集成化的总体架构。（3）凝聚共识。顶层设计是从上到下，涉及多部门的行动，能够传播智慧化理念，提高对智慧化的认识，这点非常重要。顶层设计研究过程，也是统一决策层和各部门观念认识的过程，为后续的建设过程扫清思想障碍。如对待同一个人体，骨科专家看到的是骨骼系统，神经科专家看到的是神经系统，心脏专家看到的是血液循环系统。在智慧化工作中，由于各部门的工作不同，往往更多地从部门工作出发去看待智慧盐湖建设，这就造成不同部门、不同的人有不同的理解，如何在不同理解之间搭建一座沟通的桥梁？顶层设计从业务到系统、数据、技术的描述提供了不同的视图，让不同背景的人可以基于同一套“语言”进行顺畅交流，避免自说自话。（4）加强管控，降低投资。进行顶层设计，可以让企业以业务为导向，使建设投资从整体战略出发，智能化减少建设的重复投资，有效避免“投资黑洞”。另外，通过对系统架构、数据架构和技术架构进行设计，能够帮助企业有计划地进行系统功能、数据、软硬件和技术等内容的建设，避免投资浪费，同时对复杂的业务流程、数据架构等内容进行抽象化、规律化和层次化，使原本复杂的内容简单化，降低后期运维的复杂度，从而帮助盐湖化工企业提高投资效率，降低投资风险。

智慧盐湖建设是一项系统工程，做好顶层设计是智慧盐湖落地实施的重要前提和参考依据，是智慧盐湖发展战略意图与建设实践之间的桥梁。智慧盐湖顶层设计需要根据企业战略目标和实际情况进行设计，通过分析企业实际生产经营情况，充分考虑盐湖资源禀赋条件、盐湖所处生命周期阶段、工艺装备水平等基础，识别企业可持续发展的核心竞争力，同时结合外部标杆的经验，形成基于企业业务蓝图基础上的智慧盐湖蓝图，提出切实可行的目标，既要具备前瞻性，又要具备可落地性。

（二）以三视图架构指导智慧盐湖顶层设计

智慧盐湖顶层设计可以从系统架构、数据架构和技术架构三个维度入手。

系统架构着力于业务功能的应用实现，按照系统架构的层次模型细划为各个功能模块之间及与其他系统的关联关系、接口定义和数据流向。系统架构应基于盐湖化工具体业务需求和业界最佳实践进行设计，充分发挥信息世界在 CPS 系统中的关键作用。系统架构需要融合信息技术语言和业务语言，形成完整的系统架构视图，重视引进先进信息技术，如云计算、大数据、工业互联网、5G、人工智能等。

数据架构着力于从总体上规划整个智慧盐湖的数据资源，包括数据模型的建立、数据分布、数据管理和维护的策略与原则、结构化和非结构化数据的管理存储和复制等。数据架构应做到信息资源一盘棋，数据统一管控，统一开发利用，促进信息共享、业务协作效率和科学决策水平的提升。首先要设计数据的存储和计算模式，并实现对外统一的服务接口；其次要能通过大数据分析，为智能决策提供支持，达到数据用得好、决策准的规划目标；最后要注重提升数据质量，规范数据的定义、存储、使用、传输、交换，使数据采集更加规范，数据传输更加准确高效，数据使用更加安全方便。

技术架构主要描述支持系统架构和数据架构的技术实现与提升，包括智慧盐湖的设计思路，主要模块及其相互之间的关系，技术组件（功能、技术特性、可选方案）、网络连接、系统连接等。技术架构是实现系统架构、支撑数据传输和分析的技术体系，其构建不仅需要吸收一系列先进技术，更要注重各种技术的融合应用，而不能仅仅是具体技术的简单罗列。

安全防护技术架构是需要重点考虑的问题，其顶层设计不仅仅是技术问题，而是涉及方方面面。智慧盐湖的安全防护应该树立大安全观，涵盖经营安全、设备安全和信息安全。经营安全主要指企业的经营管理安全，通过建立全面风险管理体系，利用系统、科学的方法对各类风险进行识别和分析，将风险应对措施落实到企业的制度、组织、流程和职能中；设备安全主要指企业的生产设备和生产实施过程的安全；信息安全主要指采取有效的技术和管理手段，进行集中安全技术防护，提供鉴别认证、访问控制、加密技术、完整性保护、内容安全、响应恢复、审计跟踪、监测评估等手段。

在进行智慧盐湖顶层设计时要遵循以下几个原则：

1. 战略性原则。顶层设计的视角需要跳出局部环境的束缚和影响，站在企业发展战略的高度上去分析和决策。顶层设计不是进行业务决策，但是顶层设计的输出结果将帮助和推动业务决策和业务职能变革，通过一系列的指导文件、管理规范、技术标准，使盐湖化工企业生产运营走上智慧化道路。

2. 前瞻性原则。应把未来几年企业面临的外部环境和各种挑战用通俗易懂的语言描述清楚，形成一套标准化的文本，并让每一位员工都明白企业面临什么样的机遇与挑战，建设智慧盐湖的必然性和必要性，引导大家贡献自己的聪明才智。面对未知的世界，面对不确定的未来，企业决策者应高瞻远瞩，从“后知后觉”到“先知先觉”。

3. 系统性原则。所有系统应该是一个统一协调的整体，统一规划、统一体系，避免重复开发、功能交叉。明确哪些要素是充分条件，哪些要素是必要条件，绝不能头痛医头，脚痛医脚。

4. 以数据为中心原则。没有数据的支持和应用，智慧盐湖建设便是一句空话。数据是智慧盐湖建设的重心，是企业的重要生产要素，必须通过复杂的流程看清业务的本质，做好数据资产的梳理、整合、挖掘，使数据发挥出最大效能。

5. 灵活性原则。应该充分考虑到不断扩充和变化的业务需求，选取灵活、可长期使用、有相当扩充性、能够满足企业需求的体系架构，避免较短时间内又出现重复投资的情况。

（三）建立顶层设计落地保障机制

许多企业的智慧化建设由 IT 部门主导，其他部门进行简单配合，这是智慧盐湖建设的先天不足。一般来说，IT 部门不能站在企业生产经营的高度来思考问题，而且 IT 部门在盐湖化工企业中是一个弱势部门，在具体建设过程中，往往推进力度不够大。所以，智慧盐湖建设的顺利推进，需有权威、高效的组织架构保障。

1. 高层带队

智慧盐湖建设是企业具有战略意义的任务，是典型的一把手工程，应该成立以企业一把手为组长的智慧盐湖推进组织，培养和增强全员的智慧盐湖意识，营造良好的推进氛围，调动全方位资源，推进建设机制的建立和完善。公司总经理或常务副总经理为副组长，协调智慧盐湖建设的策略制定、执行、评估、持续改进等工作。企业信息总监，负责统筹管理信息网络规划、技术选型和运用、数据管理、安全防护等。人力资源领导负责统筹人才培养策略、计划等，保障各个阶段人才的供给。

2. 各部门深度参与

IT 部门负责推进信息化技术、设备管理技术、控制技术的不断发展，达到智慧盐湖建设要求;生产管理部门统筹规划企业的计划系统、生产执行系统、工艺管理等工作，与智慧盐湖各层级系统建设密切互动；运营管理部门为企业的研发管理、运营管理、物流与供应链、智能办公等进行系统规划，为智慧盐湖内外部沟通建立快速高效通道；战略规划部门负责整体规划决策管理模型，对企业整体绩效进行有效管理；销售部门负责通过对市场、客户、服务的数据分析，提出市场产品和服务的需求，不断完善企业商业模式运作；财务部门负责智慧盐湖建设各阶段预算和资金应用。

3. 引进专业咨询团队

建立以内部、外部或内外部结合的智慧盐湖建设咨询团队。团队既要有企业人员，又要有技术人员，能够根据企业的实际情况，从多方面为智慧盐湖建设战略与规划、标准与法规的研究和决策咨询提供决策建议，确保按照科学的路径、方法推进智慧盐湖建设。

除以上组织保障机制之外，顶层设计的实施还需要以下要素进行保障：

1. 政策保障

建立强有力的政策支持体系。智慧盐湖建设领导小组必须要有较强的执行力，执行以绩效来检核，应细化分工，责任到人，制定工作进度表，实行智慧盐湖建设月度汇报机制，各负责人定期将阶段性成果向领导小组汇报。建立工作台账，动态跟踪记录规划实施情况，及时发现和解决问题，重大问题由领导小组统一决策。研究建立智慧盐湖建设评估考核机制，定期组织对智慧盐湖建设进行评估，定期发布评估结果，为决策和指导推进智慧盐湖建设提供科学依据。加大工作考核力度，落实有关部门工作责任。实施差异化管理，达到目标或超越目标应及时给予奖励，表现优异的应给予加薪或升职。

2. 人才保障

梳理企业现有人才，匹配智慧盐湖建设目标和发展重点，加强对现有人才的智慧化专业技能的培养，制定各类各级岗位的能力要求标准，针对涉及的重点部门，提高人才队伍稳定性，保障技术人才良性供应和持续优化。立足企业自身，加强人才培养工作的同时，建立和完善人才引进配套措施，探索柔性聘用方式，重点引进那些既熟悉信息技术和应用，又了解业务流程和管理运营的复合型人才，同时注重对外引人才进行本土化、适应性改造，减少引进人才水土不服的现象。

3. 资金保障

加大资金投入力量，设立智慧盐湖建设专项资金。合理制定资金使用计划，依据总体目标和阶段目标，制定资金使用长期和短期计划，并对资金使用情况实行全过程监督，根据规划执行情况对计划进行动态调整，提高计划的切实可行性。加强预算管理，设置预算执行考核机制，定期开展项目预算执行情况自查，严格审核项目各项资金的筹集、使用、回收和分配情况。

4. 相关知识培训和宣传

制定培训计划，落实培训措施，提升推动智慧盐湖建设的能力。采取开设网络、专刊、免费课堂等多种形式，广泛开展智慧盐湖相关知识的普及和广泛深入的舆论宣传引导，增强企业上下对于智慧盐湖建设的认知度和参与度，汇集企业整体智慧和力量，营造智慧盐湖建设的良好氛围。

5. 加强合作交流

积极开展交流活动，拓展发展思路。与其他有智慧化建设经验的工厂、矿山和供应商合作，吸取优秀研究成果和成功应用的案例、经验。

二、需求管理水平决定智慧盐湖建设最终水平

需求管理是智慧盐湖建设的开题性工作，对智慧盐湖的最终水平起着决定性的作用。周密设计的需求管理可以有效地提高建设的成功率，而糟糕的需求管理常常是失败的首要原因。在实际过程中，不少项目失败的主要原因都能从需求管理上找到原因，或者是由于分析不准确，或者是在建设过程中需求管理失控。

（一）需求管理的意义

智慧盐湖建设是一项大工程，必须用成熟的工程学方法进行建设，以保证顺利实施和降低建设风险。需求调研和分析是工程学方法的第一个步骤，但是其效果往往差强人意。而事实证明，造成这一现象的原因首先是对需求管理的重视程度不够。大量的实例表明，需求管理是决定工程质量的基础，也是智慧盐湖建设成败的关键。

需求管理即理解需求方对智慧盐湖在性能、功能、设计等方面的需求。通过对需求方提出的具体问题的理解与分析，抽象出问题涉及的功能和行为的逻辑模型，并最终形成需求文档。精密设计的需求管理，可以有效提高项目的成功率。混乱的需求管理，往往是项目失败的重要原因。许多系统建设表面上重视需求管理，但仅停留在做表面文章上，或者需求管理不得要领，导致系统建设成功率持续低迷。很多盐湖化工企业没有成型的需求管理体系，只是通过一些简单定义的工作规范和工作流程作为管理需求，为智慧盐湖后续建设埋下了隐患。

需求管理失败往往导致以下几点后果：（1）建设范围、进度、成本失控。

建设的实际成本远远高出估算，实际进度比预期延后几个月甚至几年。根据美国国家航空和航天局的一项统计数据显示，在需求上花费不到项目总成本5% 的项目经历了 80% 到 200% 的成本超支，而投资 8% 到 14% 的项目超支则普遍小于 60%。（2）需求方对系统的满意度低。如果建设人员在没有清晰了解各部门需求，对所面对的问题没有确切分析与设计的情况下，即着手进行建设和开发，必然造成实际系统与客户期望产生偏离，无法解决真实需求而造成满意度低。曾有某 ERP 系统在开发完成进行部署之时，遭到需求方抵制，认为“这不是我们要的系统”。（3）系统质量差强人意。在需求管理过程中，没有进行深入的需求分析，必然导致系统产生质量问题。（4）软件不可维护、生命周期短。系统中的问题难以改正，出现新的需求或者需求变更时原有架构不易于维护，不能根据用户的新需求在原有架构中进行改变。造成软件的使用年限缩短，软件成本加大。（5）缺乏配套文档资料。在进度与成本的制约下，文档的编写与更新工作使得建设人员疲惫不堪，每个人对文档内容的深度与阐述程度不尽相同。缺乏需求管理阶段的文档制度、文档模板，更为文档编写带来协作困难。

智慧盐湖建设不同于传统制造行业，也不同于单纯的软件开发，是逻辑思维和工程实践相结合的过程。在实践中，由于需求不明确，缺乏用户认可的需求基线而导致系统建设失败的案例占了相当大的比重。只有明确定义了建设需求，后期开发建设才能有依据，否则必将使后续的开发建设偏离轨道。可以毫不夸张地说，如果需求管理做好了，那么智慧盐湖建设工程就成功了一半。

当然，责任是两方面的，既有需求方的责任，也有建设方的责任。在系统最终交付之前，需求方往往也不清楚自身的真实需求；在系统建设过程中，需求也经常发生变更，需求管理人员不能完全把握需求的变化。为了解决这种错位问题，需求调研是非常必要的手段和步骤。需求调研是需求的源头，如果只是看成可有可无，总想着草草走完过场，那么，后续的需求分析和论证，乃至最终的建设目标便不可能取得预期效果。

1. 明确智慧盐湖的发展方向

智慧盐湖建设需要根据企业的整体发展战略有目的、有计划地推进，因此，在进行需求调研时，应该首先关注企业的战略规划，站在全局的高度根据企业的发展战略和具体情况，对智慧盐湖建设需求进行梳理。

企业发展战略是对企业长远发展的全局性谋划，由企业的愿景、使命、政策环境、长期和短期目标以及实现目标的策略等组成的总体概念。企业战略是企业一切工作的出发点和归宿，智慧盐湖建设是实现企业战略的重要组成部分。所以，需求调研首先应识别企业可持续发展的竞争能力需求，如综合管理能力、生产制造能力、财务管控能力、经营决策能力、客户服务能力等。

2. 明确业务的发展趋势

智慧盐湖不仅仅是对业务的支撑，也能对业务起到规范和固化的作用。在需求调研阶段就要搞清楚智慧盐湖包含哪些业务域，这些业务域的现状如何，将来朝哪个方向开展，如何划分实施阶段，各阶段之间的依赖关系是什么。只有相对稳定和成熟的业务需求才能被采纳，避免因为业务的变动产生不必要的需求变更。

3. 明确智慧盐湖建设需求所指向的问题

智慧盐湖建设要避免为智慧化而智慧化。盐湖化工企业的运营方式不尽相同，但智慧盐湖建设的目的都是为了将智慧化用于解决企业生产运营中的实际问题，因此，在明确智慧盐湖建设需求的时候，需要以问题为导向，对业务部门提出的需求需要刨根问底地弄清楚，需求指向什么问题，能解决什么问题？以此为依据来判断业务部门提出的智慧盐湖建设需求。对于提不出需求的部门，也应当本着共同研究的态度，与业务部门一道分析运营中可能存在的问题以及问题的解决办法。

4. 明确重要决策节点的分布

智慧盐湖的价值之一在于为企业管理运营过程中的重要决策提供及时的、

正确的信息支撑，因此，在需求调研阶段需要在业务部门的帮助下，深入了解企业运营中的各个业务领域、各个层级的关键决策点，这些决策点将成为智慧盐湖建设需求的重要来源。

5. 明确一线员工的需求

智慧盐湖建设需求的一个重要前提就是要明确一线员工的需求，要与一线员工做好充分沟通。比如设备巡检人员的需求是什么，设备维护的需求是什么，设备管理的需求是什么，设备停机的原因是否明确，能否进行预警，等等。

（二）需求调研的组织

1. 团队组建

需求调研团队的组建应根据信息化现状、建设范围、建设目标而定。一般情况下，需求调研团队应有团队负责人、业务顾问、网络工程师、数据工程师、IT 硬件工程师、安全工程师、建造师等人员组成。同时，需求调研团队需要指定一名联系人，负责与调研单位协调和联系。

2. 拟定需求调研提纲

针对需求调研单位的业务范围、建设内容等情况，编制需求调研提纲。提纲内容应覆盖智慧盐湖建设全范围，既要涉及系统管理业务、系统安全、与其他系统的互联互通，也要考虑系统正常运行的软硬件环境。调研提纲的编写最好以场景化、条目化方式展示，以方便用户理解。提纲用语不要使用太多 IT 专业术语，尽量使用行业语言和自然语言。提纲内容应避免空泛、抽象、模棱两可的问题。

3. 采取合适的调研方式

具体的调研方式，可以现场面对面访谈调研，也可以是一问一答式问卷调研，还可以采用电话、微信问询进行调研。无论哪种方式，都要进行详细的记录，要把所有的要点都记录下来，对表述有疑义的地方一定要与被调研人员进行确认。

4. 形成需求分析报告

需求调研结束后，需要根据访谈记录，对需求情况进行全面重新梳理、分析，对存在的异议或问题，可以再次同被调研单位或个人再次进行有针对性的沟通。

需求调研的交付物是《需求分析报告》或《用户需求规格说明书》，是用户具体需求和详细需求的最清晰的表述，也是项目验收的重要依据，必须经过甲乙双方的确认，所以，需求确认一般采用非常正式的需求评审会议的方式进行。评审过程应包括两轮预评审和一轮最终评审。

第一轮预评审是需求调研团队内部的评审，内部先确定需求的覆盖度和存在的风险；第二轮预评审是与调研单位部分关系人如调研单位项目经理、各部门中层领导、业务骨干等进行确认；第三轮评审是真正意义上的评审，要求所有关键干系人都要参加。

《需求分析报告》需要明确编制目的、范围、术语和缩略语、文档约定、参考文件等，要对项目的目标（总体目标、管理目标、技术目标等）和范围（组织范围、集成范围、功能范围等）界定清楚，对关键业务流程进行说明，业务需求需要结合项目合同的要求进行业务需求描述，并给出相应的功能性需求和非功能性需求，包括性能需求、安全性需求、部署需求、界面需求、接口需求等。

智慧盐湖建设汇集了多维度、多层级、多要素的需求，且包含了许多不确定性，技术与非技术性的问题常常混杂在一块，造成智慧盐湖建设的需求分析、需求管理较为复杂。

1. 与业务部门一起分析需求

有的需求调研团队将业务需求分析的责任完全推给业务部门，认为业务部门是业务系统的使用者，最熟悉自己的业务系统，所以要求业务部门自己提出并最后确认业务需求。从专业的角度看这是不合理的，因为需求分析是一个专业性很强的环节，不能将这项任务推给不具备技术背景的业务部门去完成。业务部门只能提供一些原始素材，但无法提出真正的需求。打个比方，读者可以向作家提供生活素材，但作家不能要求读者从这些素材中提炼出思想。

不可否认的是，有的业务部门会认为提出的需求越多越好，提出的需求难度越大越显示有业务水准；有的业务部门在需求调研中将计算机等同于人脑，不了解建设难度和建设风险，按人脑对业务的处理模式、习惯提出不合适的需求。这也是需求调研过程中需要注意的。

2. 挖掘出真正的业务需求

盐湖化工企业主营业务点多面广，物流、数据流复杂，经常受到不确定性因素的影响,导致业务处理流程很难把握。另外,标准化程度低,经验色彩浓,生产中包含大量非技术性因素，难以转化为需求。这些都对智慧化需求分析提出了很高要求。

智慧盐湖建设需求分析不是一件轻而易举的事，需要透过纷繁复杂的表象挖掘深层本质规律。在需求分析时必须保持清醒的认识，高度重视业务需求分析工作，坚持从实际情况出发，坚持按客观规律办事，避免盲目照搬其他企业的业务应用模式，认真分析、挖掘自身业务合理的需求。

3. 注重发挥复合型人才的桥梁作用

如果调研团队和业务部门之间的业务鸿沟无法弥合，那就需要在这条鸿沟之间架一座沟通的桥梁。复合型人才应该起到这座桥梁的作用，因为复合型人才熟悉企业的业务特点，对业务需求的把握比较准确，而且对信息技术也有较深的认识，对需求的实现难易程度能够做出比较合理的评估，能在业务和技术之间权衡一个平衡点，能站在一个比较中立的立场上给出客观的判断。复合型人才更适合站在全局的角度统筹信息资源，消除信息孤岛，在需求分析中避免仅从单一视角考虑问题的局限，减少走弯路的风险和代价。

（三）需求分析方法

需求分析不到位的原因可以归纳为两个方面：一方面是由于工程背景的需求方普遍缺乏系统开发的通识，难以把需求准确传达给开发方；另一方面，开发方缺乏理解需求方专业知识，导致在接收需求方需求的过程中产生偏差。本书根据以往的项目开发经历，认为通过原始需求分析、从系统角度分析、从开发角度进行分析三步走的方法，能够有效避免双方在需求认知上的偏差，提高最终交付物的水平。原始需求分析解决值不值得做的问题，从系统角度分析解决做成什么样的问题，从开发角度进行分析解决怎么做的问题。具体分析方法如图 5-1 所示：

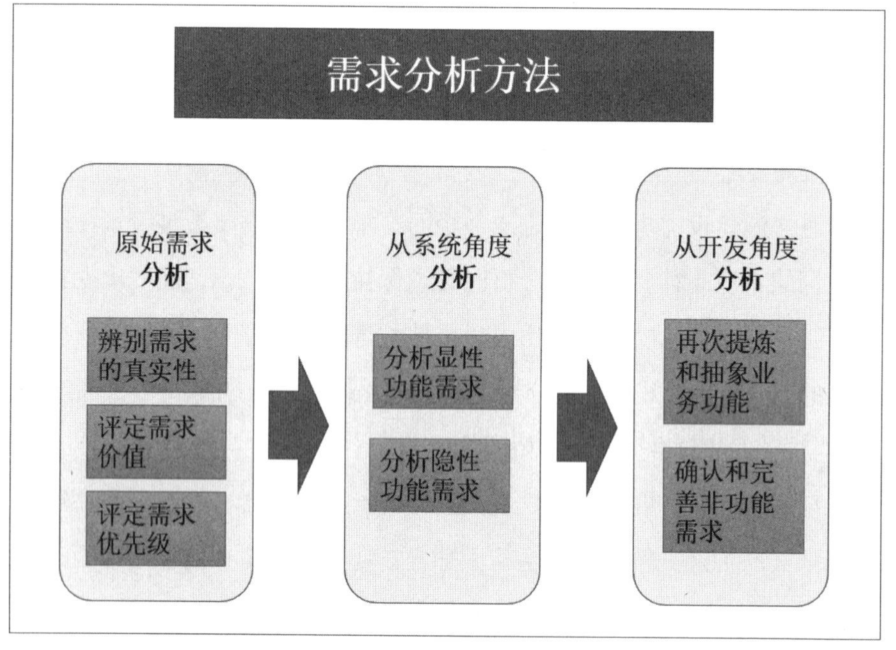

图 5-1　需求分析方法

1. 原始需求分析

原始需求是经过调研后整理出来的、未经进一步提炼的需求。原始需求分析的目的是进行初步分析，为后续分析奠定基础。

首先，要辨别需求的真实性。不要谁的需求都听，每个部门都有自己的想法，也有自己的需求，但不是每提出一个需求就纳入分析范畴之内。可以通过四个问题来辨别：需求的用户是谁？使用场景是怎么样的？想要解决什么问题？需求能否有效解决？如果无法表述前面的问题就可以判定这不是一个真实需求。其次，要评定需求价值。需求价值的大小可以从刚需程度、受益广度、使用频率、与其他需求的关系等几个维度来确定，如果需求价值不大就不用列入计划或暂缓列入计划。第三，评定需求优先级。各部门提出的建设需求可能有很多，这个时候就涉及对需求优先级的判定问题，企业的资源总是有限的，不可能一次满足所有需求，优先级的判定就是解决资源如何投入的问题。优先级的判定要在需求价值和建设成本之间进行权衡，可以把需求分为优先级最高、优先级次高、优先级一般和优先级低四个档次。

2. 从系统角度分析

当弄清楚了各部门需求之后，就需要提供一个系统解决方案。这时，要对原始需求进行抽象、提炼、归并和扩展，以形成候选系统，并梳理其重要功能，可参考第二章中的典型系统。这是需求分析最重要的也是最繁重的工作，如果设计得好，后续只进行细节调整即可，否则，很有可能要推倒重来。不能只考虑部门需求，还需要考虑企业的战略需求、管理者的需求、系统运营的需求、业务人员的需求等，基于这些需求来构建系统方案。

系统功能又分为显性功能需求和隐性功能需求。显性功能需求就是部门明确提出的功能需求；隐性功能需求要从多个角度去考虑，全面整理出部门生产运营的完整业务逻辑，补充进一步开展工作的可能需要而没有明确提出的功能，如密码设置、资源管理、管理接口等。系统功能要考虑可扩展性，以备当需要增加新功能时，系统能具有扩展条件，而不必进行大的调整。比如，在盐田管控系统中预留北斗卫星监控模块，将来需要的时候，可以把该功能插入到系统中去，而不必重新梳理业务逻辑或者重新编写大量代码。

3. 从开发角度分析

如果说从系统角度进行分析是解决做什么的问题，那么从开发角度进行分析则是解决怎么做的问题，这两个过程是紧密联系、承上启下的关系。

从开发角度进行分析并不属于具体开发阶段，而是属于需求分析阶段，仍然是围绕需求分析展开的。这一工作是非常必要的，如果把它从需求分析中抛离，后续真正建设的时候，非常可能会发现现实（代码逻辑和系统实施）和理想（业务逻辑）不一致，可能会有更多人指责当初的需求分析没做到位，甚至不得不重新返回需求分析阶段再次梳理需求，这都会产生本可避免的项目进度延误。从开发角度进行分析，能有效减少需求分析不充分问题，能够把需求和实现更紧密地结合在一起。

主要工作有两点：（1）再次提炼和抽象业务功能。简单的系统，应用架构和开发架构可能基本上是一致的，而复杂系统，业务架构分析所提炼的业务功能，是有可能被再次提炼的，如办公管理系统中，从业务架构的视角看，可以整理出如“计划管理”“任务管理”和“表单管理”等模块，这些模块的业务流程都会包含“审批流程”“短信通知”“邮件通知”等基础功能，这些功能在每个业务模块中功能类似，但在业务架构的视角和颗粒度上，不一定能清晰地表达出来，应该作为基础功能模块放到功能列表当中。可见，从系统角度进行分析，虽然能够做到把业务需求和逻辑完整地整理出来，但不一定能把构成每个业务逻辑的单位功能一一提炼和组织起来，也可能会因为缺乏功能开发和系统性能上的背景知识，忽视某些需要单独处理的功能或模块的特殊性，为系统的稳定性和可扩展性埋下隐患。（2）确认和完善非功能需求。非功能需求，通常要考虑系统的存储能力、吞吐能力和容错能力等，最常见的就是我们常说的“日活”或“并发”。这些非功能需求，一可保证智慧盐湖系统能够支撑起足够大的业务量；二可防止对系统进行过度设计，为后续开发带来不必要的复杂度；三可为系统的性能测试提供依据。

（四）需求变更控制

需求变更是需求管理中最令人畏惧的问题。首先要承认，需求变更在智慧盐湖建设中是不可避免的。因为随着项目生命周期的不断推进，人们（包括开发者和需求方）对需求的了解越来越深入，原先《需求分析报告》中提出的需求可能存在错误或缺陷，另外，市场和技术会发生变化，原文档也可能不再匹配。需求变更总是不可避免的，有的是为了修正缺陷，有的是为了优化功能。

但对于具体建设来说，需求变更意味着重新调整资源、分配任务，修改前期的工作成果，甚至因进行较大调整必须付出较大代价。对于企业来说，则往往需要增大投资。如果动不动就变更需求，开发建设也许永远不能按时完成。是否进行变更，不能主观判定，需要进行客观的分析与评价，总的原则是权衡利弊，如果需求变更带来的好处大于坏处，那么可以变更，否则拒绝变更。

需求变更需要开发方和需求方共同参与。需求方经常会想当然地认为变更需求是他的权利，而开发方通常情况下会允许小的变更，但不会无原则地退让。这就需双方都遵守一定的变更规则，这就是变更控制。需求变更并不可怕，可怕的是不进行变更控制。

需求变更通常按照流程进行：

1. 变更申请。如果需要变更需求，则填写需求变更申请，发送给需求负责人。其内容应该包括:（1）变更类型。变更类型可分为需求变更、设计变更、代码优化、用户文档优化和计划变更等。（2）变更优先级。依据变更的重要性、紧迫性和对关键业务的影响程度，以及对系统安全性和稳定性的影响程度，可分为 critical、high、middle 和 low 等 4 级。（3）变更影响分析。包括变更影响的工作产品和负责人，对工作量和进度的影响，发生风险的可能性与影响程度,以及需要回测的范围。（4）可能影响的工作产品。包括项目计划、需求文档、概要设计文档、详细设计文档、源代码和程序、测试计划和测试案例以及用户文档。

2. 变更分析。收到需求变更申请后，需要对变更进行分析，并通知干系人：（1）该需求变更在技术上是否可行。（2）对工期、成本、质量的影响。首先评估单个模块工期的影响，即实现该需求变更需要的成本和工作量；然后评估实现该需求变更对整体工期工作量和成本的影响。

3. 变更审批。按照影响的大小由不同的负责人审批。对影响小的变更，由项目经理直接审批。对影响大的变更，提交软件变更控制委员会审批。所谓影响大的变更一般包括下列情况：变更影响的模块数超过10个或超过50%，或者可能影响软件系统的框架；变更会影响对客户的承诺；变更会带来“高”或者“高中”程度的风险。

4. 变更实施。当变更请求评审不通过时，需通知变更提出人，并记录结果；如变更请求通过，则需按变更内容执行，将变更内容列入相关的计划，修改相关文档，确保变更的内容被安排在未来的工作中。如及时更新相应的需求分析说明，修改项目计划，对相关文档进行修改，如果涉及软件代码和测试，也需要进行相应修改和回归测试。

5. 跟踪变更执行。当变更执行时，需定期了解进度，关注变更的完成情况，及早发现潜在的问题并解决，以避免变更对项目原有的进度和质量等造成影响。当变更完成后，需按照原计划验证变更的结果是否与预期一样，如发现与原来计划的有偏差，需及时采取措施，减少损失；如结果与原计划保持一致，则变更完成。

三、借鉴相关经验制定智慧盐湖建设系列标准

首先解释名词标准和规范。当针对产品、方法、符号、概念等基础规定时，一般称为“标准”，如《生活饮用水卫生标准》《道路工程标准》等；当针对工程勘察、规划、设计、施工等通用的技术事项时，一般采用“规范”，如《住宅建筑设计规范》《砌体工程施工及验收规范》等。在我国工程建设标准化工作中，由于各主管部门在使用这两个术语时掌握的尺度、习惯不同，使用的随意性较大，从而造成人们有时难以区别这两个术语。本书将两者统称为标准。标准是标准和规范的统称，两者都是标准的一种表现形式。

指南与以上两个名词有较大区别，指南强调导向和指引，而规范和标准则强调其统一性。还有一个相关的名词“政策”。政策比较好理解，是指以权威形式标准化地规定应达到的目标、遵循的行动原则、完成的明确任务、实行的工作方式、采取的一般步骤和具体措施。指南和政策都有很强的指导性，为了行文方便，本书将指南和政策统称为政策。

（一）标准化为智慧盐湖建设提供统一规范

智慧盐湖建设的目的，是要通过整体规划、系统整合、数据集中、集成运行等策略，消除业务系统分类建设、条块分割、数据孤岛的现象，构筑SOS级的统一CPS系统。但现在许多盐湖化工企业信息系统集成处于很尴尬的境地：许多以前建设的系统数据往往带有历史遗留问题，异构的数据、残缺的数据，甚至错误的数据，直接在数据仓库中堆积起来，这些数据并不是智慧盐湖需要的能够创造价值的大数据。数据孤岛不仅没有被打破，而且愈演愈烈。

标准是工业生产中与生俱来的基因。亚当·斯密曾经提出“扣针理论”，并举过一个例子：二十个工人纵使竭力工作，也许一个人一天也制造不出一枚扣针，但是如果实现劳动分工，把抽线、拉直、切截、削尖等工序全都标准化，一个人一天就能制造出二十枚扣针。扣针理论的原理是通过标准化作业和劳动分工，能够大幅度提升效率，降低成本，这也是古典经济学中提高生产率的重要基础理念。这个理论在前两次工业革命中得到了无数实践验证。20 世纪初亨利·福特就把生产汽车分成了 8000 多个标准工时，让福特汽车在一整套标准体系中进行生产，帮助美国家庭实现了汽车梦。在第四次工业革命时代，标准变得更加重要，社会各领域的各种系统从无到有、从小到大，进行着滚雪球式的重构和整合。系统越大，建设所需的人力、物力、财力就越多，如果缺乏标准化，将导致大型系统出现了建设成功率低、生存周期短等问题，造成了巨大浪费。

无论是原有系统的集成，还是新系统的建设，标准化建设对于智慧盐湖建设都具有非常重要的意义。

1. 有效降低系统复杂度

智慧盐湖建设是个大型工程，由许多纵向、横向层次的系统组成，并根据项目生命周期划分为不同的实施阶段，以使其复杂度降低到现有技术和成本可以承受的程度。这样一来，在各系统和阶段之间也就存在着许多联系和衔接的问题。要保证这些被切割开的部分能被组装起来，就需要进行专门的标准化设计，制定统一的行动规范和衡量准则，以及一系列统一的约束和规定。智慧盐湖需要融合企业生产、采购、人力、财务和关键业务系统等功能，将企业所需的所有管理活动聚合在一起，以同一种语言进行沟通，标准化工作就是制定这一语言规则。

智慧盐湖建设，要求从输入端统一数据，从源头上避免数据孤岛的形成。输入数据的标准化，一定程度上以业务量化为基础，量化的业务再经标准化进入各个系统。只有标准化的数据才能够在智慧盐湖各系统中和系统间通畅流转，才能实现数据的有效累积，决策的有据可依，进而通过人工智能算法挖掘出数据的真正价值并得以应用。

从行业角度来看，标准化建设显得更为重要。为了实现行业内企业的无缝合作，无论是产品还是服务，都需要以企业数据标准化为基础。在目前行业缺乏统一标准和规范时，如果企业具有前瞻性的眼光，在智慧盐湖建设中，先行制定有普遍意义的标准，那么不仅可以为行业共同标准制定做出贡献，而且在今后的行业生态中能够掌握一定话语权，有助于实现企业内和企业间的无缝连接和从“企业级”向“行业级”的跨越。

2. 整合优化业务流程

大型 CPS 系统由于其技术复杂和造价较高，所以往往在当问题域内的多个相互独立的中小型 CPS 系统不能满足需要时才会下决心建设统一的智慧盐湖系统。因此，应以利用现有系统为条件，在全面需求分析的基础上充分利用现有的设备资源、网络资源、数据资源、应用软件资源，从宏观角度把现有系统进行重组优化，并借助先进的信息技术工具和手段，构建功能完整、流程合理、业务优化、数据准确、安全可靠的大型智慧盐湖系统。这就需要打破传统 CPS 系统的分级和条块，站在最高视野统观企业全局，重点解决现存系统与新系统的互操作问题，以及原有系统存在如流程制度、组织架构、管理模式、团队效率等问题。只有为信息流、工艺流、物流、资金流建立统一的标准，使数据实现畅通无阻，才能最终达到全面业务量化、全面采集数据、全面感知企业的目标。

3. 保障可持续发展

智慧盐湖是一个动态系统，当建设完毕投入运行后，随着时间的推移由于原问题域内各个局部的变化程度差异较大，导致有的系统或有些局部必然会不可避免地进行重构。标准规范的制定正是为了对实用性和先进性做出平衡，保证系统的成熟适用、兼容开放。如果重构行为不受统一的标准规范约束，系统的熵值就会不断增加，因此而逐步遭到废弃，提前结束其生命周期。企业在建设智慧盐湖时，需要综合考虑未来和历史。数据不像企业中的设备那样具有固定的生命周期，走完生命周期就意味着被淘汰。历史数据即使是“旧资产”也能被“盘活”，在今后依旧能发挥作用。因此，标准化建设应具有尽可能包容历史数据的能力，尽可能统一更多的历史数据。

（二）参考智慧矿山建设相关政策和标准

因智慧盐湖这个名词提出不久，政府和行业没有发布专门的智慧盐湖建设标准，只能参考智慧矿山建设的标准。智慧煤矿又是智慧矿山建设中最早的，智慧盐湖建设可以重点参考智慧煤矿建设的标准。

目前，智慧矿山标准没有强制性标准，全部是指导性标准，而且出台的标准也不全面。一般来说，标准体系总体框架包括：总体类标准、设计规划类标准、基础设施与平台类标准、智能化系统类标准、智能装备与传感器类标准、评价及管理类标准、安全与保障类标准七个部分。

经不完全梳理，近年来政府和行业出台的关于智慧矿山的相关政策和标准如下：

1. 2015 年 6 月，国家安全监管总局发布《关于开展“机械化换人、自动化减人”科技强安专项行动的通知》，重点是以机械化生产替换人工作业，以自动化控制减少人为操作，大力提高企业安全生产科技保障能力。

2. 2016 年 2 月，国家发改委、国家能源局、国家工信部发布《关于推进“互联网 +”智慧能源发展的指导意见》，以智能化为基础，围绕构建绿色低碳、安全高效的现代能源体系，促进能源和信息深度融合，推动能源互联网新技术、新模式和新业态发展。

3. 2016 年 6 月，国家发改委、国家能源局发布《能源技术革命创新行动计划（2016—2030 年）》。

4. 2017 年 2 月，国家安全监管总局、国家煤矿安监局发布《单班入井超千人矿井科技减人工作方案》，深入推进“机械化换人、自动化减人”。

5. 2018 年 5 月 1 日，《智慧矿山信息系统通用技术规范》（GB/T34679-2017）开始实施。这是我国第一部以“智慧矿山”命名的标准规范，从一定程度上意味着智慧矿山建设开始以国家标准的形式落地推广。

6. 2020 年 2 月，国家发改委、国家能源局、应急管理部、国家煤矿安监局等八部委联合发布《关于加快煤矿智能化发展的指导意见》，将人工智能、工业物联网、云计算、大数据、机器人、智能装备等与现代煤炭开发利用深度融合，形成全面感知、实时互联、分析决策、自主学习、动态预测、协同控制的智能系统。

7. 2020 年 4 月，国家工信部、国家发改委、国家自然资源部发布《有色金属行业智能工厂（矿山）建设指南（试行）》，充分考虑矿山实际情况，明确企业智能化建设重点，新建矿山直接进行智能化规划与设计，在产矿山有序推进智能化改造坚持整体规划，围绕有色金属智能矿山建设主要环节和重点领域，分步实施。坚持创新引领，数据驱动。推动 5G 新技术与有色矿山的融合创新；应用大数据、人工智能、边缘计算等技术提升信息系统学习与认知的能力，利用 AR/VR 等技术形成人机混合增强智能。

8. 2020 年 11 月，中国煤炭工业协会发布《煤炭工业“十四五”高质量发展指导意见》。

9. 2021 年 6 月，国家能源局、国家矿山安全监察局发布《煤矿智能化建设指南（2021 年版）》，坚持分类建设和分级达标相结合，建立健全智能化煤矿建设、评价、验收与奖惩机制。

（三）制定智慧盐湖建设系列标准

在当前专门针对的智慧盐湖建设标准缺乏且不成熟的现状下，盐湖化工企业可以根据实际情况自主进行智慧盐湖标准体系建设，有目标、有计划地建立起联系紧密、相互协调、层次分明的系列标准并贯彻实施，以指导和支撑智慧盐湖建设的总体规划和工程实施。

盐湖智能化标准体系建设是一项复杂的系统工程，应在统筹规划、需求牵引、立足实际、开放合作的原则指导下，不断迭代更新，以不断提升标准，对智慧盐湖建设起到支撑作用。否则，智慧盐湖建设标准的缺失，将导致不同系统之间应用的系统语言、存储方式、数据形式存在差异，网络接口和信息传输的策略不统一，信息整合的方式不同，进而影响不同操作系统之间的交流和沟通。

标准制定是一项专业工作，企业应成立专项组织实施，由智慧盐湖建设领导小组统筹指导，立足于现有的国家相关政策和标准，结合企业具体情况和智慧盐湖建设的目标和任务，与信息化主管部门和外部专家密切协作，积极研究智慧化建设的共性和个性化需求，加强对现有相关信息、通信技术和应用领域标准化力量的协调，充分考虑标准的实用性、适用性和专业性，制定切实可行的智慧盐湖建设所需的基础设施（如云计算、大数据、物联网）、数据和服务支撑、生产运营、企业管理、安全、应用类标准，同时设计配套的标准综合应用指南。

标准体系包括基础和技术两部分标准：

1. 基础标准

基础标准用于统一智慧盐湖相关概念，解决智慧盐湖基础共性关键问题，包括通用、安全防护、可靠性、测试和验收等四类标准：（1）通用标准。主要包括元数据、信息分类与编码、标识等三个部分。元数据是关于数据的数据。元数据的标准包括元数据结构标准、元数据内容标准、元数据取值标准、元数据编码标准等；信息分类与编码的目的是通过对信息的有效分类和代码化，快速准确地进行信息交换和最大限度地实现信息资源共享。标识标准用于对智慧盐湖中的各类对象进行唯一标识与解析，建设既与已有的标识编码系统兼容，又能满足设备互联网协议化、智能化等发展要求的标识体系。（2）安全防护标准。安全防护标准用于保证信息系统及其数据不被破坏、更改、泄露，从而确保系统能连续可靠地运行，包括软件安全、设备安全、网络安全、数据安全、信息安全及评估等标准。（3）可靠性标准。主要对智慧盐湖系统的可靠性活动进行规划、组织、协调与监督，包括智慧盐湖系统及其各系统层级对象的可靠性要求、可靠性管理、综合保障管理、生命周期成本管理等标准。（4）测试和验收标准。主要包括项目、方法等两个部分。项目标准包括不同类型的智慧盐湖装备和系统一致性和互操作、集成和互联互通、系统能效、电磁兼容等标准；方法标准包括试验内容、方式、步骤、过程、计算分析等内容的标准，以及性能、环境适应性和参数校准等。

2. 技术标准

主要包括网络基础、系统、技术和协议、软件工程、管理等五类标准。（1）网络基础标准。主要包括体系架构、网络技术和资源管理，其中体系架构包括总体框架、内外网技术等；网络技术包括不同层级的通信技术、各环节之间的互联技术;资源管理包括地址、频谱等。网络基础设施标准为网络的组织、建设、运行、维护、设备生产、引进提供主要技术依据。（2）系统标准。主要包括识别与传感、人机交互系统、控制系统、系统集成等，主要规定系统的信息模型、数据字典、通信协议、接口、集成和互联互通、优化等技术要求，解决系统之间，智能装备、软件和平台之间数据共享问题。（3）技术和协议标准。包括人工智能应用、工业大数据、工业软件、工业云、边缘计算等技术标准和网络层、传输层、应用层协议标准，主要用于构建智慧盐湖信息技术生态体系，保证数据正确传输和应用，提升数字化和智慧化水平。（4）软件工程标准。软件工程标准包括软件文档编制、软件生存周期、软件维护和软件评价等方面的相关标准。（5）管理标准。管理标准包括系统建设与运行维护标准、质量管理标准。系统建设与运行维护标准是指在信息系统上线、实施、运行和维护的过程中，对其产生的系统文档，管理流程和规范进行标准化；质量管理标准是指对质量管理体系要求、质量策划、质量控制、质量保证和质量改进等制定的相关标准。

系列标准建立以后要进行相应的维护管理，一方面指引在系统的升级改造中能与技术的发展相符合，另一方面保证系统在升级改造中能与原有的部分协调。

编制标准体系表是对标准进行维护管理的重要方法。标准体系表是指一定范围标准体系内的标准，按特定形式排列起来的图表。标准体系表包括标准体系结构图、标准明细表、标准统计表和编制说明等。标准体系的作用归纳起来有以下五个方面：(1）明确标准化建设的方向。系统应用的所有标准简明清晰，图表描绘出了今后发展的蓝图，明确了努力的方向和工作重点。(2）了解国内外相关标准制定情况。通过每项标准采用国际、国内标准号，给采用国际标准和国外先进标准提供有利的情报，有利于标准制定者了解相关国内外标准的内容、特点和水平。(3）指导标准制定和修订计划。由于标准体系反映了全局，从中可看出与国内外相应标准的差异和体系本身的不足，可以有目的地抓住主攻方向，避免计划的盲目性，减少重复劳动，从而加快标准的制订、修订速度。(4）有助于项目的建设、维护和升级。在项目建设和维护、升级过程的每一个环节都有一系列的相应标准需要执行，相关人员往往不太清楚，而标准体系表有利于各项标准的贯彻执行。(5）有利于企业标准化的建设。标准体系表的制定和实施会使项目的标准化工作变得科学、完整和有序。

四、稳步推进建设方案　加强质量管理

智慧盐湖建设是一个复杂的系统工程，需要结合企业的发展战略、发展现状、工艺流程等，进行统筹规划、总体设计，制定明确的推进策略。

（一）明确智慧盐湖建设实施方案

对于现有盐湖，通过改造、加装，继续发挥现有系统的剩余价值。一是对设备进行数字化、智能化改造，对生产过程进行自动控制，加装智能视频监控和智能仪表，开展成套智能装备应用。二是建设工业大数据分析平台，充分挖掘数据潜在价值，结合过程机理实现设备故障智能诊断、过程参数优化、生产流程优化、数字仿真优化、经营决策优化等。

对于新建盐湖，与盐湖同步进行高标准、高起点、高水平、智慧化建设。依据新建盐湖特点和配套条件，根据可研报告，设计编制总体规划，优先采用先进工艺、先进装备、先进信息技术，明确阶段任务目标、预期效果和实施计划，分步开展建设。建议智慧盐湖与盐湖企业建设同步进行，如同水电基础设施与楼房建设同步一样。避免盐湖企业建设好后再重新进行智慧化改造，在基建阶段就要完成工控网络、视频网络、信息化基础设施、物联网等的建设，做到盐湖数据通信网络化；基建后期到投产期内，同步开展盐湖智能生产系统建设，实现盐湖资源数字化、采选生产过程智能控制、智能生产管理与执行等；投产并实现达产达标后，在积累一定量数据的基础上，开始建设工业大数据分析平台，充分挖掘数据潜在价值，实现设备故障智能诊断、过程参数优化、生产流程优化、数字仿真优化、经营决策优化等，最终实现智慧盐湖建设目标。

具体制定智慧盐湖实施方案时，可分解为管理提升和建设实施两个子项目，然后分别制定每个子项目的行动计划，将每个子项目的实施目的、组织范围、主要工作内容、关键控制点、主导部门、参与部门等定义清楚；实施方案应进行风险分析，并提出风险规避策略；确定智慧盐湖产品和解决方案选型的基本原则。在解决方案选型过程中，既要有前瞻性，更要考虑实用性，应致力于选择长期的合作伙伴和集成的解决方案，而不是仅仅进行单元系统的选型；实施路线图必须是可以检查的，没有使人无所适从的空洞言辞，具体说明：做什么？什么时候做？由谁来做？怎样做？要达到什么目标？完成什么阶段成果？

进行智慧盐湖整体规划要善于借助外部资源，但仍要以自身为主。由于智慧盐湖涵盖领域很多，系统极其复杂，对于实力强的行业龙头企业，可以自主进行智慧盐湖规划；而对于中小规模、没有建设经验的盐湖化工企业而言，应当而且也必须依托有实战经验的咨询服务机构，共同开展智慧盐湖规划，企业仍要确立以我为主的责任意识。智慧盐湖项目不同于传统的“一次性交钥匙”类工程项目，涉及企业业务流程优化和管理模式改进，企业战略演进也需要相关系统进行迭代更新，这就要求企业不能过度依赖咨询服务机构和供应商，要以我为主，深度参与。

智慧盐湖建设涉及多个领域的技术，技术本身也在不断创新和发展。应积极探索云计算、5G、工业互联网等新型基础设施在企业生产中的应用，推动新技术与智慧盐湖的融合创新；基于数据和机理融合驱动的理念，应用大数据、人工智能等技术提升信息系统学习的能力，利用 AR/VR 等技术形成人机混合增强智能，推动工艺与管理知识的沉淀与复用，支撑企业持续进行技术创新。应本着务实求真的态度，既要考虑系统的实用性，更要考虑先进性。

（二）避开智慧盐湖建设的几个误区

1. 为智慧而智慧，为新技术而新技术

由于智慧盐湖建设开始发力，一些盐湖化工企业盲目跟风，存在为了“智慧”而“智慧”的现象。企业应该首先明确自身的经济目标，摸清自身的基础，针对需要解决的问题，然后再决定是否需要进行智慧盐湖建设，重点进行哪一方面的建设。抛开了高质量发展不切实际地强调智慧，难免会偏移原先的初衷。同样，也不能唯技术，为“新技术”而“新技术”，还是要立足于利用稳定的、好用的技术解决实现生产问题，切忌盲目超前。

与上述误区相关联的是智慧盐湖的随意投资。如果投入大量资金建设智慧盐湖但未能实现经济目标、没能解决问题，那该智慧盐湖是否称得上“智慧”就值得商榷了。智慧盐湖建设尚处于初级阶段。大多数盐湖化工企业目前仍处于自动化阶段，数字化转型刚刚起步或者还未开始，尚不足以利用海量数据建立模型，如果此时盲目上马智慧化项目，可能会有拔苗助长之嫌。合理的数字化转型，要与企业自身的实际条件相结合，一旦转型过度，会因迭代和周期过长而产生不必要的经济损失。

2. 急躁激进，争第一、抢头功

制定建设方案时往往容易有焦虑感：方案今年能不能实施？明年能不能建设完毕？两年能不能报奖？

从长远上来看，智慧盐湖无疑是盐湖产业的发展方向，但还需要逐步探索、缓慢磨合，因此智慧盐湖的建设工作是艰难且漫长的。但不可否认的是，确实有一些矿山和盐湖化工企业出于某种目的而对自家自动化、数字化建设项目冠以“智慧”的名头，进行过度包装和宣传，个别政府有调整经济结构和产业升级的冲动，也有个别高校和科研院所需要申请研发资金、科技成果，个别新媒体机构需要素材、需要平台、需要资源装门面，个别高新技术企业要项目、要资金，个别行业协会要生存、要推动行业发展，等等，为此应该保持清醒头脑，保持定力，一步一步扎扎实实把当前工作做好。智慧盐湖建设应围绕企业的中长期发展战略，根据自身产品、工艺、设备特点，合理规划智慧盐湖的建设蓝图。推进智慧盐湖是一个长期的过程，不要期望毕其功于一役，需要做好打持久战的准备。

3. 强调机器换人，忽视人机协作

虽然机器可代替人类的大量体力劳动，实现高效、高质量精准操作，但不能盲目采用机器换人。除了需要平衡机器与人员置换成本之外，还需要综合考虑操作场地、信息化接口、维护成本等方面因素。机器或机器人仅仅是一种自动化或智能化设备，人作为智慧盐湖的重要资源，在应对复杂多变生产环境方面仍处于中心地位。机器人不是万能的，它可以解决一部分重复性问题，一些高危险、高强度的应用场景，推动无人化技术应用也是有价值的，但是针对一些特殊操作，人的判断能力和决策能力在现阶段还是更为重要。机器人擅长重复劳动，而在关键岗位上，人的判断能力和决策能力显得更为重要。在人的智慧一时还不能被知识自动化替代的情况下，过分强调机器换人是不明智的。

4. 重自动化，轻数字化智慧化

在智慧盐湖建设过程中，较为重视对硬件的投入。当前，盐湖化工企业基本上完成了生产线的自动化改造，如综合自动化、安全监测系统、调度系统、远程控制系统等。但不重视对专业分析软件和技术的研究、开发和应用，更多的是对数据的采集、传输和简单的分析、阈值报警等，海量数据没有得到深层次的利用。有企业投入巨资建设了高端的软硬件设备，却没有发挥出应有的价值，难以真正实现生产过程的可视化与透明化，管理人员还难以及时、准确地了解生产现场的实时状况。也就是说，数字化、智慧化建设程度相对滞后，存在与自动化系统脱节的问题。在推进智慧盐湖建设过程中，一定要坚持自动化与数字化并重，为后续进一步的智慧化建设创造条件。

5. 重局部改造，轻整体规划和系统集成

很多企业往往是为了解决某一个或一类问题，满足某个业务部门或者某个业务流程的需求而建设一套信息系统，头痛医头、脚痛医脚，缺乏整体规划，导致系统之间功能重叠、边界模糊、数据来源杂乱；缺乏系统性的关键技术攻关和工程建设实践，对高科技的应用主要是拿来主义，缺乏针对盐湖专业特点的技术攻关和实质性突破。为此，企业应该对业务流程进行梳理，结合企业的发展战略、管控模式、标准和法规，通过现状诊断、需求分析和整体规划，明确企业智慧盐湖建设目标、行动计划和投资概算，确定推进的整体框架、集成方案和实施路线图。

从国家和工信部制定的智能制造、智慧矿山标准来看，还不够完备，加之并没有推出专门针对智慧盐湖建设的行业标准和政策，所以导致各企业在硬件设备装配和软件选型、应用上各自为政，大多是针对具体需求定制开发。自动化设备大多以专业为界线（自动监控、过滤、机电、调度、产品分装等）分别进行研究、开发，存在诸多信息孤岛，也存在很多自动化孤岛。盐湖化工企业之间的横向网络更是没有实现互联互通，信息无法共享交流。

6．重显示度，轻实用性

有的企业不惜投入重金打造豪华版的智慧盐湖，布置专门的展览大厅、参观通道、示范生产线等，很有显示度，但在实用性方面却明显不足。如不惜重金布置的大屏幕生产指挥中心，平常利用率不高，更多的是用于参观。制定慧盐湖建设方案时必须注重实效，一定要明确自身的短板和需要解决的关键问题，制定合理的规划及实施计划，分期分重点，选择合适的技术、系统、设备和团队解决企业的痛点问题，而不是把功夫做在表面。

（三）分阶段推进智慧盐湖建设

智慧盐湖建设推进分为方案设计阶段、构建阶段、系统测试阶段、系统上线运行、系统验收五个阶段。

1. 方案设计阶段

方案设计的目标是实现业务向技术的转换，设计并确认技术架构和各功能模块的技术细节。工作内容包括：一是对系统整体架构进行总体设计，并填写总体架构确认表。二是对业务模块功能进行详细设计，并对详细设计确认表进行内部和用户评审。方案设计需满足用户所有功能需求，由项目组、用户评审并书面确认，如有变更需严格执行变更流程。

2. 构建阶段

构建阶段即各系统硬件设备的安装和程序代码的编写，并根据《需求分析报告》对各单元进行验证，以确认是否满足需求，确认所有需求都已开发和初步验证，并未超出业务范围。系统开发要严格执行详细设计和开发管理程序。根据单元测试检查表，逐步对单元测试进行检查，避免产生遗漏，确保所有功能单元都测试通过。

3. 系统测试阶段

工作内容包括：一是制定业务数据清单并收集测试数据，满足测试需求。二是功能测试、集成测试，确保满足业务和技术需求。三是压力测试。通过对极端业务场景进行测试，检测系统的负载是否满足要求。四是用户验收测试。以《需求分析报告》为依据，对用户的各种应用场景进行测试。

功能、集成、压力、用户验收测试须有详细的测试计划，都需要测试人员定义测试案例，针对测试结果提交测试报告，并需书面确认。针对各阶段测试，更新跟踪表状态，确保无遗漏，无偏差。

4. 系统上线运行阶段

系统上线运行阶段的工作内容包括将系统部署在应用环境和对系统数据进行设置。由最终用户进行操作、验证在实际业务环境中的功能。验证结束后，系统正式上线，配合进行试运行，并对试运行期间的问题进行排除。提交系统上线安装手册，提交系统上线计划和用户角色权限分配手册，由项目组、用户审核并书面确认。上线前需由项目组、用户对上线计划、系统运维计划进行审核和批准。

系统全面上线的前提条件：试运行期间暴露的各种细节问题都得到妥善解决；企业员工岗位分工完成，责任明确；有关文档都齐备，并由领导组审核签字；用户做好正式上线的心理准备，预期执行没有问题。

5. 系统验收阶段

系统验收，标志着系统预定的建设目标的达成和实施工作阶段的结束。验收报告需用户书面确认。系统验收结束，并不意味着智慧盐湖建设工作的结束，而是进入一个新的起点，需要在实施成果基础上，解答用户问题和优化业务处理。

没有问题的用户才是有问题的。在软件培训阶段，要耐心解答用户的问题，并引导用户学会自行分析问题和解决问题，以减轻上线后系统的运维压力，提高系统运行的效率。要让用户多熟悉使用和发现技巧，确保员工思路清晰、操作熟练。在需求调研阶段虽然已经进行了需求调研，但上线后用户会提出更多的微观需求，要尽量解决与业务相关的核心需求，对一些操作方面的需求也应尽可能予以满足。

（四）加强各阶段的质量管理

1. 设计阶段的质量管理

科学合理地制定项目开发计划，是项目成功的关键。在制定项目计划时，以下三个方面需要特别注意：（1）项目计划必须群策群力。项目计划的制定不仅需要对项目任务进行工作分解和对资源估算，更需要在项目计划中结合历史项目的实践经验和相关领域的行业经验，科学地评估项目各阶段所需要的时间并预留风险缓冲时间。（2）项目计划要因变而变。项目开发往往涉及多个部门的业务，因而项目计划要跟上实际变化，通过动态调整投入资源，合理调节项目进度和阶段性的里程碑。（3）建立项目沟通制度。每周召开业务人员、技术人员、管理人员参加的例会，共同协商项目建设中所遇到的问题，明确责任分工，确定下一步工作计划。

2. 构建阶段的质量管理

这一阶段的质量管理的方法包括日常检查、阶段评审、方案检验和问题原因分析等。（1）日常检查。通过对业务调研、系统设计和系统实现等过程进行监督，及时识别和发现缺陷。(2) 阶段评审。主要对各阶段的产出物进行评审，通过评审发现阶段性问题，通过及时修改和完善，尽可能减少带入下一阶段的缺陷数目。(3) 方案检验。对设计方案进行模拟测试，以保证系统设计方案的正确性。(4) 问题原因分析。用鱼刺图等工具展现影响软件质量的各种直接和间接原因，总结经验、吸取教训，避免类似的质量缺陷重复发生。

3. 系统测试阶段的质量管理

软件测试的目的是确保满足验收交付要求，从不同角度度量系统的最终质量。软件质量从以下几方面衡量:(1)开发出来的软件是否符合用户的需求，软件整体结构是否良好，软件是否容易读取，修改是否容易。(2) 软件系统有没有友好用户界面，用户在使用该软件的时候是否方便，需不需要进行其他操作。(3) 软件生存周期内各个阶段文档是否齐全，存储是否得当，所有文档是否被规范配置管理。软件测试还需要进行软件质量保证，分阶段对开发的软件进行科学评审，根据评审结果制定相应计划和改进建议。

4. 系统上线运行阶段的质量管理

制定上线步骤，在模拟环境下进行上线测试；测试通过后，运维部门提交测试报告，并正式发布系统上线；准备上线的软硬件环境，确认各相关系统和单位已做好准备;如有原系统，需备份原系统的操作系统文件和应用系统;按照上线步骤，进行数据变换或移植、系统配置与安装；上线成功后，做好新系统的文件备份、数据备份和系统日志记录。

5. 系统验收阶段的质量管理

业务人员应该全程参与系统建设，熟悉软硬件的操作、安装、维护、调优和备份等工作。保存完备的文档，包括软件安装手册、软件操作手册、在线帮助、系统管理手册等，为系统的运维、更新、扩展提供良好的帮助。

五、在智慧盐湖建设实践中锻炼和培养复合型人才队伍

智慧盐湖建设需要精通盐湖化工、信息技术和生产管理的复合型人才，单一功能性的人才已经不能满足发展需求，但是就目前情况来看，复合型人才还非常缺乏，是当前制约智慧盐湖建设的关键因素之一。尽管一些大专院校开设了复合型课程，但培养周期长，远水不解近渴，所以盐湖化工企业必须把生产现场当成培训基地，把教育搬到实践一线，把老师请到建设前沿，在智慧盐湖建设进程中锻炼和培养复合型人才队伍。

（一）智慧盐湖建设对复合型人才的需求

以云计算、大数据、人工智能和工业互联网为代表的第四次工业革命，给盐湖化工行业和企业带来一场深刻的变革，从而也深刻地影响了人才的需求结构。新技术、新工艺、新装备的不断涌现，上下游产业的相互交叉和渗透，不断向综合化、整体化方向发展，企业人才需求结构由以往注重单一能力需求向复合型能力需求转变。

1. 人才结构扁平化，产生新的复合型岗位

盐湖化工企业的智能化进程，对简单重复的一线操作工人和管理人才的需求将有所减少，而设计、维护和项目管理之类的中坚人才将有所增加，以前的金字塔型人才结构将逐步演变为橄榄型。如随着智慧化生产、机器换人现象越来越普遍，简单重复操作将被机器取代，从而催生出智能装备编程、操作、维护，网络设计、调试等一系列新岗位；高精传感器替代人的感官和测量设备，从而催生出工业数据采集、边缘设备接入、智能系统开发等新岗位；传统的产量统计、仓库管理空间将被智慧仓储、智慧物流挤压，从而产生一

批数字化设计师、生产数据分析员、智慧仓储管理员等新岗位。

2. 岗位职责交叉，多层面的工作趋于融合

传统企业的生产过程主要划分为三个层面：第一个层面是企业运营规划和决策，第二个层面是生产与执行，第三个层面是具体操作。但是对于智能化生产流程而言，这些清晰的过程划分将变得模糊。盐湖化工企业各层面的工作也将相互融合，岗位职责将相互交叉，这种变化需要大量融管理经验、技术理论和技能操作于一体的复合型人才，人才需求层次整体呈重心上移趋势。

3. 工作能力复合化，对人才要求多能化

随着传统制造业从中低端向中高端转型升级，智慧盐湖将成为盐湖化工产业新业态，技术技能型人才除了具备过硬的实践操作能力，还需掌握技术迁移、技术攻关和技术创新能力，单一的岗位能力难以适应技术发展。盐湖化工企业必须培养集操作技能、生产工艺、维修保养、质量管控等技术技能的复合型人才，以解决复杂交叉岗位的技术难题。

（二）智慧盐湖建设面对的复合型人才困境

在盐湖化工企业人才队伍建设和发展中，由于在复合型人才使用培养方面缺乏实践观念，育人和用人互动性不强，致使复合型人才数量和质量相对不足，主要表现为以下几点：

1. 人才结构供需不平衡

在盐湖化工企业方面，生产经验丰富的工人往往缺乏专业的理论体系，对于自动化、智能化技术掌握得不够扎实。而相关专业的技术人才、大学毕业生又往往缺乏一线工作经验，对于生产工艺、生产环节等操作非常生疏。经常导致越来越多企业将面临设备易得、人才难求的尴尬局面；在校企合作方面，双方合作共育人才往往仅停留在表面，高职院校交叉培养机制一时还难以取得实效，员工跨专业教学组织难以深入开展。企业设施投入不多、成

果共享机制不成熟等问题也影响校企之间的合作。而智慧盐湖建设涉及的技术新、知识面宽、领域广，多学科、多专业交叉融合趋势将越来越显著，对复合型人才培养要求越来越高。这种供需矛盾的现状还将持续较长一段时间。

2. 知识结构矛盾突出

盐湖化工和信息技术知识是两个完全没有关联的知识体系，不能够很好的融合，有的盐湖化工知识学得很好，但信息技术知识却难以让人满意，有的则信息技术掌握得不错，而盐湖知识却又差强人意。以往从事安装、改装、保养工作的员工，一时还不能对信息物理系统、新型网络组件进行维护。虽然有部分员工经过培训取得了证书等，但业务复合水平却没有实质性提高，很大原因在于人才开发机制缺乏创新性，致使员工参加培训为了取证，只注重考试结果，而不是真正实效。

3. 企业培养模式不完善

企业目前的培养模式无法满足智慧盐湖建设和运维需求，培养效果不好；大多数盐湖化工企业实行倒班工作制，造成员工集中学习困难、精力不足；员工知识基础参差不齐，给集中教学带来很大挑战；培养体系没有完全建立起来，内容尚待充实；智慧盐湖教学设备、新基建平台、工控软件价格较贵，面向传感器、生产装备、数据集成、控制系统的技术实训投入大，成本高。

4. 任用机制不够灵活

有的盐湖化工企业，内部员工的岗位流动性较少，一般缺少多样化实践锻炼的机会，导致员工应变能力和“一岗多能”比较弱。加之一些企业在技能人才的使用和培养上存在着重使用、轻培养的倾向，复合型人才难以得到发展和任用，人才配置效率低。

（三）培养复合型人才的几点建议

以上人才困境产生的根本原因在于现实的复合型人才供给能力不能满足智慧盐湖建设对人才的多方位需求。实践中的问题最终还是要在实践中加以解决。要走出人才困境，需要突出企业在人才培养方面的主体作用，深刻理解智慧盐湖建设和人才培养规律，在智慧盐湖建设实践中锻炼和培养复合型人才。

1. 强化实践学习环节

强化实践是培养复合型人才的有效途径。智慧盐湖建设实践性很强，在复合型人才的培养过程中，需要充分利用实践环节，培养员工的工程、设计、创新思维。一是在项目工程实施过程中，切实大胆放手让员工亲自动手操作、亲自实践，这样才能在操作过程中发现问题、及时解决问题。二是强调工学融合，制定培养计划，较系统地培养员工的创新实践能力。如结合智慧盐湖核心岗位任务，将全流程项目分解为以基础知识、专业知识为单位的教学模块，打造一批颗粒化教学微资源。三是注重学科理论和实践融合，培养员工跨学科协作和解决交叉问题的能力。如安排新上岗的大专院校毕业生到工厂参与生产，培养工艺生产意识，提高解决实际问题的能力。员工只有在实践过程中锻炼操作和思维能力，才能快速成长起来。也只有这样，企业也才能进行人才迭代和培养，不断扩充高素质的员工队伍。

2. 建设实验室或实训基地

建立具有高集成度、高开放性、系统功能完善的综合性智慧盐湖实训基地，培养适应产业发展需求的技能型、应用型、复合型人才。实验室要尽可能贴近工业现场，接近工程实际。按照工业互联网、大数据、人工智能等方向，开设智能传感器及应用、现场总线与工业以太网技术、工业数据采集、数控设备故障诊断与维修、智能控制系统装调与维护、云平台与大数据技术等技术技能方向的模块课程；可以考虑采用研制虚拟仿真实验教学软件，尤其是沉浸式和交互式虚拟仿真实验教学，模拟盐湖化工实际操作训练；涉及跨学科技术知识，需开设综合性、研究性和创新性的综合性开放实验，锤炼员工的实践操控能力、研究创新能力和集成对接能力。

3. 设计培训内容和方法

参加培训员工的经历、学识差距大，对不同员工应采取不同的培训方法。一要寻找复合知识和培训的切入点，改进教学方法，设计培训课程，如工艺流程控制、新型智能装备等技术，让员工能快速看到不足、弥补不足。二是采取点滴渗透的方法，如在学习信息技术的过程中，渗透盐湖化工知识，从而使员工不断丰富原来的知识结构。三是注重围绕新技术在智慧盐湖建设中的应用，介绍智慧盐湖、智能装备、智能装备自动化系统、智能系统运维，以及基于人工智能、工业互联网、5G 通信技术的智慧盐湖成功案例和经验。

4. 培养自身师资队伍

教师是教学的主体，培养复合型技能人才，需要足够的师资力量。一是立足企业内部整合师资力量，如请专业基础扎实、实践经验丰富或操作技能熟练的企业技术专家、中青年技术骨干在干好本职工作前提下，担任某领域的教学任务，并给予精神和物质鼓励。二是在具体工作中，提倡能者为师，如采取一对一结对子方式，传帮带，互帮互学。在导师带徒过程中，以现场实际为教案，以工作项目为课题，实行计划推进，其所在班组和单位进行分级督导，定期考评，并根据考核结果兑现不同标准的带徒津贴。三是鼓励工余时间参加各种途径的学习，丰富知识积累，并创造条件使他们把学到的知识应用到实践中，在实践中进行技术革新。

5. 引入必要培训资源

一是开展大专院校、盐湖化工企业、研究单位合作，把课堂搬到实践一线。尽量从高校聘请高水平，尤其是具有相关建设经验的教师授课，补充盐湖化工企业亟须的知识。二是开展与厂商、供应商合作，与设备生产厂家签订免费技术培训协议，邀请有经验的工程师做技术讲座和专项辅导，定期组织装备升级专题讲座等，也可以选拔业务能力突出、专业技术强的青年员工到设备厂家的生产现场系统进行实训。三是其他盐湖化工企业开展技术交流，如向有智慧盐湖建设经验的企业学习，把相关经验加以吸收利用快速提高，并避免走弯路。

6．加强岗位交流和轮岗锻炼

建立常态的岗位交流和轮岗制度，将高学历、潜力大的技术人员释放到生产一线,创造条件使其深化专业应用,以其丰富的专业能力服务一线。另外，将一线岗位具体实践能力强的人才充实到核心业务和研究岗位，结合实际压担子，不断加强他们的专业管理和开拓创新能力。通过岗位交流和轮岗锻炼，有效地实现育人和用人的互动、专业和技能的复合、业务与管理的衔接，扩展工作视野，提高复合效率，不断增强“一岗多能”的实效性。人才是培养出来的，更是用出来的，应不拘形式，打破界限，实现跨专业、多技能的有机整合，在培训、考核、聘用、待遇等一体化约束机制调控下，实现由表及里的体系变革和创新，不断提供适合复合型人才成长的环境。

7. 强化业绩考核管理

建立复合型业绩评价体系，量化“德、能、勤、绩”四个维度的考核指标。其绩效数据主要通过复合型技能人才的年度业绩考核和能力评价表，重点考核对生产和经营管理的贡献率、个人的各类培训档案等指标，并将业绩考核结果与薪酬分配、专业评审、评优评先等相结合。在客观评价中引导技能人才跨专业、跨岗位、跨部门地拓展业务技能，在主观激励中促进专业技能队伍结构的进一步优化和复合。为使业绩考核更加具有说服力，可进行专门的考核性复合工种技能竞赛等，对各岗位应掌握的复合型知识和技能进行考核，形成以赛促学、以学促培的评价机制，以此激发员工参加培训积极性。不仅要让员工认识到培训能使个人知识和能力得到提高，还能在智慧盐湖建设过程中快速成长、实现自我价值。

六、开发智慧盐湖建设优质供应商

供应商的选择和关系维护的目的是维持供应商队伍的稳定可靠，确保为智慧盐湖建设按时、保质、保量提供价格合理的产品和服务。优秀的供应商不仅能保证智慧盐湖建设的质量，也能降低智慧盐湖的建设和后期运维成本。

（一）与供应商合作的必要性

智慧盐湖具体怎么建设？摆在面前的选择无非有两个：其一，自力更生，一点点地摸索和积累，由点到面逐步建设；其二，拿来主义，即购买技术，迅速实现智慧化。自建还是购买？大家可能已经有了答案。任何企业都是要与别人合作的，哪怕是决定自建的企业，也不可能自己生产服务器，从头研究算法。所以,所谓的自建和购买只是一个度的问题。对于盐湖化工企业来说，相对落后的信息化技术水平，使得只靠企业自身的力量很难完成这项复杂的工作，只能寻找合作厂商的支持。从实践来看，盐湖化工企业也是多与厂商合作共同进行智慧盐湖建设的，单独自己开发建设的很少。

通过确定战略合作策略，明确与战略合作伙伴的合作关系，会获得很多方面的好处。

1. 利用业内的先进经验和成果

有些厂商在深耕行业领域的过程中，逐步积累了丰富的智慧化经验，具有较高专业性，熟悉整个行业的发展情况，积累了很多客户的实践经验，甚至对整个行业的发展都具有一定的影响力。与这样的战略合作伙伴进行合作，在一定程度上相当于跟上了智慧化的潮流，能够学习借鉴同业的经验教训，其产品更加符合行业需求并能够随着行业的发展不断推陈出新，在企业自身的智慧化发展中能够提供长期持续的支持。如一些工业软件公司，从 CAD、ERP 等基础软件开始便接触信息化建设，其目前工业软件产品已经覆盖设计、工艺、生产、销售等核心业务环节，深入企业业务，与他们进行合作当然能极大提升企业的智慧化水平。当然没有最好的厂商，只有更适合自己的。就企业而言则还是需要根据需求选择合作者，“痛”哪里“治”哪里，“缺”什么“补”什么，这样就能选择到适合自己的合作伙伴。

2. 降低人力成本，缩短建设周期

现在信息化技术领域可以说百花齐放，众多不同的编程语言、资源库、技术框架、开发平台等令人眼花缭乱。盐湖化工企业的人力是有限的，这方面的技术人才本就缺乏，如果再要求他们确定技术路线，并且能够在一定的技术方向上进行把握和实施便不够现实。选择专业厂商进行合作，可以有效提高技术水平、工作效率和工作质量，缩短开发周期，客观上降低了建设成本。

3. 降低建设投入

主要在三个方面上能够有效降低建设投入：一是合作厂商对产品渠道更为熟悉，通过硬件、系统、软件等成套采购，可以获得更为优惠的价格，这而且这种优惠不是一次性的，而是在智慧盐湖生命周期内可持续的。二是采用合作厂商的通用产品能够不断摊薄研发成本。众所周知，专门研发一套专用系统需要完全承担全部研发成本，如果能够尽量从厂商处获得研发成本已经被摊薄的产品，自然对降低建设投入是有好处的。当然，在智慧盐湖建设过程中，个性化功能是难以避免的，但可以尽量选择相对通用的、较低成本的产品，尽量少的个性化定制，以尽可能地降低建设投入。三是降低适配难度。由于厂商之间长期形成的不同的合作关系，技术产品之间的适配问题、集成问题、接口问题都存在着壁垒，不仅是产品之间在技术上的适配，在解决方案、配套服务方而也存在看不同配合度的问题。如果更换某个“部件”，通常都会带来大量的技术迁移工作。如果选择合作厂商，则不必去承担这些额外成本。据调查，发展伙伴型供应商可降低成本10%—25%，而供应商初期参与产品开发成本降低最高可达42%。

（二）供应商的寻找和调查

一般可以有以下几个途径来寻找供应商。

1. 公开招标。通过公开招标的方式，让符合条件的供应商参加投标，通过对投标供应商的审核，选择投标企业，最终确定供应商。

2. 同行了解。通过了解同类或相似行业软硬件系统供应商，特别是行业龙头企业有相同建设项目经验的供应商信息，作为备选重要对象之一。

3. 网站。通过专业网站、搜索网站、供应商网站获取供应商的信息。

4. 专业刊物。通过信息技术行业杂志、盐湖化工系统行业刊物，如《盐湖研究》《工矿自动化》《两化融合期刊》等，获得供应商的资料。

5. 参加展会。参加相关行业的产品展览会，通过资料索取、面谈，收集供应商资料。

为了扩大选择面，有时可以将选择范围适度扩大，比如智能制造、智慧煤矿等软硬件供应商。

对于寻找到的有合作意向的供应商应进行进一步调查。调查方式有以下四种：

1. 现场调查。对企业规模、企业管理体系、规章制度等进行调查，了解企业供应商的运作状况、财务状况、合同状况等；核对是否与最初的了解有差异，并对差异的影响程度进行评估。必要时可以邀请技术工程师一起参与，以提供专业的知识与经验。

2. 案例参观。供应商应安排1—3家同类建设项目进行案例参观，了解其实施过的项目实际运用状况。在参观的过程中了解项目的全貌，有机会可以亲自操作以加深体验。

3. 初步方案评审。企业应对供应商提供的整体思路、初步方案等进行交流和研究，在此过程中可以考察供应商的专业程度、对需求的理解程度、服务理念和服务意愿等。

4. 与供应商管理团队进行沟通。主要了解供应商管理团队的经验、对项目的重视程度和公司未来发展前景等。

调查供应商的因素和条件非常复杂，主要应考虑以下准则：

1. 供应商的资格和信誉度。应选择有较高声誉的、经营稳定、财务状况良好的供应商，以免给企业造成不应有的损失。供应商有履行所有书面承诺和口头承诺的能力，能长期保持合作关系，并对自己的产品提供担保。供应商要有一定的客户群体，所服务的客户企业反映良好，不能有不良反馈甚至有纠纷。

2. 供应商的服务能力和技术水平。供应商的服务应具有一定规模，应该有较强的抗风险能力。供应商在行业中应具有较高专业性，除了产品和服务之外，员工的技能和专业知识也应较强，比如售前顾问、实施顾问、项目总监、项目经理等角色，他们的专业水平、学识，以及与客户的互动和沟通能力是建设项目成败的重要因素。另外，盐湖化工企业以前的一些自动化设备往往也需要改造，供应商应该具有对这些设备进行升级改造的能力。

3. 供应商的技术平台。智慧盐湖建设需要尽量统一数据库平台、产品研发的工具软件、仿真软件平台、管理软件平台、工业自动化系统平台等，避免多种平台的混搭、不必要的接口和数据变换工作。所以，应尽量选择解决方案相对全面、技术平台可扩展性好的供应商。

4. 供应商要有较强的管理和服务能力。供应商要有健康的企业文化和积极进取的敬业态度，时刻以客户利益为重，全力达成客户目标；要对智慧盐湖有比较深刻的理解，并具有完善的售前、售中、售后服务体系，包括人员配备、服务承诺、服务规范、服务标准、服务跟踪考核等。这样，在处理一些具体问题时才能得到比较好的服务，供应商订单生产周期、送货时间、后续服务等才能得到保证。

5. 供应商和经营状况和发展潜力。要关注企业的盈利能力，尤其是主营业务的盈利能力，现金流量和持续盈利的能力。这里面要从经审计过的三大财务报表，如资产负债率、净利率、净资产利润率。合作厂商的财务状况是否健康，持续盈利能力是否稳定，都将关系到能否为施工企业提供长期、稳定和不断提高的产品研发和咨询服务，关系到企业的投资风险。在此基础上，还需要对其发展潜力进行评价，而且发展潜力应当成为确定供应商的重点考虑因素。发展潜力往往重于现有能力，当现有能力与发展潜力不可兼得的时候，优先考虑发展潜力好的供应商。

（三）供应商的遴选

遴选供应商的方法一般有以下几种 ：

1. 直观判断法。即通过调查、征询意见、综合分析和判断来判断。直观判断法比较简单、快捷，但是缺乏科学性，容易受到人为因素和主观喜好的干扰，还容易受到宣传材料、经验判断的干扰。

2. 评分法。选择供应商时，有许多因素需要考虑，诸如服务质量、价格、技术水平、供应能力、地理位置、交货能力等，而且这些因素的重要程度因企业不同而异，甚至因同一企业里的不同产品或服务而异。因此，评分时必须为各因素合理分配权重。

3. 成本比较法。在其他相关因素都能满足的情况下，应当进行采购成本的比较。采购成本一般包括报价、交易费用、运输费用后期维护费用等。对多个供应商的单项成本加总后，选择成本最低的供应商，对于特殊情况应进行进一步分析。

4. 招标采购法。当采购数量大、价格高、供应商竞争激烈时可以采用招标采购法，盐湖化工企业提出招标条件，各供应商进行竞标。这样选择供应商的范围就更广，最有可能选择到综合情况较满意的供应商，但是手续繁杂、时间长、机动性差。

不同企业遴选供应商所采用的步骤各不相同，但基本的步骤应包含下列几个方面：

1. 分析智慧盐湖建设的需求。盐湖化工企业必须知道智慧盐湖建设的真正需要是什么，技术的类型和特征，需要的产品和服务是什么，以此来确认供应商选择的目标。如果已经有存续的供应商关系，则需要根据需求的变化确认关系变化的必要性。

2. 成立供应商管理办公室。一般在智慧盐湖建设领导小组下开设，统筹负责供应商的选择和管理工作，相关职能部门有关人员参加。供应商管理办公室成员必须有团队合作精神，具有一定的专业技能，以及统一策划、统一协调、统一管理能力。

3. 建立供应商评价标准。供应商选择的目标是确保供应商能够提供最优质的服务、产品和最及时的供应，力争以最低的成本获得最优的产品和服务。为达成此目标，需建立供应商评价指标体系作为对供应商进行综合评价的依据和标准。

4. 整理供应商名单。通过前期寻找的供应商资源，了解市场上能提供产品和服务的供应商，尽量与初步选定的供应商全部取得联系，确认他们是否愿意参与智慧盐湖建设。在充分沟通基础上，遴选出部分关键供应商，并进一步保持紧密沟通。

5. 评价供应商能力。在调查供应商信息的基础上，可以利用一定的工具和技术方法对供应商进行评价。

6. 选择供应商。在综合考虑多方面的重要因素之后，就可以给每个供应商打出综合评分，选择出合格的供应商。

（四）维护与供应商的良好关系

合作好的供应商是培养出来的,而不单单是选择出来的。选定供应商之后，还要维护好与供应商的关系。

1. 用平等的身份与供应商交流。有些企业会利用自己的强势地位直接或间接地迫使供应商接受一些不对等条件，这种做法短期内可能会给企业带来一些利益，但从长远看对企业却是不利的，可能会导致产品质量、交期的波动和服务质量的下降。应和供应商平等交流，获得供应商的好感和信任。

2. 平等相待，诚信履约。己所不欲，勿施于人，凡事应推己及人，将心比心。比如，要在平等自愿的前提下进行谈判，不与供应商签订带有不对等条件的协议，不要强迫供应商做协议之外的事情，不强迫或欺骗供应商参与其不擅长或者不愿意参加的项目，不强迫或欺骗供应商接受其无能力接受或不愿意接受的业务，严格履行协议规定的义务，不以任何理由拒绝履行或者以打折扣的方式履行等。

3. 主动维护供应商的利益。供应商参与智慧盐湖建设的目的，是为了获利，如果不能获利，供应商就不会合作，即使建立了合作关系，也不会长久。所以，应该注意维护供应商的利益，不要作为对立面来看待，要真心培养与供应商的关系。进入建设实施阶段后，各种方案应尽量维持稳定，非万不得已不要轻易变更。如果遇到非变更不可的情况，也应事先主动与供应商沟通，并做好相应的协调工作。不要只看到自己企业的利益而置供应商利益于不顾，否则，即使是出于公心，也办不了好事。

4. 维护与供应商的关系。维护合作伙伴关系比寻找新的供应商更为重要。要采取有效沟通，让供应商进一步形成对企业服务的确认、满意，最终长期保持双方忠诚稳定的关系。即便建设项目验收完毕，往往也还有许多想不到的遗留事项，如运维材料、故障维修、后续项目改进等，如果关系处理不好，有可能给后续工作造成隐患。企业与供应商的关系微妙，稍有不慎就会给企业带来不可估量的损失。所以，需要精心呵护双方已经建立的良好关系，维护智慧盐湖的长期平稳运作。

当然，在与合作厂商合作中，企业始终要做到胸有成竹，在经济技术方案确定上要以企业生产运营规划为主，确保企业战略目标不动摇，才能以不变应万变。

七、以成熟度评估为契机明确智慧盐湖改进路径

智慧盐湖需要建立一套成熟度评估体系，对盐湖化工企业智慧化情况进行系统评估，目的是找出差距，为持续改进提供路径和方法。

（一）成熟度模型介绍

成熟度模型源于质量大师 Philip B. Crosby 1979 年的著作《质量免费：确定质量的艺术》，该书提出了著名的质量成熟度方格理论。这一模型的提出与 Crosby 早年从事外科医生的经历有很大关系，在医生的眼中，一个企业的质量状况相当于病人的状态：重症阶段、护理阶段或康复阶段。借鉴病人所处阶段，Crosby 首次将企业的质量管理水平进行阶段化，共分为不确定期、觉醒期、启蒙期、智慧期、确定期几个阶段，成熟度方格描述了一个企业的质量管理从不成熟走向成熟的过程。

后来，汉弗莱将成熟度框架带到了卡内基梅隆大学软件工程研究所，并增加了成熟度等级的概念，随后经过几次修订，发展成为软件能力成熟度模型（Capability Maturity Model for Software，CMM）。CMM 问世之后，在保证软件质量方面得到了广泛的应用，并发挥了重要作用。此后很多学者和组织借鉴 CMM 模型提出了各种新的成熟度模型，如项目管理成熟度模型、知识管理成熟度模型等共约几十种，可见，CMM 在成熟度模型评价方面具有里程碑式的意义。

CMM 模型广泛应用于软件过程改进以来，极大地促进了软件生产率的提高和软件质量的提高，然而，CMM 模型主要用于软件过程的改进，但它在系统工程、集成化产品和过程开发方面存在缺陷，因而人们在 CMM 基础

上开发了 CMMI 模型。CMMI（Capability Maturity Model Integration For Software，软件能力成熟度模型集成）很好地解决了软件项目的过程改进难度增大问题，实现了软件工程的并行与多学科的组合，因此 CMMI 模型在理论上已经取代了 CMM 模型，尽管在现实中 CMM 模型仍然是一个通用的理论过程能力模型。

CMM 模型的核心思想在于对软件组织在定义、实施、度量、控制和改善各发展阶段的描述，该模型用于评价软件组织现有的过程能力、查找软件质量及过程改进方面的关键问题，从而为过程改进提供指导。CMM 模型被用作评价软件承包商能力并帮助组织改善软件过程质量，是目前国际上最流行、最实用的一种软件生产过程标准，成为当今企业从事规模软件生产不可缺少的一项内容。

CMM 把软件开发过程的成熟度由低到高分为五级，等级越高，表明该企业软件开发失败风险越低，整体开发时间越短，并能减少开发成本，降低错误发生率，提高产品质量。五个等级如图 5-2 所示：

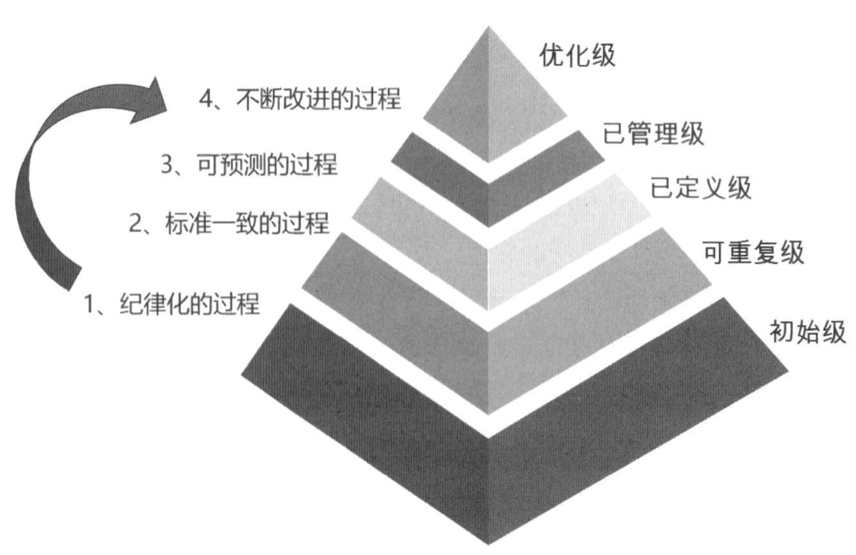

图 5-2　CMM 软件开发成熟度等级

1. 初始级。工作无序，项目进行过程中常放弃当初的规划；管理无章，缺乏健全的管理制度；开发项目的成效不稳定，产品的性能和质量依赖于个人能力和行为。

2. 可重复级。管理制度化，建立了基本的管理制度和规程，管理工作有章可循；初步实现标准化，开发工作较好的实施标准；稳定性跟踪，新项目的计划和管理基于过去的实践经验，具有重复以前成功项目的环境和条件。

3. 已定义级。开发的过程，包括技术工作和管理工作，均已实现标准化、文档化；建立了完善的培训制度和专家评审制度；全部技术活动和管理活动均可稳定实施；项目的质量，进度和费用均可控制；对项目进行中的过程、岗位和指责均有共同的理解。

4. 已管理级。产品和过程建立了定量的质量目标；过程中活动的生产率和质量是可度量的；已建立过程数据库；已实现项目产品和过程的控制；可预测过程和产品质量趋势。

5. 优化级。可集中精力改进过程，采用新技术、新方法；拥有防止出现缺陷、识别薄弱环节和加以改进的手段；可取得过程有效性的统计数据，并可据此进行分析，从而得到更佳方法。

成熟度分级的优点在于，这些级别明确而清楚地反映了过程改进活动的轻重缓急和先后顺序。某个组织会按照一定的模型指标被评定为某个级别，相应地，该组织即在软件能力方面达到某种成熟度。例如，被评定为优化级的组织，可以认为组织达到完全的成熟度，一般而言具有一套特定的方法论、规范和实践经验。该组织可以以一种可靠的、可预见的和可重复的方式生产较高质量的软件。

成熟度模型作为一种管理工具，逐渐凸显出管理方面的优势。成熟度模型的思想是将某项目建设视为一个不断改进的过程，这个思想与组织项目开展过程中不断提高自身能力的实际过程相一致。该过程是一个阶梯式的框架，可以从中看到项目建设过程的主要工作任务、工作之间的关系和工作目标。

可以认为，逐步推进某项目往成熟度层级更高的方向发展，可以使组织一步步走向成熟。所以，成熟度模型给出了组织要达到的阶梯目标和演进路径，提出了获得核心能力相应阶段的要素、特征和要求，为企业内外部的相关利益方提供了一个理解当前状态、建立战略目标和实施规划的框架。

智慧盐湖建设与成熟度模型在基本理念和逻辑上是相通的，从而使在智慧盐湖建设中建立和应用成熟度模型成为可能，因为智慧盐湖建设是一个不断发展迭代的过程，该过程可以具体化为一系列具体的活动。该过程是一个循序上升的过程，是在原有基础上继续建设并达到更高级别的过程；同时，智慧盐湖建设涉及多方面活动，包括对生产管理、运营管理、人力资源、财务管理、客户管理等各个方面，以及对内外部环境、风险评估和控制活动等各个方面的把控。因此，将成熟度模型作为管理工具，引进对智慧盐湖建设的评估，利用其不断迭代更新的逻辑，对智慧盐湖建设的过程和结果进行管理和控制，可以促进智慧盐湖建设能力和成果的不断进步。

在构建智慧盐湖成熟度模型时，可以结合智慧盐湖建设的特点，选取可以辅助智慧盐湖发展的指标。模型指标选取的科学性和合理性，对于评价结果的准确性和有效性具有决定性作用，需要设计、编制科学合理的模型指标体系，从而客观评估盐湖智慧化建设的状况。

（二）成熟度评估指标体系

2021 年 5 月《智能制造能力成熟度模型》（GB/T39116-2020）和《智能制造能力成熟度评估方法》（GB/T39117-2020）两项国家标准正式实施，主管部门相继出台相关政策，鼓励企业基于智能制造国家标准开展智能制造能力成熟度标准符合性评估（简称“CMMM 评估”）并根据评估结果引导产业升级。2021 年 9 月，宁夏回族自治区在参考《国家智能制造标准体系建设指南》《智能制造能力成熟度模型》等国家有关文件、国标的基础上，率先出台了《化工企业智能制造能力成熟度评估细则》团体标准。这一标准对于建立智慧盐湖成熟度评估体系具有良好的参考作用。

1. 智慧盐湖评估模型

参考《化工企业智能制造能力成熟度评估细则》，评估模型由生产运营、人员、技术、资源四个能力要素，各能力要素分别细分为能力域，各能力域分别细分为评估域。具体如表 5-1 所示。

表 5-1 智慧盐湖评估模型

要素	生产运营											人员		技术			资源	
能力域	设计	生产							物流	销售	服务	组织战略	人员技能	数据	集成	安全防护	装备	网络
评估域	工艺设计	采购	计划与调度	生产作业	设备管理	仓储配送	安全环保	能源管理	物流	销售	用户服务	组织战略	人员技能	数据	集成	安全防护	装备	网络

2. 智慧盐湖等级划分

根据企业在智慧盐湖不同阶段所达到的水平，成熟度等级分为五个等级，自低向高分别为一级（规划级）、二级（规范级）、三级（集成级）、四级（优化级）、五级（引领级）。较高的成熟度等级要求涵盖了较低成熟度等级的要求。

一级（规划级）：企业应开始对实施智慧盐湖的基础和条件进行规划，能够对核心业务活动进行流程化管理。

二级（规范级）：企业应采用自动化技术、信息技术手段对核心装备和核心业务活动等进行改造和规范，实现单一业务活动的数据共享。

三级（集成级）：企业应对装备、系统等开展集成，实现跨业务活动间的数据共享。

四级（优化级）：企业应对人员、资源、生产等进行数据挖掘，形成知识、模型等，实现核心业务的精准预测和优化。

五级（引领级）：企业应基于模型持续驱动业务活动的优化和创新，实现产业链协同并衍生新的生产运营模式。

对不同等级的具体要求如下：

一级要求：（1）应采集业务活动所需的数据；（2）应基于经验开展数据分析。

二级要求：（1）应基于二维码、条形码、RFID、PLC、DCS 等，实现数据采集。（2）应基于信息系统数据和人工经验开展数据分析，满足特定范围的数据使用需求。（3）应实现数据及分析结果在部门内在线共享。

三级要求：（1）应采用传感技术，实现制造关键环节数据的自动采集。（2）应建立统一的数据编码、数据交换格式和规则等，整合数据资源，支持跨部门的业务协调。（3）应实现数据及分析结果的跨部门在线共享。

四级要求：（1）应建立企业级的统一数据中心。（2）应建立常用数据分析模型库，支持业务人员快速进行数据分析。（3）应采用大数据技术，应用各类型算法模型，预测制造环节状态，为制造活动提供优化建议和决策支持。

五级要求：应对数据分析模型实时优化，实现基于模型的精准执行。

（三）成熟度评估和自评估

成熟度评估工作牵涉面很广、难度较大，企业一般需要聘请咨询机构进行辅导。具体实施一般有以下几个步骤：

1. 项目启动。明确企业实施 CMM 的目标，建立 CMMI 项目实施的沟通机制。目标是企业期望达到的 CMM 评估等级，比如达到成熟度第三级。尽管企业常常认为高评级是很重要的成就，但还是应该根据企业实际情况订立切实可行的目标并持续改进。

2. 诊断。咨询机构会对企业进行调研、培训和自评，以便掌握企业现有的成熟度水平，识别企业现有能力与企业期望达到的的 CMM 成熟度级别的差距，提交诊断报告，并与企业共同制定改进实施计划。

3. 能力域培训。结合企业能力现状进行 CMM 能力域培训，通过举例、案例分析等方式，使企业根据实际情况有针对性地定义组织评估过程，并完成 CMM 过程文档，包括方针、过程、规程和模板等。

4. 项目试点。选择核心项目或典型项目进行试点，通过试点进一步完善过程文档。在试点项目实施过程中，通过现场或场外对项目的实施情况进行跟踪并周期性地对过程进行审计，出具详细的审计报告。

5. 组织推广。全员参与全面导入与执行 CMM。

6. 预评估。验证组织推广的结果，识别企业尚存缺陷并制定再次改善方案，准备充分，以便企业顺利进行正式评估。

7. 正式评估。企业正式填报评定申请表，签订评定合同，评定机构会安排评定师进行预评估和正式评估，给出正式的评估结论并发放证书。

以上是正式的成熟度评估步骤。企业如果不以得到 CMM 证书为目的，可以参考成熟度模型，以找出差距、持续改进为目的进行自评估。自评估方法应与正式评估相同，依据成熟度指标要求，与智慧盐湖建设实际情况进行对比，根据评分加权计算的结果定位智慧盐湖当前的成熟度等级，以利于企业发现差距，寻求改进方案。具体步骤如图 5-3 所示。

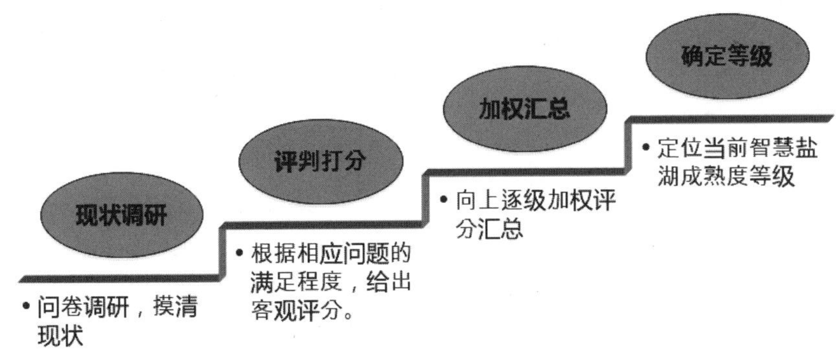

图 5-3　智慧盐湖自评估步骤

1. 现状调研。一般采用问卷调查方式，结合评估模型每级指标，摸清企业智慧盐湖各核心要素的建设现状。调研问卷设计宜采用选择性问题和开放性问题组合的方式，对于关键问题宜采用现场调研取证的方式，以保证评估结果客观公正。

2. 评判打分。智慧盐湖成熟度评估采用基于问题的评估方法，即针对每一项指标要求设置不同的问题，通过对问题的满足程度来进行评判，同时作为智慧盐湖评估的输入。对问题的评判需要专家将证据与问题进行比较，得到该问题的评分。根据对问题的满足程度，设置 0，0.5，0.8，1 四档打分原则。如全部满足要求，得 1 分；如大部分满足要求，得 0.8 分；如部分满足要求，得 0.5 分；如基本不满足要求，得 0 分。

3. 加权汇总。根据评估模型中每级指标权重，加权汇总，要素指标得分为其下能力域指标得分加权求和；能力域指标得分为其下评估域指标得分的加权求和。

4. 确定等级。根据加权计算结果，定位智慧盐湖建设的整体成熟度，由此找出企业智慧盐湖建设的差距和改进方向。

通过以上步骤的实施，企业可以识别当前自身智慧盐湖建设所处的成熟度阶段，认清自身的发展水平状态及不足点，并依据这些信息有针对性地展开能力提升规划。

相比提升成熟度得分和等级，更重要、更有意义的是企业业务能力、业务绩效的提升。因此，盐湖化工企业需要根据自身的业务发展重点、业务能力短板，以国标要求为指引和参考，有针对性地、有优先级地制定智慧盐湖建设和改进规划。

八、建立标准化运维体系　提升运维服务能力

运维通常指IT运维。智慧盐湖运维的主要内容包括:基础设施、应用服务、应用推广、数据存储、资源资产、安全防护、咨询评估和优化改善等。智慧盐湖的价值，体现在对业务的支撑上，智慧盐湖的运维工作就是保障智慧盐湖正常发挥价值。盐湖往往地处偏远，许多设备、人员不配套，平时更需要加强运维管理，一旦某个系统或某个环节出现故障，运维人员必须及时处理，否则，将会对生产运营造成损失。运维的水平可以成为衡量一个企业技术实力的标准。

（一）智慧盐湖运维现状和常见问题

智慧盐湖建设在给企业带来巨大利益的同时，也给运维工作带来巨大的挑战。

1. 系统复杂性使故障隐患呈指数级增长

智慧盐湖系统的基础设施环境与传统生产运营方式将不可同日而语，运维的系统和服务数量众多，从而使系统的故障点呈指数级增长，对稳定性有非常苛刻的要求。据统计，面对可能的繁多的报警信息，运维人员应该如何处理；当故障发生时，又如何能够迅速定位问题，是智慧盐湖运维需要直接面对的现实问题。智慧盐湖系统故障带来的损失是非常大的，运维人员面临的工作压力也是难以想象的。

2. 来自时代的召唤，数字化转型下的运维新使命

传统的运维工作主要有平均故障间隔时间、平均修复时间、可用性三个衡量指标，但为适应数字化业务转型的需要，运维将会随着整个智慧盐湖生

态系统的改变而转变，传统的以设备为核心的运维工作将无法满足企业生产运营工作的需求，运维工作的重心将从维护设备、系统的稳定运行转向以业务为核心的智慧盐湖综合管理，为生产业务全流程负责。传统生产运营环节通常自成体系，运维往往仅关注各个体系内或设备、网络或系统的问题，运维工作较封闭，而智慧盐湖面向生产运营的全生命周期，因此运维工作不能再局限于网络或者单一的设备和系统，而是要具有从微观到宏观的问题发现能力，能快速发现复杂业务条线的“上帝视角”，把控 IT 服务生产的整体运行水平。

3. 活用运维大数据，具备从运维赋能运营的能力

数据是企业最宝贵的资产，也是盘活企业生产运营体系、制定策略的关键。而这些数据通常都存于企业的 IT 环境之中，智慧盐湖运维人员责无旁贷，运维工作不可避免地增加了数据运维工作，但数据规模的成倍增长，给运维工作增加了巨大的责任。如为保证数据的完整性、准确性和实效性，在采集过程和预处理过程中都不能丢数据；又如为保持数据的一致性和后续分析决策的准确性，对数据存储、分析和建模也带来非常大的挑战。

与以上运维发展的方向相比，目前智慧盐湖运维处于比较尴尬的处境。常见问题如下：

1. 受重视程度不够。企业往往存在重建设、轻运维的思想观念。运维部门被定义为服务部门，是业务部门、研发部门的附属，运维工作被认为是成本高、技术含量低的工作。在这个定位下，系统运维工作的开展很困难，运维人员长期处于弱势地位，运维工作得不到认可。

2. 运维工作缺乏统一管理和制度。智慧盐湖运维往往缺乏科学合理、规范的运维体系和相关管理理念，缺乏合理有效的运维管理制度和工作流程，造成运维工作随意性大、质量难以保障。在缺乏管理制度的情况下，运维团队极易造成责任划分不清、相互推诿，增加了故障协调和处理的环节，延长了问题解决的时间。

3. 运维人员缺乏，素质不高。许多企业并没有成立专门的运维团队，缺少专业的运维人员，一人多岗的兼职运维现象严重。因此，运维人员往往疲于“灭火”，不能深入分析问题根源、快速对问题进行精确分析，更难以预防问题再次发生。运维人员专业学习、技能培训和知识传承工作也有待加强。

4. 运维管理方式落后，效率低下。随着企业对信息化的依赖程度不断提高，传统的运维方式已不能满足企业的需求。面对智慧盐湖数量众多的信息系统和智能设备，单靠人工监控系统往往显得力不从心，亟须通过信息化手段实现手工管理向信息化管理的转变，提高运维管理水平和效率。

5. 缺乏主动运维意识。运维理念、方法培训不足，运维人员缺乏先进的管理思想，往往是事后运维。绩效考核指标往往只统计处理多少故障、解决多少问题，不能有效地激发员工主动运维的积极性。在这样的绩效指标的指引下，运维人员往往在系统出现故障之后才开始维修，这就直接导致信息系统故障率提升，用户使用满意度下降。

6．运维不及时，设备故障率高

智慧盐湖设备往往由于水浸泥糊等原因，传输稳定性差，使用寿命短，数据传输速度慢，许多传感器未实现数字化传输，其功能、性能与盐湖的实际需求还有一定差距。加之运维往往不及时，设备故障率高，甚至许多设备处于带病工作状态，导致监测系统数据采集在线功能弱，不能全面及时反映盐湖的最新动态变化。

（二）建立智慧盐湖服务支持体系

智慧盐湖系统非常复杂，与盐湖化工企业的关联程度极为紧密，因此，为保障系统的安全稳定运行，从而保障公司的核心业务，需要对运维水平进行系统化的提升，探索向现代化运维管理模式的转变。

IT 服务支持体系有助于企业以一体化运营为目标，以指标化的管理为导向，建立包含组织架构、服务管理流程、IT 支撑系统、IT 服务管理为内容的一体化管控体系，为业务和用户提供满意服务。(1) 提升 IT 服务质量。信息技术服务供需双方基于同一标准衡量信息技术服务质量，可以提升信息技术服务满意水平，并被需方认可。(2) 优化 IT 服务成本。通过建立 IT 服务支持体系，有助于量化服务成本，从而达到降本增效的目的。(3) 强化 IT 服务效能。通过实施标准化的 IT 服务，有助于更合理分配和使用 IT 服务，使采购的 IT 服务能够得到充分、合理的使用。(4) 降低 IT 服务风险。通过实施标准化的 IT 服务，可以进行更稳定、更可靠的 IT 服务，降低信息技术服务项目的实施风险和企业运营风险。

IT 服务支持体系比较知名的有 ISO20000、ITIL 和 ITSS 三种，都有相应的认证标准。ISO20000 是国际标准化组织设立的国际标准，ITIL 由英国中央计算机与电信局创建的国际标准。下面重点介绍 ITSS 标准。

ITSS (Information Technology Service Standards,信息技术服务标准) 是在国家工业和信息化部、国家标准化管理委员会的领导和支持下，由 ITSS 工作组研制的，是一套 IT 服务领域的标准库和提供 IT 服务的方法论，对 IT 服务的组成要素、IT 服务的生命周期、规划设计、部署实施、服务运营、持续改进和监督管理都作了详细的规定并进行了标准化，内容涉及信息系统建设、运行维护、服务管理和外包等业务领域。ITSS 是我国 IT 服务行业最佳实践的总结和提升，是国家针对信息技术运维服务能力制定的最高标准。

ITSS 是一套体系化的信息技术服务标准库，全面规范了信息技术服务产品，规定了 IT 服务的组成要素和生命周期。ITSS 标准的核心是强调企业的运维服务能力，实施的核心是采用建立质量管理体系的 PDCA 方法论 (计划—执行—检查—改进)实施过程管控,根据 ITSS 标准的各项要求,对人员、过程、技术和资源四个关键要素进行全面整合，并与 IT 服务全生命周期的规范化管理相结合，从需求分析、规划设计、部署实施和优化改进四个阶段循环实施的过程，形成一个闭环。ITSS 共涉及 24 项关键指标，每项指标都具体到文件，这些文件都涉及 ITSS 评估，包含每级成熟度的要求和审核要点。

ITSS 能力成熟度模型一共分四级，从低到高分别用四、三、二、一表示，分别对应基本级、拓展级、改进（协同）级、提高（量化）级。据统计，截至 2022 年 5 月，全国通过一级的企业有 22 家，二级的有 448 家，三级的企业数千家。其实，即便不参加认证，以 ITSS 标准指导企业 IT 服务支持体系的建立也是非常必要的。

企业可以通过导入 ITSS 标准，从人员、过程、技术、资源 4 个方面规划运维服务能力建设，依据 PDCA 方法论，从策划、实施、检查、改进的维度实施智慧盐湖运维服务能力的管理。搭建全面的综合管理平台，统揽所有运维资源，构建业务服务视图，监测具体业务状态，保障核心业务系统稳定运行。

（三）探索智慧盐湖运维模式

1. 建立完善的运维制度

完善的运维制度是智慧盐湖运维体系稳定运行的根本保证。严格遵守运维制度、有效执行运维体系，才能保证智慧盐湖持续性发挥效益。一是明确运维工作职能、责任和权限，保证按章有序地进行维护，减少运维中的不确定因素，有效提高工作质量和水平；二是确定运维组织结构，提高信息共享能力、决策支持能力和处理实际问题能力；三是完善考核制度，定期进行考核和评定，形成对操作人员、运维管理人员工作的科学评价，对有突出表现的运维人员进行鼓励和表扬，既调动积极性，又提升工作效率。

2. 打造高效的运维团队

一支优秀的运维团队，应该可以对设备定期巡检，排查硬件隐患，根据经验对设备进行预警；可以对人为误操作进行及时有效地纠正；可以对程序设置进行微调；可以完成系统性能调优，根据日常系统的维护记录和维护数据，提供信息系统的优化建议。为提高运维人员素质，应在实际工作中加强内部培训和组织员工进行外培，尤其是加强基层运维人员的培训力度，提高运维人员的技术水平和分析解决问题的能力。为了提高运维工作效率，可以定期举行运维研讨会，促使运维人员交流工作经验，针对工作中出现的问题，共同进行研究。运维人员应经常了解主流 IT 技术，并思考如何在实际工作中加以运用，为企业创造价值。

3. 使用自动监控和运维工具

通过监控，运维人员能够及时了解智慧盐湖的运行状态，以防患于未然。一旦出现安全隐患，可以及时预警，第一时间进行处理，避免影响业务系统的正常使用。根据不同业务的实际情况选择合适的监控工具，设计监控指标，运维人员要确保监控工具的状态，如有必要编写监控脚本，提高运维工具的自动化程度。

4. 制定应急预案

智慧盐湖各系统在运行过程中受多种不确定因素的影响，存在随时出现事故的风险。所以，制定应急预案就显得非常必要。应针对每个系统，从应用软件、操作系统、中间件、数据库、硬件服务器等各个方面，制定详尽的针对系统崩溃的应急预案，以期在最坏情况发生时快速恢复系统的使用。

5. 优化工作流程

业务人员的关注点与运维人员在许多方面存在不同，担负的责任也不同，需要双方共同制定合理的运维流程。合理的流程设置不仅能够节约运维成本，也可以推进运维工作的有序推进。结合实际执行效果，还应该不断进行优化，以持续提高运维工作效率，降低故障发生率。在制定智慧盐湖运维流程时一定要明确以下三个问题。一是要做什么？一个流程要完成什么任务，目的是什么。二是由谁来做？要完成某个动作，需要涉及哪些部门的哪些人。三是多长时间？一个流程从开始到结束一定要有时间约束，在规定的时间内必须完成。

（四）智慧盐湖需要智能运维

互联网刚兴起的时候，运维还只是一个简单的服务安装管理及监控工作，现在的自动化运维工具也能够满足自动化盐湖的大部分需求，但人无远虑必有近忧，在智慧盐湖庞大的业务生态系统下，仅依赖工具已经越来越不能很好地解决一些运维需求，也很难达到服务可用性的要求。

运维的发展经历了一个阶段：纯人工运维、自动化运维、平台运维。目前的运维工作面临着非常大的挑战，信息过载、多维度和更加复杂的业务环境，以及故障的定位、检测等工作，都已经超过了单凭人工或简单工具能够完成的极限，新的技术需要被引进和应用。运维逐渐向智能化方向发展是大势所趋。在不远的将来，智能运维必将越来越多地在智慧盐湖中进行应用。

智能运维（Algorithmic IT Operations，AIOps）的概念是 Gartner 公司在 2016 年提出的，是指利用大数据分析、机器学习等人工智能技术来自动化管理运维事务。AIOps 即人工智能与运维的结合，可见，智能运维是建立在运维基础上，通过一定策略和算法来进行智能化诊断决策，以更快、更准确、更高效地完成运维工作的技术体系。智能运维是运维发展的高级阶段，也是互联网时代发展到一定阶段的必然产物。

目前，智能运维的应用已经散见于某些领域，如日志监控报警：利用智能算法过滤，收敛大量无效、重复的告警信息，通过聚类算法将大量、多维度的告警聚合为少量事件，通过告警分类算法提高准确率和减少误报。需要指出的是，软件的一些“算法逻辑”不代表真正的智能运维，判断是否是真正智能运维的关键点在于是否能自动从数据学习中总结规律，并利用规律对当前的环境给予决策建议。另外，自动化运维也不能与智能运维混为一谈。自动化运维是把传统的需要手工进行的操作自动化，主要是通过脚本实现，但本质上还是人为判断故障原因，手动执行故障恢复脚本，或特定场景化的一系列动作。这种自动化运维依赖人的策略和经验，人占主导地位，不能算是智能运维。而智能化运维则是人工智能占主导地位。

借助智能运维，智慧盐湖能够提升业务系统的服务级别和用户体验，减小故障处理的时间等，带来业务的价值，并实现真正意义上的无人值守。(1)发现问题。如设备监控维护系统，通过基于历史数据、样本标记或机器学习的 KPI 异常检测，能第一时间发现问题，减少误报、漏报概率。(2)故障原因分析。如基于机器学习的故障定位分析，能够及时发现业务异常，并定位出现异常的指标，然后根据故障树挖掘和知识图谱，实现故障的精准分析。(3)防患未然。如基于多种回归和统计方法，能够实现对不同粒度的生产运营数据的预测，以提前制定排查预案。(4) IT 辅助决策支持。深入运营场景，实现业务运营的 IT 辅助决策应用，有可能在不远的将来实现无人化运维。

智能运维在智慧盐湖中进行应用，需要两个条件：一是基础设施平台化。相比于传统的运维，故障相关数据的处理更为多样化和复杂化，要求必须夯实基础设施。如多源异构海量数据的分布式存储、离线批处理、高性能索引、大规模流数据处理，和可视化监控与报警平台等。二是算法自动化。算法自动化能够提升预测、发现和自动检测的能力，预测分配资源，动态调整资源，实现智能预警和自动修复。算法自动化能够将运维人员从日常烦琐的操作中解放出来，把更多的时间投入到运维平台迭代优化上。从整体上来讲，智能运维在智慧盐湖的应用需要具备以上条件，但并不是说要等把所有条件准备好才能开始实践。只要有痛点、有问题，智能运维就可以先引入，并逐步带动智慧盐湖整体智能运维的发展。基础设施平台可以从自动化能力、数据一体化能力方面开始起步，而不是一开始就建设一套完善的设计框架；算法自动化，可以采用参考实际应用的成熟算法，然后在实践过程中不断调试优化。

九、运用知识管理增强盐湖化工企业竞争力

第四次工业革命的兴起，使得数据和知识作为生产要素进入生产运营，企业的发展更加依赖于数据的价值发现和知识的积累创新。知识不仅能替代体力劳动，而且能替代人的脑力劳动。未来企业的竞争将在于谁能够更快速、有效地运用知识，这种新变化要求采用以知识为核心的新的管理方式，这就是知识管理。

（一）知识管理及其必要性

知识管理是企业能够更快速地获取内外部知识并加以储备，促使知识由潜在的生产力变为现实的生产力。知识管理的实质是对企业的生产经验、知识、能力等因素的管理，实现知识共享，并有效实现知识价值的转化，其最终目的是运用集体智慧提高企业的整体创新能力。在知识自动化技术发展不成熟的前提下，知识管理显得更为必要，一方面可以为将来的知识自动化打好基础，另一方面可以通过现有的管理工具和手段，基于现有条件实现盐湖最大限度的智慧化。 在一定意义上可以把知识管理看作知识自动化之前的“半自动化”阶段。

企业进行知识管理至少具有以下作用：一可降低成本、提高效率。企业特别是大型企业一般拥有多个部门，每个部门都有这么多经验、教训或新技术，知识管理就是致力于把这些知识进行有效整理、分类、传播，使知识价值可以得到充分的再利用。二可提高企业员工的素质。如果不进行知识管理，新员工只能从头开始学习，必然导致效率低下，成本高昂。进行知识管理，将以往工作中的文档和经验积累下来，新员工就可以利用知识积累在很短时间

内达到以前的水平。三可提高企业的竞争力。企业经常需要重复处理以前发生过的相同的问题，或用以前的方法处理新的问题，如果关键人才流失，那么问题往往不得不搁置，其中一个重要的原因就是缺乏知识的积累和管理。在当前市场和经济环境变化加大、科学技术快速迭代、竞争越来越激烈的环境下，知识管理将是组织最核心的竞争力，将能够帮助企业在未知的、不确定的情形下做出更好的决策。被誉为知识管理先驱的野中郁次郎强调日本企业的成功并不局限于生产技术、终身雇佣制或注重资历等众所周知的日本经验，更在于其组织的知识管理能力。目前 ，在世界范围内，许多大型企业都已经进行知识管理并取得了很好的效果，如 GE 在 1989 年发起了“群策群力”活动，目标是集中公司内外、上下各方面的智慧，培植、收集和实施好点子，使员工们共享知识，为公司带来效益。又如 IBM 在收购 lotus 之后，将其打造成企业级通讯、协同工作的平台。国内企业如国美、苏宁也通过知识管理，达到了终端管理模式的快速复制。华为也成立公司层面的知识管理项目群，推进公司的全面知识管理。

可以预见，在不久的将来，知识管理将逐渐成长为一种管理思想，进而形成一种管理标准，如同质量管理、流程管理一样，成为体现组织核心能力的关键要素。

企业知识管理的内容主要包括以下几个方面：(1) 建立已有知识的知识库。这里所说的知识库与决策支持系统中的知识库在本质上是相同的，即对企业已有知识进行有效的组织，将其转化为系统的知识资源。(2) 创造并共享新的知识资源。通过对现有知识资源的应用、学习和研究创造新的知识资源，并在企业内部形成知识共享的责任意识，广泛地共享这些知识资源。(3) 建立科学的知识管理评价系统。以科学、有效的评价系统激励知识的形成和共享。(4) 实现知识的价值。利用和挖掘知识资源助力企业形成核心竞争力。

知识管理实施一般有以下几个步骤：

1. 认知。认知是知识管理实施的第一步，主要任务是统一对知识管理的认知，评估企业的知识管理现状，确定知识管理实施的方向。认知阶段是企业接触知识管理的第一步，因此需要特别注意企业文化和管理现状，在知识管理实施时与企业流程、组织、绩效等管理机制相配合。可以邀请外部的一些培训和咨询，以了解业界标杆企业的做法，增强知识管理实施的动力。

2. 规划。知识管理实施是一个系统工程，在充分认知企业需求的基础上，详细规划是确保实施效果的重要环节。主要工作包括：分析企业管理和知识管理现状，制定知识管理相关战略目标和实施策略，并对流程进行合理化改造，在企业全面建立知识管理的理论基础。在规划阶段需要以战略地图和流程体系为路线，按照层级式网状结构建立知识库的内容体系，明确知识库所需要的内容。

3. 试点。每个企业的生产、研发、销售都有各自特点，各不同业务体系的任务特性也不尽相同，导致完成任务所需要的知识各不相同，因此需要根据不同业务体系的任务特性和知识应用特点进行试点探索。为拟订正式实施最合适、成本最低的知识管理方法，需从试点效果来评估知识管理规划，同时结合试点中出现的问题进行修正。试点阶段在知识管理系统实施中难度最大，需要建立强有力的项目保障团队，做好业务部门、咨询公司、系统开发商等多方面协调工作。

4. 推广。在试点基础上，知识管理将大规模在企业推广。推广内容包括：试点部门实践在其他部门的复制、知识管理制度的初步建立、知识管理系统的全面运用、知识管理计划的全面运行、知识管理激励机制和绩效体系的全面实施。

5. 制度化。制度化涉及组织构架和业务流程的重组，是企业自我完善和革新的过程。在制度化阶段，知识管理将全面融入企业战略、流程、组织、绩效等管理体系，成为企业核心竞争力的一部分。

（二）知识管理的重点

本书已经介绍过，相对于显性知识而言，隐性知识是隐含的、未编码的和高度个人化的知识，不容易为竞争对手仿制和模仿，是构成企业核心竞争能力的基础。隐性知识的挖掘和显性化往往是知识创新的源泉，对企业发展的推动作用日益彰显。如在监测盐湖化工排放气体时，一般操作人员是利用仪器和具体指标来进行判断决策，而有经验的专家往往有自己一套已经深入脑海的判断标准，这些标准或许难以用语言和很精确的方式加以表达，但却是企业知识库中不可或缺的一部分。隐性知识在可表述程度、可移动能力、获取方式上与显性知识有着显著不同。在可表述程度上，显性知识容易通过口头或书面被表述出来，它的载体可独立于知识主体，而隐性知识则不易于表述，必须通过其间的知识主体互动和交流。在获取方式之上，显性知识可通过人类的逻辑推断产生，或者通过正式的学习渠道获得，而隐性知识的获取不可与实务脱离。在获取方式上，显性知识存储于普通实物之中，可以根据需要随时调用，而隐性知识内嵌于知识主体，难以剥离和独立。

野中郁次郎提出，在企业创新过程中隐性知识和显性知识二者之间互相作用、互相转化的过程，就是知识创造的过程。知识创造有四种基本模式，分别是潜移默化（Socialization）、外部明示（Externalization）、汇总组合（Combination）和内部升华（Internalization），即著名的 SECI 模型。如图 5-4 所示。

图 5-4　知识创造有四种基本模式

SECI 模型主要有四个阶段或环节：（1）潜移默化。指的是隐性知识向隐性知识的转化。潜移默化获取隐性知识不是通过语言，而是通过观察、模仿和实践等共享过程。（2）外部明示。指隐性知识向显性知识的转化。它是一个将隐性知识用显性化的概念和语言清晰表达的过程，其转化手法有隐喻、类比、概念和模型等。（3）汇总组合。指的是显性知识和显性知识的组合。它是将各种显性概念组合化和系统化的过程，这个过程能够产生新的、更加系统化的知识。（4）内部升华。即显性知识到隐性知识的转化。它是一个将显性知识形象化和具体化的过程。通过新的显性知识被企业员工吸收、消化，升华为一种共享的心智模式和技术诀窍。以上知识转化过程是一个有机的整体，都是知识管理中不可或缺的组成部分，但是，外部明示阶段是知识管理中至关重要的环节。可以说，企业知识管理的核心就是从隐性知识到显性知识的转化。知识管理的核心就是挖掘员工头脑中的隐性知识。所以，企业知识管理的中心任务有两点：一是将隐性知识明晰化。提供必要的技术条件，鼓励员工将所拥有的隐性知识显性化，然后经过组合转化为系统化的显性知识。二是创造必要的环境，通过技术平台实现显性知识共享，使知识能更快传递到需要的地方。

（三）知识管理的难点

隐性知识到显性知识的转化需要企业员工之间的相互信任、充分交流、开放学习和乐于分享，可见，这不是简单的技术问题，更多地涉及社会和心理问题。具体地，隐性知识显性化的难点表现为以下几个方面。

1. 知识提供方不愿意分享。分享知识能够让员工共同拥有知识和密切合作，建立长期信任伙伴关系。在这种良性循环中，企业将变得富有创造力和创新能力。但有的隐性知识存在于所有者的潜在素质当中，其是否愿意共享受到价值观念、心理和文化的多重影响。隐性知识往往属于员工的看家本领，一旦转化为显性知识后，这位员工将不再垄断隐性知识，个体优势将不复存在，如果没有得到一定的补偿，自己为挖掘获取隐性知识所耗费的时间、精力成本将是不经济的。所以，在没有相应的补偿措施的情况下，他通常希望延长对隐性知识的垄断，很难有积极性去挖掘、整理隐性知识，更不会将其进行分享和传播。

2. 知识接受方的故步自封。学习能够使员工和企业保持旺盛的竞争力，但知识接受方经常不情愿学习来自外部的知识，这是经常遇到的现象。在学习使用新知识的过程中，由于缺乏激励，往往导致接受方故意拖延、被动应付或暗地反抗，这与其缺乏知识吸收心态和能力有直接关系。这种封闭状态将制约企业对相关知识的吸收，成为中止知识转移和共享的障碍，导致企业返回到原先的状态中去。

3. 知识提供方与接受方之间缺乏信任。只要信任成为企业文化的基础，那么我们就能建立一种正反馈，这种正反馈会朝着知识分享的方向螺旋上升，否则就会形成一种负反馈，朝着知识保护的方向而螺旋下降。信任是一个企业的生命血液，如果企业员工相互信任，那么企业工作的效率就会极大地提高。但现实中往往因为缺乏信用造成隐性知识共享困难。每一名员工的经验、对事物的认识及其世界观、价值观都是不同的，他们对知识的意义、价值和使用的看法也是往往不一样的。

4. 隐性知识共享受企业体制的制约。交流是信息的交换，合作是协同的创造。企业内应尽可能频繁而公开地交流，以加强企业成员之间的信任感，从而引发合作欲望。但在传统的体制机制下，员工之间接触和交流的机会较少，无法实现互动式交流。每个人的工作被限定在狭窄的范围内，按照制度的安排进行工作，无法突破岗位的约束。往往企业的制度越完善，员工的工作就越机械化，员工的工作能力和思维方式被禁锢在小圈子里，不能超越，对于隐性知识的显性化造成很大的障碍。

（四）知识管理的对策

1. 建立有利于隐性知识共享的组织结构

企业革新的动力往往不是来自基层，而是来自决策层，或是以经过决策层的方式予以产生。以当前企业的生产现状、管理模式、人员素质和文化理念，要推动知识管理，需要得到高层经营管理者支持。众所皆知，任何一项活动的展开，都需耗费一定的人力、物力和财力，同时兼负失败的风险。如果没有来自高层领导的承诺与支持，作为中下层干部和基层员工往往无力无心推动知识管理。

创建学习型组织。学习型组织能够激励员工通过组织的学习，不断获得知识资源，更新知识和创造知识。学习型组织提倡组织的学习和交流，发挥知识团队的高效率，为挖掘、交流和共享隐性知识创造条件，把属于个人拥有或未被认识的隐性知识发掘出来，并在组织中传递和转移，从而达到隐性知识共享的目的。

设立 CKO 职位。CKO（Chief Knowledge Officer）即知识主管，或称首席知识官，是随着企业信息管理向知识管理的过渡由信息主管演变而来的企业知识管理的最高负责人。CKO 负责对企业内外部知识进行管理，指导企业建立完善的知识管理体系，激励员工进行知识共享和创新，提高企业创新能力和集体的创造力。其工作的具体职责是，了解公司生存与发展的内外部环境，理解和发现公司内的知识需求；组织企业员工进行培训、学习，建立能够促进知识学习、知识积累、知识再生和知识共享的良好环境；指导建立企业知识库，监督和保证知识库的内容、质量、深度、风格，注重知识与信息的时刻更新；保证知识库设施及其支持工具的正常运行；组织知识管理活动，激发知识创新，促进知识共享。

组建项目团队。项目团队由为完成某项任务而集合起来的不同工作领域的员工组成。项目团队为员工提供了一个隐性知识共享的环境，使他们能够相互交流、不断对话、促进提升。团队成员通过对话和讨论激发新的观点，将各自的信息存储在一起，并从不同的角度进行审视，最后将不同的见解统一起来，形成新的集体智慧。波音公司在开发 777 客机过程中，先后组建 235 个团队以完成产品不同部分的研发工作，IBM 等大公司所拥有的团队均达到百个之多。

建立 CoPs 团队。CoPs（Communities of Practice）即共同实践团队，又称非正式团队，由感兴趣的员工由于相同的利益、观点、社会背景及习惯、准则等原因而自愿聚集在一起。CoPs 团队不是正式意义上的团队和工作小组，没有必要获得正式授权，但有共同的信仰与相关联的知识。许多大型公司鼓励成立 CoPs 团队以促进企业知识共享，例如，国外较多的企业在公司内组建书友会，而在珠三角，已有较多的公司自发联合起来，组建属于文化性质的企业沙龙，均是很好的例子与典范。这种形式的组织比较松散，活动以讨论为主，有时也会采取调查、访问和报告的形式进行沟通和交流。

2. 创建有效的知识运行机制

宣传和培训机制。知识管理是全新的理念，能真正明确其知识内涵的人寥寥无几。正因如此，公司内部有必要对知识管理进行教育与宣传，诸如举行知识讲座、管理沙龙、办图书画报、评模范标兵或与其他企业进行经验交流，使团队成员的思维模式、目标和兴趣等进行协调和综合，形成共同的价值观念，并使员工较快接受知识管理方式、方法与手段，促进知识共享。通过教育培训，可以采用优胜劣汰之手段以淘汰一批因循守旧之管理者。

激励机制。员工把自己多年来辛苦积累的经验、遇到各种问题如何处理等知识贡献到共享的知识系统中，有什么动力来推动员工这么做？这就必须要有激励机制，从物质和精神两个方面采取平衡高效的组合激励措施来调动员工的积极性。物质激励，应该承认员工个人隐性知识的独创性和专用性，建立按知识贡献分配的激励制度，把员工参与知识共享的程度与薪金和升职挂钩，用物质利益来驱动员工隐性知识的交流与共享；精神激励，能满足知识员工的创造欲、成就欲和自我发展欲。应按能位匹配原则对员工赋予更大权力和责任，也可以采用知识晋升和知识署名制度，满足其自我实现的需要。

反馈机制。知识管理的实施过程中难免会出现一些问题，通过知识管理的反馈系统可以及时地将这些信息反馈给 CKO，便于 CKO 快速准确地采取相应的措施，解决出现的问题，使企业的知识管理成本降到最低，提高企业的知识管理效用。

创新失败宽容机制。在一定程度内宽容创新失败，可以调动企业员工的创新积极性和创新意识，创新成果也会随之增多。创新失败宽容机制要求失败者分析原因，整理成相应材料，供其他人参考。这样，就将主观上不愿意看到的失败客观上规范起来，纳入有效管理的范畴，为后续的成功奠定基础。

3. 形成知识网络的边际收益递增效应

新经济学有个重要概念是网络外部性，也称网络外部效应，是指连接到一个网络的价值取决于已经连接到该网络的其他人的数量，网络中每个人的价值与网络中人数成正比。通俗地说，就是网络中的用户人数越多，那么每个用户得到的效用就越高。比如通信网络，随着入网用户增多，该产品对原有用户的价值也随之增大，因为可以与更多的用户实现通信。网络外部性分为直接外部性和间接外部性。通信网络必于直接外部性，而知识网络可以看作间接外部性。

知识网络的网络外部性具有许多与传统经济学不同的特征，其中之一是边际收益递增。传统经济学认为投资越多，所获得的边际效益就越低，如货币、土地、设备和劳动力等，而在知识经济时代，存在着收益递增率，即提高资源效率的投资越多，获得的边际效益将越多。要建立递增收益网络，必须跳出传统经济理论的圈子，转换思维角度。知识在传递和使用的过程中不仅不会被损耗，而且会因知识的积累创造出更多的知识产品，投资于知识资源的收益是随着投入的增加而递增的。我们平常说的，一个苹果分享给别人，那么每个人有半个苹果，而知识分享给别人，那么每个人都拥有一个知识甚至更多。知识本身的外部性导致知识可以低成本共享，并且共享程度越高，越能更多地展现知识的网络效应。但知识提供方为了规避风险、回收投资，自然会对拥有的知识有意进行垄断，而这与知识只有通过大范围的共享才能充分发挥其效益形成冲突。为了解决这个冲突,必须设计一套知识管理激励系统，使员工乐于创新知识、共享知识和应用知识，形成知识网络的边际收益递增效应。

4. 建立开放、信任的企业文化

个体隐性知识和组织隐性知识的共享，都必然与环境背景有关，都需要有一种利于创造力充分发挥的特定工作氛围，这是创造力滋生的肥沃土壤。不同于传统意义的程序操作工，对知识型员工管理不能主要依靠纪律、制度和规则等刚性的约束来实现，而应着重营造一种有利的环境和学习氛围，使知识管理者具有较大的工作自由度，充分发挥创造性。野中郁次郎十分重视组织环境对于知识管理的影响,他说“创造一个环境,知识就会自然地冒出来”,因此。企业应该洋溢一种整体的精神风貌：每一名员工都希望本组织、单位、企业兴旺发达，每一名员工都乐意贡献自己的才华，尽最大努力去创新；每一名员工都想做得比别人更好、比过去更好；每一名员工都感到在这里找到了最能体现自己智力才能的位置。创造这样一种氛围，是从整体上开发员工头脑资源、调动创新积极性的长效措施。

开放和信任是知识良性循环的基础，这种良性循环会引导隐性知识共享螺旋上升。通过行政命令固然可以在短期收到一定效果，但打破企业员工的知识垄断、形成长期共享模式、发挥知识的网络效应，还是需要企业文化的渗透。开放和信任是团队组建的基础，也是知识管理的润滑剂。团队成员之间的信任和密切性既是项目任务完成的有效保障，也是团队隐性知识管理有效开展的前提。

5. 开发建设知识管理系统

虽然理论上不一定必须建设企业知识管理系统，重要的还是知识管理理念和决策者的重视程度、执行意识，但在实际中，往往需要开发建设知识管理系统。促进知识交流和共享的新技术不仅能提高知识传递和共享的效率，而且能创新工作方式，甚至改变思维模式。

企业可以利用 IT、物联网和大数据等技术，实现知识管理的信息化和数字化。首先，企业可以根据知识地图建立知识库信息平台，如知识存储、检索、访问等，并建立自己的知识库，从而搭建企业的知识管理体系。其次，利用 IT 技术、物联网和大数据技术等，通过数据抽取的自动化、建立数据和结果关系等，可以实现知识抽取和组织的智能化。第三，将知识内嵌到企业的业务流程，可以实现业务的自动分析和控制，从而高效地使用知识。

总结：传统生产运营方式将发生深刻变革

革命性技术的强势崛起，促使产品、业务、产业等各方面逐步走向智慧化。智慧盐湖建设和运维将推动盐湖化工企业生产运营方式发生深刻变革，并与生产运营逐渐融为一体，在理念、生产、管理等各个层面相互交融，彼此不可分割。

（一）流程驱动将转变为数据驱动

流程驱动以流程为核心，基于业务架构对流程进行梳理和定义，其驱动力是对流程的定义与考核，驱动方式是工作流引擎。在一定的监控和考核激励下，流程驱动模式具有高效明确、各环节紧密协同的优势。但随着工业数据的海量增长，在流程驱动模式下，数据缺少充分的利用和价值创造。而数据驱动模式则以数据为核心，以数据分析和利用为驱动力，以数据、知识、规则为驱动方式，通过对数据的获取、建模、分析，从而发现问题和驱动生产。数据是最客观的也是最清晰的，数据能够帮助企业化繁为简，透过复杂繁芜的流程看到业务的本质，更好地优化决策。

流程驱动往往附加了组织、人员、利益、风险等各种因素，复杂而不容易被清晰地理解。而数据是最本质的内涵，不论业务流程多么复杂，生产运营的本质是清晰的，数据之间的关联是清晰的，从数据出发可以越过流程的迷雾，快速到达业务的本质。智慧盐湖将生产运营过程沉淀成数据，使管理者可以从数据视角而不是流程视角来审视业务，从而建立从数据出发的生产管理体系，用数据驱动生产运营、战略规划和业务创新。

当然，由流程驱动向数据驱动转变需要一个过程，在一些业务规则相对固化的环节，流程还是业务开展的主要方式。对于有柔性可重构要求、数据价值高的环节，则可以进行先期改造，实现以数据驱动为主、流程驱动为辅。数据驱动在流程框架的基础上，弥补了流程驱动的不足，提供了一种全新的运行模式。

（二）精细化生产将深入生产运营各环节

智慧盐湖将对传统的生产管理理念进行改革和创新，使企业沿着精细化生产方向继续进行系统性变革，以此来提高生产效率和经济效益。

如果不利用智慧化手段，企业的数据很难进行无缝化沟通，管理功效会因诸多因素影响而降低，大量的生产环节和管理服务都很难达到精细化要求。智慧盐湖通过人工智能和大数据、云计算的方式进行生产管理，基于人机一体化的理念，并通过技术贯彻到尽量细微的生产运营层次，不仅可以让企业内部减少生产管理中大量不可控的人为因素，而且对于市场商业链和客户需求等信息都能够实现透彻感知，通过严密的大数据计算进行自我学习和自我验证，并自动调整最优的模式应用于生产实践。因此，智慧盐湖的目标和精细化生产理念是相通的，精细化生产的理念为智慧盐湖目标实现提供理论指导，智慧盐湖为精细化生产理念提供技术支撑。

精细化生产要求企业内部管理进行系统性的变革。在智慧盐湖的环境下，员工的比例会大量减少，取而代之的是科技含量更高的智能机器。由于机器没有人类的情绪波动，因此影响生产效率的主观因素就会消失，从而使精细化生产中对人本主义的追求不再重要。智慧盐湖的本质就是对盐湖化工企业的生产运营进行全方位管控，从而满足企业的经济技术指标，保障盐湖化工工艺流程的正常运转和产品的顺利交付。

现在越来越强调绿色发展、资源节约集约与综合利用，这也是盐湖化工企业可持续发展的主题。精细化生产可以有效贯彻这一发展理念，通过技术手段节约能源，优化细化工艺流程，最大限度提高回采率、回收率、综合利用率，从工艺流程上实现能源和资源的高效利用和污染物近零排放。

（三）知识的决定性作用将日益显现

无论在机械化、自动化阶段，还是在数字化阶段，知识在盐湖化工企业生产运营中都起着非常重要的使能作用。注重知识积累、开展知识工程、盘活知识存量，从来都是一项极其重要的工作，这是知识核心价值的体现。

盐湖生产运营、甚至人类的所有生产活动都离不开工艺机理知识、过程经验知识和数据挖掘知识。只是目前盐湖化工企业采用的信息系统智能化程度仍然较低、各层次功能相对独立、集成性还没有完全实现，导致企业目标、资源计划、调度、运行指标、生产指令和控制指令等各层次决策，仍然需要人工决策。人工决策方式具有随意性、主观性和不一致性，难以处理过程控制、运行和生产管理产生的海量数据，知识也难以积累和传承。

进入智慧化阶段，盐湖化工企业将可以对工业大数据进行处理与筛选，从大数据中提炼有价值的知识，在不久的将来，甚至可以基于已经输入和不断学习到的知识来自动产生新知识。知识发生的广度、频度和密度都会以惊人的速度增加，知识将大规模从知识型的人向信息世界迁移，大知识时代将会真正来临，这一进程可能缓慢但一定是非常坚定的。

知识将成为盐湖化工企业生产运营的核心要素。在各层次决策中，智慧盐湖系统将自动统筹各种生产控制、计划调度和经营管理等约束条件，关联跨领域知识，最终计算得出最佳决策。在过程控制层，信息系统将凭借知识库现存知识，综合工艺机理知识、设备运行数据决定过程控制系统的设定值；在生产计划和生产调度层，信息系统将根据原料物流、能源供应和设备管理数据，调取历史数据和既有经验数据，给出能源资源配置、生产调度、仓储物流、工作排班、设备管理等决策；在生产经营决策层，信息系统将可根据经营管理专业知识，分析企业内部生产数据、外部市场环境及相关政策、法规、标准等非结构化知识，制定一系列经营决策。

（四）第四次工业革命推动管理变革

每一次工业革命都会升级企业的生产要素，创造新的生产资源，解放人的生产劳动，从而带来生产力和生产关系的改变，所以也必然使企业管理产生深刻变化。每一个阶段的企业管理创新都烙有工业革命时代的烙印。

第一次工业革命，使以机器为主的工厂成为现实，现代意义上的管理学开始形成，但企业管理思想仍然是经验型的，生产集中在一个场所，企业管理需要管理职能划分，但其管理模式基本上仍停留在原始粗放型状态，没有重大突破；第二次工业革命促使工业企业进一步采用机械化、自动化生产，分工协作更为严密，要求生产实行标准化、专业化、定额化。此时企业管理更为复杂，经验型管理已不能胜任，迫切要求管理实现科学化。泰勒的科学管理理论应运而生。美国福特汽车公司的生产流水线正是在泰勒的科学管理理论指导下产生的。标准化使生产流水线的分工达到细微的地步，在以分工和专业化为基础的生产过程中，分工越来越细，强有力的指挥、控制、监管和奖惩保证了生产流水线有序高效运行；第三次工业革命使企业管理进入了信息管理阶段。计算机技术、网络技术等飞速发展，带来了管理思想和管理手段的巨大变化。企业生产运营过程被定义为信息加工传递的过程，所有管理活动都是基于信息的管理，从而在各管理层面广泛采用信息和数据进行控制。

随着人工智能技术引发的第四次工业革命来临，人类在生产中的角色和地位又一次发生重大变革，借助数据驱动、智能机器的运营，人类第一次从生产环节中彻底解放出来，人类的创造性和智慧成为企业管理的核心。

无论是一般企业还是盐湖化工企业，其所处的产业环境、市场环境变得越来越不确定，新模式、新业态不断涌现。在数据的驱动下，企业的生产要素在虚实企业之间实现要素流动和升级重构。企业的内在管理机制和外在组织形态也相应地发生变化：管理机制由过去的命令式、威权式的科层制管理机制走向自组织、自管理的柔性管理机制；组织形态由过去的金字塔式的层级状组织结构走向去中心化、平台化的扁平状组织结构；个体与组织的关系由过去的雇佣关系走向合作关系；资源分配关系由过去的以领导为中心走向以客户为中心。可见，企业的经营管理思维和逻辑发生了根本性的变化，在新一轮的工业革命浪潮下，新的管理范式呼之欲出。

（五）智慧盐湖运营将历史性走向前台

运维一般是指系统的运行维护，保障系统的正常运行，大多是技术性的工作。运营则侧重于产品和服务的管理，包括计划、组织、运行、评价和改进等。运维以系统稳定运行为目标，而运营则以实现价值为导向。

智慧盐湖运维，必将战略性过渡到智慧盐湖运营，除运维有形的各种硬件和网络设备、信息和自动化系统之外，还将实现对资源、体系、流程、工艺和事件的全面管控，覆盖生产运营各个层面：工艺流程层面，以盐湖化工生产为目标，根据高效、低成本、高质量要求，将上层的任务指标分解下达给生产执行层，从生产执行层收集生产实际数据，按照既定生产管理逻辑核算生产运营指标，从而做出正确决策，保证工艺流程的正常进行；能源管理层面，在既定的工艺需求和满足生产需求的情况下，做好能源的管控、平衡、调度，实现以最小的能源成本、最小的能源浪费、最大化的能源使用效率，生产出目标产品；设备资产管理层面，在保证生产正常运行的前提下，延长设备使用寿命，是智慧盐湖追求的运营目标；综合保障层面，通过数字化平台和智能仪表、终端的使用，尽早发现设备故障，通过工业大数据分析，先知先觉地进行有针对性的运维保障。

参考文献

［1］ 青海省人民政府，工业和信息化部 . 关于印发青海建设世界级盐湖产业基地行动方案（2021-2035 年）的通知［DB/OL］. 青海省人民政府公报，2021.

［2］ 工业互联网产业联盟 . 工业互联网体系架构 2.0［R］.2020.

［3］ 中国电子技术标准化研究院 . 信息物理系统（CPS）建设指南 2020［R］.2020.

［4］ HGT22816-2016. 化工矿山盐湖卤水矿采矿设计规范［S］. 中国石油和化工勘察设计协会，2016.

［5］ GB/T39116. 智能制造能力成熟度模型［S］. 工业和信息化部，2021.

［6］ GB/T39117. 智能制造能力成熟度评价方法［S］. 工业和信息化部，2021.

［7］ T/NXJX 007-2021. 化工企业智能制造能力成熟度评估细则团体标准［S］，宁夏机械工程学会，2021.

［8］ 国家标准化委信息技术服务分技术委员会秘书处，中国电子技术标准化研究院. 信息技术服务标准体系建设报告（5.0 版）［R］.2021.

［9］ 自然资源部 . 智能矿山建设指南［R］.2013.

［10］ GB/T 34679-2017. 智慧矿山信息系统通用技术规范［S］.2018.

［11］ 西部矿业集团有限公司 . 智慧矿山建设实践［Z］.2021.

［12］ 工业和信息化部，国家发展改革委，自然资源部 . 有色金属行业智能矿山建设指南（试行）［R］.2020.

[13] 黄培,许之颖,张荷芳 . 智能制造实践[M]. 北京:清华大学出版社, 2021.

[14] 胡成飞,姜勇,张旋 . 智能制造体系构建:面向中国制造[M]. 北京:机械工业出版社, 2017.

[15] 张晨,蒋若宁,何冰 . 工业大数据分析在流程制造行业的应用 [M], 电子工业出版社, 2020.

[16] 魏毅寅, 柴旭东 . 工业互联网 : 技术与实践 [M] . 北京 : 电子工业出版社, 2017.

[17] 田锋 . 制造业知识工程 [M] . 北京 : 清华大学出版社, 2019.

[18] 吉旭, 周利 . 化学工业智能制造 [M] . 北京 : 化学工业出版社, 2020.

[19] 王刚, 李建国 . 盐湖化工工艺学 [M] . 北京 : 清华大学出版社, 2016.

[20] 何哲 . 虚拟化与元宇宙 : 人类文明演化的奇点与治理 [DB/OL], 光明网, 2018.

[21] 桂卫华,曾朝晖,等 . 知识驱动的流程工业智能制造[J]. 中国科学, 2020.

[22] 周济, 周艳红, 等 . 面向新一代智能制造的人—信息—物理系统 (HCPS) [J] .Engineering, 2019.

[23] 王柏村, 臧冀原, 等 . 基于人—信息—物理系统 (HCPS) 的新一代智能制造研究 [J] . 中国工程科学, 2018.

[24] 曹建赞 . 基于模糊控制的浮选智能专家系统 [J] . 机械管理开发, 2021.

[25] 仪创科技 . 数据资产项目助力青海盐湖"生态镁锂钾园"建设[DB/OL], 2019.

[26] 李桂先 . 盐湖化工自动化采卤决策支持系统研究 [D] . 北京信息

科技大学，2019.

［27］ 梁玉平，王晶，汪万清 . 智能管控系统在综合化工企业中的应用研究［J］. 技术与信息，2019.

［28］ 吴群英，蒋林，王国法，等 . 智慧矿山顶层架构设计及其关键技术［J］. 煤炭科学技术，2020.

［29］ 鲍士水 . 基于物联网的矿山综合监控系统应用研究［J］. 赤峰学院学报（自然科学版），2015.

［30］ 张彦平 . 化工生产中 DCS 自动控制的应用［J］. 管理观察，2015 .

［31］ 许忠义，王中军，朱文忠，等 . 智能点检技术在盐湖化工设备中的应用前景［J］. 装备维修技术，2020.

［32］ 谭章禄，吴琦 . 智慧矿山理论与关键技术探析［J］. 中国煤炭，2019.

［33］ 孙继平，陈晖升 . 智慧矿山与 5G 和 WiFi6［J］. 工矿自动化，2019.

［34］ 丁恩杰，俞啸，夏冰，等 . 矿山信息化发展及以数字孪生为核心的智慧矿山关键技术［J］. 煤炭学报，2022.

［35］ 云话科技 . 山西某煤矿集团的安全行为智能感知平台［DB/OL］，2020.

［36］ 王建萍，陈元军，任元成，等 . 基于 GIS 空间管理系统的盐湖资源环境数据平台的设计与研发［J］. 盐湖研究，2019.

［37］ 王建萍，等 . 基于多源信息融合理论的盐湖资源综合动态监测及预警系统设计与实现［J］. 盐湖研究，2019.

［38］ 程雷相 . 虚拟现实技术在化工专业实训课程中的应用［J］. 当代化工研究，2021.

［39］ 袁贝贝 . 基于虚拟现实技术的创新型人才培养［J］. 现代盐化工，2019.

［40］ 代志勇 . 盐湖化工总厂生产调度指挥系统的构建［J］. 江汉石油职工大学学报，2018.

［41］ 魏德 . 以信息化管理为手段助推盐湖资源循环利用［J］. 青海科技，2018.

［42］ 李刚，郑美红 . 智能制造工控网络安全防护体系发展概述［J］. 信息技术与网络安全，2019.

［43］ 杨姣姣 . 盐湖矿床生产规模优化研究及综合决策系统设计［D］. 硕士论文，2016.

［44］ Hadoop 大数据处理框架简介［DB/OL］，http：//c.biancheng.net/view/3568.html.

［45］ 涂扬举,等 . 智慧企业—框架与实践［M］. 北京:经济日报出版社，2018.

［46］ 陈晓方,吴仁超,桂卫华 . 工业生产中的知识自动化决策系统［J］. 中兴通讯技术，2016.

［47］ 北京龙软科技股份有限公司 . 智能矿山项目建设整体解决方案（煤矿）［Z］.2018.

［48］ 封皓君，段立，张碧莹 . 面向知识图谱的知识推理综述［J］. 计算机系统应用，2021.

［49］ 刘瑞宏，谢国强，苑宗港，等 . 基于知识图谱的智能故障诊断研究［J］. 邮电设计技术，2020.

［50］ 张春霞，彭成，罗妹秋，等 . 数学课程知识图谱构建及其推理［J］. 计算机科学，2020.

［51］ 彭冬，朱伟，刘俊，等 . 智能运维：从 0 搭建大规模分布式 AIOps 系统［M］. 北京：电子工业出版社，2018.

［52］ 弥睿璋 . 基于罗克韦尔 PLC 的盐湖采收控制系统［D］. 成都：电子科技大学，2017.

[53] 潘彤，王淑丽，等.关于建设盐湖资源与环境联合国家实验室的建议[J].新青海人才，2022.

[54] 程芳琴，成怀刚，崔香梅.中国盐湖资源的开发历程及现状[J].无机盐工业，2011.

[55] 蒋晨啸，陈秉伦，张东钰等.我国盐湖锂资源分离提取进展[J].化工学报，2022.

[56] 张健，孙洪波，李陇岗，等.基于物联网的盐湖智能采卤系统关键技术研究[Z].国家科技成果，2019.

[57] SUN W, LEI S, WANG L, et al. *Adaptive federated learning and digital twin for industrial internet of things*[J]. IEEE Transactions on Industrial Informatics, 2021.

[58] JIANG H F, QIN S F, FU J L, et al. *How to model and implement connections between physical and virtual models for digital twin application*[J]. Journal of Manufacturing Systems, 2021.

[59] WANG T, LI J K, KONG Z N, et al.*Digital twin improved via visual question answering for vision-language interactive mode in human-machine collaboration*[J]. Journal of Manufacturing Systems, 2021.

[60] Rainer D, Alexander H. *Industrie 4.0: hit or hype*[J]. Industrial Electronics Magazine, 2014.

[61] Yi Que, Wei Zhong, Hailin Chen, et al. *Improved adaptive immune genetic algorithm for optimal QoS-aware service composition selection in cloud manufacturing*[J]. International Journal of Advanced Manufacturing Technology, 2018.

[62] Mohajeri A . *Prediction of salinity variation using artificial neural networks in Lake Urmia*, 2009.

[63] HE, LIU, YAN, CUI, DUAN, YANQING, et al. *Development*

and evaluation of a brine mining equipment monitoring and control system using Wireless Sensor Network and fuzzy logic [J]. *Transactions of the Institute of Measurement and Control*, 2018, 40(6):2062-2081.

[64] ASEFA T, KEMBLOWSKI M, LALL U, et al. *Support vector machines for nonlinear state space reconstruction: Application to the Great Salt Lake time series* [J]. Water Resources Research, 2005, 41(12):12422-1-12422-10-0.

致 谢

书稿终告完成，掩卷思量，感触良多。

本书的写作过程也是不断学习、实践、总结和提炼的过程。感谢在智慧化建设方面勇于进取、勇于创新的实践者。西部矿业集团，特别是集团锡铁山公司和玉龙铜业公司，为实地学习、考察、研究智慧矿山提供了大力支持，集团青科创通公司的领导和同事们也给予了极大的方便。

感谢青海省委组织部、人才办领导，特别是徐小兵副部长、严晓琴处长的关心和指导，感谢为考察青海盐湖产业所做的周密组织工作，感谢青海人民出版社为此书出版付出的辛勤劳动。

感谢博士服务团全体成员的大力支持，特别是胡杰成、李春霞、钟海连、余康博士的宝贵意见。

感谢盐湖股份公司俞秋平、马黎春副总裁提出的宝贵意见和建议。

感谢多位专家和宝武集团王世伟博士的认真审读，学术上真诚的批评为本书提供了不断完善的动力。

感谢人保集团科技运营部刘苍牧总经理给予的指导意见。

本书的写作离不开众多富有特色的鲜活应用实践案例，这些案例来自多个盐湖化工企业、盐湖科研单位的学术研究和应用实践。感谢这些案例的研究者和实践者，你们的智慧和创新为本书的写作提供了很多有价值的支撑。